论语广解

国学经典释读 ✣ 李学勤 主编

王湽尘 讲述

生活·讀書·新知 三联书店

图书在版编目(CIP)数据

广解论语/王缁尘讲述. —北京:生活·读书·新知三联书店,2019.11
(国学经典释读)
ISBN 978-7-108-06302-1

Ⅰ.①广… Ⅱ.①王… Ⅲ.①儒家②《论语》-注释③《论语》-译文 Ⅳ.①B222.2

中国版本图书馆 CIP 数据核字(2018)第 099705 号

责任编辑 陈丽军
封面设计 米 兰
责任印制 黄雪明
出版发行 生活·讀書·新知 三联书店
(北京市东城区美术馆东街 22 号)
邮 编 100010
印 刷 上海锦良印刷厂有限公司
版 次 2019 年 11 月第 1 版
2019 年 11 月第 1 次印刷
开 本 650 毫米×900 毫米 1/16 印张 28.75
字 数 261 千字
定 价 69.00 元

出版说明

这是一套写给普通读者的国学经典释读丛书。

“国学”之名，始自清末。当时欧美学术涌入中国，被称为“新学”或“西学”，相应的，学界就将中国传统学问命名为“旧学”或“国学”。广义的“国学”包含范围广泛，从哲学、史学、宗教学到考据学、中医学、建筑学等等，本丛书之“国学经典”主要是指先秦诸子百家的著作。这些经典博大精深，是中国传统文化的精髓，是中华民族共同的血脉和灵魂，是连接炎黄子孙的血脉之桥、心灵之桥，吸引一代代中国人阅读、阐释、传承，至今熠熠生辉。

民国时期虽然新学昌盛，但对国学经典的研究和普及并未中断，甚至在二十世纪三十年代掀起出版国学经典的热潮，比如商务印书馆出版的“学生国学丛书”、世界书局的《四书读本》、广益书局的“白话译解经典”系列等等。

今天，出于继承和弘扬中国优秀传统文化的需要，我们精选了民国时热销的经典释读版本，并做适当的加工处理，以适应今日之读者。本丛书收录《广解论语》《广解大学·中庸》

《广解孟子》《译解荀子》《译解韩非子》《译解孙子兵法》《译解庄子》《译解战国策》《译解国语》《译解墨子》《译解道德经》《国学讲话》十二种。这些国学经典释读的编者兼具旧学与新学功底,语言通俗易懂,译解贴近现代。

这次重新出版,我们主要做了五项工作:

第一,为了读者阅读的方便,改竖排为横排,标点符号也随之改为现代横排的规范样式。

第二,变繁体字为简化字,在繁简转换的过程中,对有可能产生意义混淆的用字,做了合理的处理。

第三,采用今天所见较好的古籍版本对原书的选文进行了审校,订正了文句的错、讹、脱、衍。

第四,原书选篇保持不变。

第五,对原书的注释进行了修润,使注释更加准确、易懂。

我们期望,本丛书的出版能够为普通读者提供一个更亲近的读本,也希望以此为契机,对弘扬中国传统文化、普及国学知识起到积极的促进作用。

"国学经典释读"是李学勤先生生前主编的最后一套丛书,李先生在病榻上撰写了总序。今年二月,先生遽归道山。如今,此丛书顺利出版,是对先生的缅怀。

生活·读书·新知三联书店

总　序

大家了解，人类的许多认知和见解，有时可以在历史发展的某些时段得到重合或认同。20世纪三四十年代悄然掀起的国学教育运动，恰恰与现今对中国传统文化的重视与重拾极为相似，其因果大体也是经历由怀疑、批判、否定，到重视、回归并再造这样的过程。

20世纪前半叶，可谓中西文化大碰撞、大交融的时代，最为鲜明的是西方文化对于中国传统文化的巨大冲击。清末的"中体西用"，尚有"存古学堂"保存国粹，使国学还占有一席之地，而到了民国初年，特别是"壬戌学制"的颁布，主要采用当时美国一些州已经实行了十多年的"六三三制"，标志着中国近代以来的学制体系建设的基本完成，以美国为代表的西方教育在中国占据了相当大的地位。此后中国现代化教育每发生一次变化，西方的教育形式与内容就会有所进入，中国传统文化的教育也就有所丧失，中国传统文化的价值体系遭受着越来越多的质疑或否定。对此，一部分具有强烈忧患意识的教育家、文化名流忧心忡忡，并由担心逐渐转而采取行动挽救国学。但是，真正产生影响并引起国人震动的却是国际联盟教育考察团的到访。1931年，当时的南京国民政府鉴于欧美的教育对中国日益增大的影响，邀请以欧洲国家为主体的教育考察团来华考察。考察团用了一年多的时间，考察了中国教育的诸多重镇及学校，提交了《中国教育之改进》的报告书。报告书指出："外国文明对于中国之现代化是必要的，但机械的模仿却是危险的。"该报告书主张中国的教育应构筑在中国固有的文化基础上，对外来文化，特别是美国文化的影响，进行了不客气地批评："现代中国最显著的特征，即为一群人所造成的某种外国文化的特殊趋势，不论此趋势来自美国、法国、德国，或其他国家。影响最大的，要推美国。中国有许多青年知识分子，只晓得摹仿美国生活的外表，而不了解美国主义系产生于美国所特有的情状，与中国的迥不相同。""中国为一文化久长的国家。如一个国家而牺牲它历史上整个的文化，未有不蒙着重大的祸害。"报告书切中时弊的评估，使中国知识界与教育界在极大的震动中警醒并反思。随即具有强烈社会责任感的教育界、学术界人士，采取了行之有效的国学教育推行举措，掀起国学教育的声势和热潮，使国学教育得到落实，国学经典深入学校的课堂，进入学生使用的书本，并被整合进学生的知识结构中去。

关于20世纪三四十年代的国学教育的热潮，有两种情况值得关注：一是诸如梁启超、章太炎、陈寅恪、黄侃、刘师培、顾颉刚、钱穆、吕思勉等大家利用新的研究方法，潜心研究，整理国故，多有建树，推出了一大批国学研究成果，将国学的归结、分类、条理化、学科化的阐述达到了空前的清晰，对当时及后世影响深远；与此同时，教育界、学术界将国学通过渗透的办法，镶嵌入中小学的课程，设立了各个学级的国语必修课和必读书，许多大家列出书单，推介国学典籍的阅读。二是当时出版界向民众普及国学典籍，主要体现在对国学的通俗释读方面，以适应书面语言不断白话的情形。

对于前者，1949年以后，特别是改革开放以来，重新出版了一些相关著作，但后者几乎被忽视或遗忘了，极少再度面世。其实后者在当时的普及和重版率相当高，影响更为深广。

生活·读书·新知三联书店这次整理出版的正是后者。这不仅是因为在那之后均没有重现，重要的是这些通俗释读的书非常适合当今书面语言彻底白话了的读者需求，特别是当读古文和诠释古文已经成为专门家的事情的今天，即便有较高学历的非专业的读者读古文也为之困惑，这类通俗释读国学典籍的书的出版就显得更为迫切。这些书的编撰者文言文功底深厚，又受到白话文运动的洗礼，对文白对应的把握清晰准确。这些书将国学典籍原文中的应该加以注释说明的元素融入在白话释读之中，不再另行标注，使阅读连贯流畅，其效果与今天的白话阅读语境基本吻合，可见那时对于国学的通俗普及还是做了些实事的。

这的确是一些为我们有所忽视的好东西，以致可查到的底本十分稀缺，大多图书馆都没有藏品，坊间也难觅得。生活·读书·新知三联书店在千方百计中找到了选用的底本，使得旧时通行的用白话释读经典的读本得以再现。

值得一提的是，这是当时的出版人专门组织出版的一批面向一般民众的国学释读的读本，影响甚大，使得国学经典走入初等文化程度的群体。然而，这些产生过较大影响的读本之所以后来为人所遗忘，其原因可能是出版界推崇名家著述或看重对传统典籍的校勘和注疏。以王缁尘为例，虽然其人名不见经传，但他所编著的关于国学经典释读的一系列的图书，在当时却十分抢手，曾不断重印了十几版。这主要是当时的世界书局看中了他在清末就创办白话报的经历和对国学典籍把握的功力，使其栖身“粹芳阁”，为世界书局专事著述国学通俗释读的书籍。列入本套丛书的《广解四书读本》（今将其分为《广解论语》《广解大学·中庸》《广解孟子》），曾被认为是当时国学出版的盛典，是当时通俗释读国学的代表。“国学经典释读”选择20世纪三四十年代的国学通俗的释读书籍，整理为简体横排进行出版，为当今读者学习国学经典提供了很好的阅读范本，是一件大有助益的好事。

还应该提及的是，出版此套书不仅是为方便读者理解经典，还在于让读者通过这样的阅读，了解当时人们对中华民族和中国意义的认同史。那时的国学教育和学习的热潮，几乎与抗日战争同行，而对中华民族的现代认识，正是在这期间形成的；国学的教育和普及，使国人了解并认同了中国的历史悠久和文化的博大精深，更将几千年来的人们对国家的意识，从以皇室朝廷为中心的概念中分离出来，完成了从“君国”到“国族”的转变。“中国”代表着中华民族全体，是各族人民联合御侮和实现伟大复兴的精神图腾。

李學勤

2018 年 12 月 10 日

《论语》者，孔子应答弟子、时人，及弟子相与言，而接闻于夫子之语也。当时弟子各有所记，夫子既卒，门人相与辑而论纂，故谓之《论语》(《汉书·艺文志》说)。但今细察内容，其中有一部分，当为七十子之门人所记。按孔子为我民族之第一人，而孔子言行，皆载于《论语》；故《论语》者，凡我民族人不可不读之书也。

目次

《论语》读本编述的旨趣

孔子为中国第一人，他一生的言语行动，都记在《论语》一书中，故此书价值实在五经以上。汉人因功令，通经可致禄仕，故对于《论语》不甚重视。至宋儒出，始识此书之重要，乃更抽小戴《礼记》中之《大学》《中庸》，辅以《孟子》称为“四书”，为学者必读之本，而声价遂高于五经，此实宋儒之特识，非热心利禄之汉人，所能及也。

朱子之《论语集注》七百年来久为士人所通习。何、邢之《论语注疏》，久视为《论语》之正诂。《论语集解义疏》，集解同于注疏，而义疏则出于皇侃，亦是《论语》古注中最脍炙人口者也。此外清儒解《论语》，胜义亦多，尤以刘宝楠氏之《论语正义》为最。但学者仅读一书，胜义未能尽见，并读诸书，又多不便。且文字比较艰深，初学更未易了解也。有此二点，故有此《论语》读本之编述。于义，或自闻新意，或并列诸说，或采一说之义最长者，绝不分立门户。于文，则以今语（即今日之语体文）解释古语，务使比以古语解释古语，容易了解。此区区之要意也。

复次：今日语体文虽已风行，然尚在过渡时代，故有时尚须辅以文言，以归简洁。盖有数等处所，白话常缠夹啰嗦，反使人不能明白。所以主张文学革命的胡适之氏，亦言白话不够用的地方，须尽量把文言文输入之。如此久之，始能成为“国语的文学”——亦即新文学之告成功。此实至理，虽反对胡氏者，亦不能反对此说也。故近顷以来，诸作家已多参用此法矣。至白话不能及文言之处，姑举一例于此，如：

大学者，大人之学也。（朱子《文学章句》）

杀人者，打虎武松也。（《水浒传》）

一“者”字，一“也”字，用在此等地方，决非白话所能更易。更易之，必反至缠夹啰嗦而不能如此明白清楚也。夫《水浒传》为今日语体文之祖，而于此不能不用“者”“也”二字，且出于粗鲁之武松，其故可知矣。本书以使读者容易领解为主，故于此等处，只求明白易解，不一定固执文言或白话也。

编述方竣，忽于报端见孔祥熙氏所作《孔子日常生活与礼义廉耻之诠释》一文，根据《论语》将孔子言行，为详密精博之表解。末附孔门各学派之分衍表，亦足见孔子之大。

孔子事略

《论语》记载孔子言语，及平时态度。至孔子之出处事迹，则未详。使读《论语》者，不知孔子是怎样一个人，又未知孔子时代，是怎样的情形，此未免使人生茫无头绪之感。今以《史记·孔子世家》为主，探述孔子一生之事迹，并孔子以前的历史，及孔子当时的大概情形，述为此篇，以供读《论语》者之参考。

（一）孔子以前的中国历史

孔子所纂定的《尚书》于上古事迹，起自唐尧。即《论语》中所称之古帝王，亦始于唐尧。盖因唐尧以前，尚属野蛮社会，无文化可记故也。汉司马迁作《史记》，虽始于黄帝，然迁自己亦言“其言不雅驯”。今述孔子以前中国历史，亦从唐尧说起。

唐尧以前，固无文化可记；就是唐尧时代，亦尚是许多部落。各部落奉一酋长，后遂衍成国家。唐尧所部，不过为各部落中最大的部落，其余小部落，都随此大部落之行动而行动。此大部落之首领，因施行神权政治之故，遂称为天子；其余小部落的首领，则称为诸侯，此最初的历史情形也。

唐尧之时，适中国发生大水灾，人民荡析离居，不能安稳过日。唐尧访问民间，发现有个名舜的，甚有才能，而且是个孝子，唐尧遂以天子之位让之于舜。

在唐尧时，因大水为灾，曾命一个名鲧的去救治水灾。鲧治水灾，经营了九年，仍旧没有功效。到了舜的时候，把鲧治了罪，却使鲧的儿子——一个名禹的，出来治水。禹因研究鲧治水失败的原因，知道水性是向下的；鲧的治水，是见水来了，用木石泥土去堵塞它——所以《尚书》称鲧堙洪水——但水势一猛，所堵塞的木石泥土，就被冲坏，所以九年没有功效。禹乃改变方法，向下疏扫，在平地开了小河，使水顺小河流入大河。大河若有淤塞的地方，便把淤塞的土石去掉，加以疏浚，使水流入于海。这样一来，水灾就渐渐减轻。禹足足辛苦了十三年，才把水灾完全消灭。他所疏导的几条大河，就是北方的河、济，南方的江、淮。

禹既消灭水灾，又定了任土作贡的方法，这就是现在征收钱粮的起源。后来舜年纪大了，把天子之位让给禹。禹因为治水有功，使百姓得以安居乐业，百姓因此都爱戴禹。禹死之后，百姓尊奉禹之子名启的，做了天子，是为夏朝。

古史所传："禹会诸侯于涂山，执玉帛者万国。"此所称的万国，固然未必一定有一万国，但八九千，是可以有的。何以呢？因为那时候的部落，大的不过如现在的一县，小的不过一村，只要这地方有一个首领——酋长，就算是一个国家了。这是夏禹王时候的情形。

自禹把天子之位传于子启，遂沿为定例，一共传了十七代。后来天子名桀，暴虐百姓，人皆离心，于是诸侯中有个名汤的，会合三千国诸侯，兴兵伐夏，捉了桀，把他放在鸣条这个地方。汤自己登了天子之位，国号曰商。

汤为天子，传了几代以后，因为迁到一个叫“殷”的地方，国号又改为殷。到了第三十代，天子名纣，也同桀一样暴虐，于是诸侯中有个姓姬名发的，在孟津这个地方，会了八百个诸侯，共同伐纣，最后纣自焚死。姬发登了天子之位，国号曰周。姬发死后，谥曰武王。

当武王灭纣登天子位以后，就大封同姓及功臣为诸侯，使其与土著的旧酋长部落错杂而居，压服以前的小部落，所以周朝初年，势力极大，各地方的诸侯，无不听从周朝的命令；而中国历史，遂发生一个大变动，从前的部落酋长，到此时，都变为诸侯了。

诸侯的等级，有五种，就是公、侯、伯、子、男。公国、侯国，地方百里。以次递减，到子、男等国，地方只有七十里、五十里了。不足五十里的，不能直达天子，只能附在大国下面，称为“附庸”，此乃周初封建时情形也。

周朝的京城，初在关中——即今之陕西。后来传到幽王，被西方的夷人名犬戎者所杀，太子宜臼继位，是为平王。平王以西京逼近犬戎遂迁都洛阳——即今河南洛阳,是为东周。

在武王伐纣时,号称诸侯者,尚有八百国。自周封同姓及功臣为诸侯,旧有的部落,因势力不敌,遂逐渐被周所封的诸侯所吞并。到平王东迁以后,国名之见于古籍者,仅数十而已。而此数十国中,擅会盟征伐之权者,又只有十二国。十二国者:一曰鲁,二曰齐,三曰晋,四曰秦,五曰楚,六曰宋,七曰卫,八曰陈,九曰蔡,十曰曹,十一曰郑,十二曰燕。又在东南不与闻中原时事者,曰吴,曰越。此外小国,均随诸大国之后,无甚权力者也。而十二国中尤以齐、晋、秦、楚为最强大,时时为土地、权力而战争,孔子所修的《春秋》即记载此种情事。因之此时代,遂名为"春秋时代",此孔子以前之大概情形也。

(二) 孔子的少年期

孔子,名丘,字仲尼。祖先本为宋人,后迁于鲁国。父曰叔梁纥,母颜氏。周灵王二十一年,鲁襄公二十二年,西历纪元前五百五十一年,孔子生于鲁国昌平乡陬邑。孔子生而叔梁纥即死。然孔子性好礼,为儿嬉戏,常陈俎豆,设礼容。未几,母亦死,故孔子少时,备极孤苦云。

孔子年十七,鲁大夫孟釐子将死,告其子懿子曰:"孔丘年少好礼,其达者欤? 吾即殁,若必师之!"及釐子卒,懿子与鲁人南宫敬叔,向孔子学礼焉。

孔子因贫贱之故,尝为鲁国的季氏管会计之事,又管畜牧牛羊之事,均得法,由是遂为司空之官。南宫敬叔言于鲁君,请与孔子适周。鲁君与之车一乘、马两匹、童子一人，遂至周问礼于老子。及返于鲁，弟子稍益进焉。

（三）孔子的外交手腕

孔子年三十五时，季平子得罪于鲁昭公。昭公率师击平子，平子与孟氏、叔孙氏三家联手攻昭公。昭公败，鲁乱，孔子适齐，为高昭子家臣。齐景公颇思用孔子，然齐大夫欲害孔子，孔子遂去齐返鲁。

孔子年五十，公山不狃以费畔季氏，召孔子。孔子初欲往，后不果行。其后鲁定公以孔子为中都宰，一年，四方皆则之。孔子由中都宰为司空，又为大司寇。（按一说，孔子仕鲁为小司空、小司寇，未为大司寇。）定公十年，与齐会于夹谷，孔子摄相事，谓定公曰："臣闻有文事者，必有武备。有武事者必有文备，请具左右司马。"定公从之。及会为坛，位土阶三等，以会遇之礼相见，揖让而登。献酬之礼毕，齐有司曰："请奏四方之乐。"景公曰："诺。"于是旍旄羽袚、矛戟剑拨，鼓噪而至。孔子趋而进，历阶而登，不尽一等，举袂而言曰："吾两君为好会，夷狄之乐，何为于此？"请命有司，有司却之不去，孔子则左右视晏子与景公，景公心怍，麾而去之。有顷，齐有司曰："请奏宫中之乐。"景公曰："诺。"优倡侏儒，为戏而前。孔子趋而进，历阶而登，不尽一等，曰："匹夫而荧惑诸侯者，罪当诛。"请命有司，有司加法焉，手足异处。景公惧而动，知义不若，归而大恐，告其群臣曰："鲁以君子之道辅其君，而子独以夷狄之道教寡人,使得罪于鲁君。奈何?”有司对曰:“君子有过,则谢以质。小人有过,则谢以文。君若悼之,则谢以宝。”于是齐侯乃归所侵鲁郓汶阳龟阴之田,以谢过。此孔子之外交手腕,而其进退必于礼,勇往直前,毫无惧怯者,则深于义也。

(四)孔子的政治设施

鲁定公十四年,孔子年五十六,由大司寇行摄相事,(按会夹谷时,已云摄相事,此又云摄相事,意者,前系会时临时之摄相,至会罢而摄亦止,此摄相事,则治理内政也。)于是诛鲁大夫乱政者少正卯。三月,卖羔豚者弗饰贾,男女行者别于道,道不拾遗,四方之客至乎邑者,不求有司,皆予之以归。齐人闻而惧曰:“孔子为政,必霸;霸,则吾地近焉,我之为先并矣!盍致地焉?”犁钼曰:“请先尝沮之。沮之而不可则致地,庸迟乎?”于是选齐国中女子好者八十人,皆衣文衣而舞《康乐》,文马三十驷,遗鲁君。陈女乐、文马于鲁城南高门外,季桓子微服往观再三,将受,乃语鲁君为周道游,往观终日,怠于政事。子路曰:“夫子可以行矣!”孔子曰:“鲁今且郊,如致膰乎大夫,则吾犹可以止。”桓子卒受齐女乐,三日不听政,郊又不致膰俎于大夫,孔子遂行。观此,则孔子之去鲁,仍因鲁君臣之失礼也。

(五)孔子周游列国

孔子去鲁,乃适卫主于子路妻兄颜浊邹家。卫灵公待孔子,亦如鲁奉粟六万。顷之,或谮孔子于卫灵公,孔子乃去卫,过匡，匡人以为鲁之阳虎，围孔子不得行，乃使从者为宁武子臣于卫，然后得去。

孔子后适宋，与弟子习礼大树下。宋司马桓魋欲杀孔子，拔其树，孔子去，乃适郑，与弟子相失。孔子独立郭东门，郑人或谓子贡曰："东门有人，其颡似尧，其项类皋陶，其肩类子产，然自腰以下，不及禹三寸，累累若丧家之狗。"子贡以实告孔子。孔子笑曰："形状末也；而似丧家之狗，然哉！然哉！"

孔子居陈三岁，会晋楚争强。陈常被寇，吴又侵陈，于是孔子去陈。过蒲，又适卫。佛肸为中牟宰，赵简子攻范中行，伐中牟，佛肸畔，使人召孔子。孔子欲往，亦不果行。既乃将西见赵简子，至于河，而闻窦鸣犊舜华之死也，叹曰："美哉水！洋洋乎！丘之不济此命也夫！"子贡曰："敢问何谓也？"孔子曰："窦鸣犊舜华，晋国之贤大夫也。赵简子未得志之时，须此两人而后从政。及其已得志，杀之，乃从政。丘闻之也，刳胎杀夭，则麒麟不至郊。竭泽涸渔，则蛟龙不合阴阳。覆巢毁卵，则凤皇不翔。何则？君子讳伤其类也。夫鸟兽之于不义也，尚知避，而况乎丘哉？"乃还，息乎陬乡，作为《陬操》以哀之。

鲁哀公三年，孔子年六十矣！秋，鲁季桓子病，顾谓其嗣康子曰："我即死，汝必相鲁。相鲁，必召仲尼。"后数日，桓子卒，康子立，欲召仲尼。公之鱼曰："昔吾先君用之不终，终为诸侯笑。今又用之，不能终，是再为诸侯笑。"康子曰："则谁召而可？"曰："必召冉求。"于是使使召冉求，冉求将行，孔子曰："鲁人召求，非小用之，将大用之也。"是日，孔子歌："归与！归与！"子贡知孔子思归，送冉求，因诫曰："即用，以孔子为招云。"

明年，孔子迁于蔡。又明年，自蔡如叶，又反于蔡。途遇长沮桀溺。他日，子路行，遇荷莜丈人。又明年，吴伐陈，楚救陈，军于城父。闻孔子在陈蔡之间，楚使人聘孔子。孔子将往拜礼，陈蔡大夫谋曰："孔子贤者，所刺讥，皆中诸侯之疾。今者久留陈蔡之间，诸大夫所设行，皆非仲尼之意。今楚，大国也，来聘孔子。孔子用于楚，则陈蔡用事大夫危矣！"于是乃相与发徒役，围孔子于野，不得行，绝粮，从者病，莫能兴，于是使子贡至楚，楚昭王兴师迎孔子，然后得免。

孔子至楚，昭王将以书社地七百里封孔子。楚令尹子西曰："文王在丰，武王在镐，百里之君，卒王天下。今孔丘得据土壤，贤弟为佐，非楚之福也。"昭王乃止。其秋，昭王卒，有楚狂接舆歌而过孔子，孔子欲与之言，趋而去。

孔子年六十五，时冉有为季氏将师，与齐战于郎，克之。季康子曰："子之于军旅，学之乎？性之乎？"冉有曰："学之于孔子。"康子曰："孔子，何如人哉？"对曰："用之有名，播之百姓，质诸鬼神而无憾。求之至于此道，虽累千社，夫子不利也。"康子曰："我欲召之，可乎？"对曰："欲召之，则毋以小人固之，则可矣！"康子遂以币迎孔子，孔子归鲁。盖自去鲁至归，已十四年矣。

（六）孔子述定六艺

孔子虽归于鲁，鲁终不能用孔子，孔子亦不求仕。其时周室日微，礼乐废，《诗》《书》缺。孔子乃追迹三代之礼；序《书传》，上记唐虞之际，下至秦缪，编次其事，故《书传》《礼记》，自孔氏。古者，《诗》三千余篇，及至孔子，去其重，取可施于礼义，上采契后稷，中述殷、周之盛，至幽、厉之缺，始于衽席，故曰："《关雎》之乱，以为《风》始。《鹿鸣》为《小雅》始。《文王》为《大雅》始。《清庙》为《颂》始。"三百五篇，孔子皆弦歌之，以求合《韶》《武》《雅》《颂》之音，礼乐自此可得而述。孔子晚而喜《易》，序彖系象说卦、文言，读《易》韦编三绝，曰："假我数年，若是，我于《易》则彬彬矣！"

鲁哀公十四年，春，狩大野，叔孙氏车子钼商获兽，以为不祥。孔子视之曰："麟也。"又曰："吾道穷矣！"乃因史记，作《春秋》，上起隐公，下讫哀公十四年，十二公。据鲁亲周，故殷运之三代，约其文辞而指博。故吴楚之君自称王，而《春秋》贬之曰"子"。践土之会，实召周天子，而《春秋》讳之曰"天王狩于河阳。"推此类以绳当世贬损之义，后有王者，举而开之。《春秋》之义行，则天下乱臣贼子惧焉！孔子在位，听讼文辞有可与人共者，弗独有也。至于为《春秋》，笔则笔，削则削，子夏之徒，不能赞一辞。

明岁，子路死于卫。子贡请见，孔子方负杖逍遥于门，曰：

“赐！汝来何其晚也?”因歌曰:“太山坏乎！梁柱摧乎！哲人萎乎!”遂以涕下,谓子贡曰:“天下无道久矣！莫能宗予。夏人殡于东阶,周人于西阶,殷人两柱间。昨暮,予梦坐奠两柱之间,予殆殷人也。”后七日,孔子卒,年七十三,时鲁哀公十六年四月己丑日,周敬王四十一年,西历纪元前四百七十九年也。

孔子卒后,葬鲁城北泗上,弟子皆服三年。三年心丧毕,相诀而去,则哭,各复尽哀,或复留。唯子贡庐于冢侧,凡六年,然后去。弟子及鲁人,往从冢而家者,百有余室,因命曰孔里。鲁世世相传,以岁时奉祠孔子冢,而诸儒亦讲礼,乡饮、大射于孔子冢。冢大一顷,故所居堂,弟子内,后世因庙,藏孔子衣冠琴车书。至祀孔之典礼,二千余年,迄今不绝。

(七) 孔子弟子述要

孔子以《诗》《书》《礼》《乐》教人,弟子盖三千焉。及晚年,赞《易》,笔削《春秋》,后世遂定为六艺,又称六经。三千弟子中,有姓名可记者,七十七人,《史记》有《仲尼弟子列传》,今摘述其要,使可与《论语》相参证。

颜回,字子渊,鲁人,少孔子三十岁。回年二十九,发尽白,早死,孔子哭之恸曰:“自吾有回,门人益亲。”

闵损,字子骞,少孔子十五岁,不仕,不食污君之禄。

冉耕,字伯牛,孔子以为有德行。

冉雍,字仲弓。

冉求，字子有，少孔子二十九岁，曾为季氏宰。

仲由，字子路，卞人，少孔子九岁。子路好勇力，志伉直。常陵暴孔子，孔子礼遇之，子路乃儒服委质，因门人请为弟子。后仕卫，值卫乱，子路在外，闻之而驰往，遇子羔出卫城门，谓子路曰："子可迁矣！毋空受其祸。"子路曰："食其食者，不避其难。"遂入，乱者击断子路之缨，子路曰："君子死而冠不免。"遂结缨而死。孔子闻卫乱，曰："嗟乎！由死矣！"已而果然。

宰予，字子我，后仕齐，为临菑大夫。与田常作乱，以夷其族，孔子耻之。

端木赐，字子贡，卫人，少孔子三十一岁，利口巧辞，好废举，与时转货资。喜扬人之美，不能匿人之过。常相鲁卫，家累千金，卒终于齐！

言偃，字子游，吴人，少孔子四十五岁，曾为鲁武城宰，习于文学。

卜商，字子夏，少孔子四十四岁。孔子没后，子夏居西河教授，为魏文侯师。

颛孙师，字子张，陈人，少孔子四十八岁。

曾参，字子舆，南武城人，少孔子四十六岁。孔子以为能通孝道，故授之业，世传有《孝经》。

澹台灭明，字子羽，少孔子三十九岁，状貌甚恶，欲事孔子，孔子以为才薄，退而修行。行不由径，非公事不见卿大夫，南游至江,从弟子三百人,设取予去就,名施乎诸侯。孔子闻之曰:“吾以言取人,失之宰予。以貌取人,失之子羽。”

宓不齐,字子贱,少孔子四十九岁,曾为单父宰。

原宪,字子思,子贡相卫,结驷连骑,排藜藿,入穷阎,谒原宪。宪摄敝衣冠以见。子贡耻之,曰:“夫子岂病乎?”原宪曰:“吾闻之:无财者谓之贫,学道而不能行者谓之病。若宪贫也;非病也。”子贡惭,不怿而去,终身耻其言之过也。

公冶长,字子长,齐人。孔子以女妻之。

南宫括,字子容,一日三复《白珪》,孔子以兄之女妻之。

公皙哀,字季次。孔子曰:“天下无行,多为家臣,仕于都,唯季次未尝仕。”

曾蒧,(《论语》作曾点,蒧,古点字。)字皙,孔子以为同志。

颜无繇,字路,颜回父。与回异时事孔子。

商瞿,字子木,鲁人,少孔子二十九岁。孔子传《易》于瞿,瞿传楚人馯臂子弘,弘传江东人矫子庸疵。疵传燕人周子家竖。竖传淳于人光子乘羽。羽传齐人田子庄何。何传东武人王子中同,同传黄川人杨何。何为汉中大夫。

高柴,字子羔,少孔子三十岁。子路曾使子羔为费郈宰。

漆雕开,字子开。

公伯僚,字子周。

司马耕,字子牛。

樊须，字子迟，少孔子三十六岁。

有若，少孔子十三岁。孔子既殁。弟子以有若状似孔子，相与共立为师，事之如孔子。

公西赤，字少华，少孔子四十二岁。

巫马旗（《论语》作巫马期），字子旗，少孔子三十岁。

梁鳣，字叔鱼，少孔子二十九岁。

颜幸，字子柳，少孔子四十六岁。

冉孺，字子鲁，少孔子五十岁。

曹卹，字子循，少孔子五十岁。

伯虔，字子析，少孔子五十岁。

公孙龙，字子石，少孔子五十三岁。

自子石以上三十五人，颇有年名，及受业闻见于书传；其四十有二人，无年，及不及见书传，记于下。

冉季，字子产。公祖句兹，字子之。秦祖，字子南。漆雕哆，字子敛。颜高，字子骄。漆雕徒父，字子文。壤驷赤，字子徒。商泽，字子秀。石作蜀，字子明。任不齐，字子选。公良孺，字子正。后处，字子里。秦冉，字开。公夏首，字乘。奚容葴，字子皙。公坚定，字子中。颜祖，字襄。邬单，字子家。句井疆。罕父黑，字子索。秦商，字子丕。申党，字周。颜之仆，字叔。荣旂，字子祈。县成，字子祺。左人郢，字行。燕伋，字思。郑国，字子徒。秦非，字子之。施之常，字子恒。颜哙，字子声。步叔乘，字子车。原亢，字籍。乐欬，字子声。廉洁，字子庸。叔仲会,字子期。颜何,字冉。狄黑,字晳。邽巽,字子敛。孔忠。公西舆如,字子上。公西蒧,字子上。

上照《史记·仲尼弟子列传》摘录。太史公曰:“学者多称七十子之徒,誉者或过其实,毁者或损其真,钧之未睹厥容貌,则论言弟子籍出孔氏古文,近是。余以弟子名姓文字,悉取《论语》弟子问,并次为篇,疑者阙焉。”

《论语》者,孔子殁后,弟子及其弟子之门人,相与记录孔子之言语,以教后世学者。

学而第一

子曰："学而时习之，不亦说乎？有朋自远方来，不亦乐乎？人不知而不愠，不亦君子乎？"

按《论语》一书，立于学官者，宋以前为《十三经注疏》本。何晏《集解》，邢昺《疏》。宋以后，通行朱子《集注》。此章《集解》采："马曰：'子者，男子之通称，谓孔子也。'王曰：'时者，学者以时诵习之。诵习以时，学无废业，所以为说怿。'"按此云马谓马融，王谓王肃也。"子"，指孔子，意义本明白。惟王曰"以时诵习"，则如后世之读书一般，然读书，在孔子时，称为文学，如言"文学，子游、子夏"是也。且孔子言"行有余力，则以学文"，是文学在孔门为末业。此章所训之"学"，意义甚为重大，似不应仅以文学为训也。朱子《集注》则曰："学之为言效也。人性皆善，而觉有先后，后觉者，必效先觉之所为，乃可以明善而复其初也。习，鸟数飞也。学之不已，如鸟数飞也。既学而又时时习之，则所学者熟，而中心喜悦，其进自不能已矣！"按朱子此解，其义甚精，然学为效先觉之所为，此所说的"为"，自然是指先觉的行为。先觉的行为，如何能"时时习之"呢？再四思索，知"习"之与"学"，既述为一句，则其所学，必有时时可以练习之处，绝无疑义。后来细察《论语》全编，所训的学，皆是学做人。及参以《礼记》，更知学礼者，就是学做人。故《文王·世子篇》曰："学之为君臣焉！学之为父子焉！"盖君臣父子，皆有应行之礼。学此礼，就是学做人。人类虽众，总不出君臣父子四项。此四项之礼学成，就是做人的道理学成。因为学礼，所以时时可习也。心中存此假设，既已有年。及读《史记·孔子世家》则与此说，正相符合。按《孔子世家》云：

"孔子为儿嬉戏，常陈俎豆，设礼容。……孔子年十七，鲁大夫孟釐子病，诫其子懿子曰：'今孔丘年少好礼，其达者欤？吾即没，若必师之！'及釐子卒，懿子与鲁人南宫敬叔，往学礼焉。"

我于纲领中，说明孔子所说之学，是"学做人"，也即是"学礼"。今以《史记》此节，证"学而时习之"一语，更明白此节所说之"学"，即是"学礼"。再证以孔子自说"吾十有五而志于学"与《史记》所述的年纪，正相符合，可见"学而时习之"者，"学"是学礼，"习"者，即是"常陈俎豆，设礼容"，时时练习之也。

礼是讲究如何立，如何行，如何动止，很琐碎的。所谓"礼经三百，威仪三千"，其难以记忆，可以想见，故必须时时演习，始不致错误。孔子因为儿嬉戏时，已喜欢这种仪式，所以"常陈俎豆，设礼容"以练习之，到后来练习纯熟，行立动止，皆能出于自然，于是欢悦异常，故其对人，亦曰："学而时习之，不亦说乎?”

《论语》记孔子自说“吾十有五而志于学”,即孔子十五岁时,已有志于学礼,到十七岁时,孔子好礼之名,已闻于孟釐子。特别是此时正值周衰礼废之际,只有少数的老年人,还知重礼,至一般后起少年,已是见礼讨厌,然孔子正在少年,能如此好礼,所以孟釐子诫其子懿子,往孔子处学礼。及懿子与南宫敬叔学礼之后,一般人见卿大夫之子弟,尚向孔子学礼,孔子的声名,自然宣扬他处,于是“远方”之人,也有来学礼者,孔子更快乐。故其对人,亦曰:“有朋自远方来,不亦乐乎?”

“君子”,在古代有三种解说:(一)谓在上位者为君子,而以庶民为小人。(二)以品高有德者为君子,以行为卑鄙者为小人。(三)妇人称丈夫,亦为君子。此节所说的君子,属于品高有德者之一种。“愠”,何晏《集解》,以为“怒也”。朱子《集注》以为“含怒意”。但细按文义,应是“怨”的意思,兼“恨”的意思。孔子这时,还在少年,因声名已播及远方,正在悦乐;却又翻转来一想,以为就是没有人知道我,我也并不怨恨别人,如此,岂非更是品高有德的君子吗?故其对人,亦曰:“人不知而不愠,不亦君子乎?”

六句本是一气贯通,记孔子的话,亦即记孔子少年时的态度。孔子中年以后,聚徒讲学,成立儒家,为百代宗师,其肇端实基于此态度。今再译本章为白话文如下:

“孔子说:‘学礼须时时演习,到习练纯熟,不会错误,岂不喜悦吗?有远方的朋友,来我这里学礼,岂不欢乐吗?即使没有人知道我,我也并不怨恨,岂不更是器量大识见高的君子吗?’”

有子曰:“其为人也孝弟,而好犯上者,鲜矣!不好犯上,而好作乱者,未之有也。君子务本,本立而道生。孝弟也者,其为仁之本与?”

有子,姓有,名若,是孔子弟子。《论语》中只有子、曾子二人称子,其余或称名,或称字,故昔人以为此书,是有子、曾子门人所记;因尊师之故,只称子,不称名字也。

有子说:“一个人对父兄能够孝悌,(孝悌已解在纲领中)而对君上却喜欢违犯,这种人必定少(鲜)的。不喜欢违犯君上,却喜欢去作乱造反,是一定没有的。”

“本”,是树木的根。培植树木,先要培植它的根。“务”,就是培植的意思。君子做人,也重在根本,根本培植得好,也如树木一样,千枝万叶,都从根上发生出来。一个人能够孝悌,就是做人的根本,已经培植好了。其余做人的一切道理——做人,就是为仁——都会从孝悌发生出来;结果,就成为一个仁人。

“为仁”就是“做人”,纲领中已说过。有子系孔子的高足弟子,深知“仁”的意义。故教人从孝悌做起,一个人能够不违犯父兄,就也不至于违犯君上;既不违犯君上,自然不至于作乱;因此人人都能亲爱和睦,所以孝悌,就是“为仁”之本。

子曰:“巧言令色,鲜矣仁。”

“巧言”,是说话说得好听,其实都是骗人的话。“令色”,是专用一种媚人的态度,去奉承人家。孔子说:“言语巧态度媚的人,一定少能有‘仁’的。”

曾子曰:“吾日三省吾身:为人谋而不忠乎?与朋友交而不信乎? 传不习乎?”

曾子,名参,孔子弟子。“省”,就是自己想想。“忠”,是实心办事,“信”,是不说诳话。“习”,也是习礼。“传”,是孔子教他的礼。

曾子自说:“我每日想想自己身上三件事情:第一,给人家办事,有不实心的吗? 第二,和朋友讲交道,有诳人失信的吗? 第三,夫子教我的礼,有不去练习的吗?”

一个人做人,能够实心给人办事,不说诳失信,师长所教做人的礼,时常练习,自然是个大贤了。

子曰："道千乘之国，敬事而信，节用而爱人，使民以时。"

"道"，作治国的"治"字解。周武王得天下后，封同姓及功臣为诸侯，每人各自治其国。那时候诸侯之国，有兵车一千乘。孔子此处，是说治诸侯之国也。"敬事"，是谨慎办事。"信"，是出的令、办的事，件件要诚实，不是官样文章，只办一纸公文，做不做，行不行，都不去管他。"节用"，是征来的赋税——钱粮，要节省不乱花。"爱人"，是对百姓，要爱护他。"使民以时"，是古时候国家有大工程，都是把百姓叫来充工役。孔子认为国家要兴工程，须等到农事已过，百姓闲暇的时候，才使他来做工。用白话文讲是：

"孔子说：'治有兵车一千乘的诸侯国家，要谨慎办事。不可失信于民。收的钱粮，要节省，不可乱花。要叫百姓来充工役，须在适当的时候。'"

子曰："弟子入则孝，出则弟，谨而信，泛爱众，而亲仁；行有余力，则以学文。"

"弟子"，指年幼的人。"入"是入室，入室须孝其父母，"出"是出室，出室须敬其兄长。"谨而信"，是要谨慎做事，不可失信。“泛”,是普通广博的意思;“泛爱众”,就是说广爱一切的人。“亲仁”,是亲近有仁德者。“行有余力,则以学文”者,文,是书籍。孔子说:“年幼的弟子,须孝悌,做事谨慎,不可失信,对于一切的人,都应当相爱,并要去亲近有仁德者。这几件事都做到,还有余暇,才去读书籍中的文章。”

子夏曰:“贤贤易色;事父母能竭其力;事君能致其身;与朋友交,言而有信。虽曰未学,吾必谓之学矣!”

子夏,姓卜,名商,孔子弟子。“贤贤”,前一个贤,是敬重的意思;后一个贤,是指仁厚的贤人。“易”,是替换,“色”,是美貌的女子。子夏说:“人能把敬重贤人的心,去替换好美女的心。事父母能尽心竭力,事君能不顾身命。与朋友结交,说话不失信。像这样的人,虽然说还没有求过学问;但在我看起来,必定说他是已经求过学问的了。”

子曰:“君子不重则不威,学则不固。主忠信,无友不如己者。过,则勿惮改。”

此一章,须分三节讲:第一节,“君子不重则不威,学则不固”。“重”，是厚重；若轻浮不实，即为“不重”。“威”，是威严。“学”，也是学做人。孔子说：“做君子的，若轻浮不实，就没有威严，这种人，虽然也是学做好人，但因‘不重’‘不威’的缘故，就是学煞，也是不牢固的。”

第二节，“主忠信，无友不如己者”。忠信二字，纲领中已说过，是在社会间最重要的二事。此节意思，是说我做人的主意，是要忠信的。倘若朋友是个不忠信的人，倒不如没有的好；所以说“无友不如己者”。无，通毋，禁止之词。意思是说：择朋友，要比我好的人，和他结交，若这个人不如自己，不要和他结交。

第三节，“过则勿惮改”，一个人，虽然想做毫无过失的人，但有时候或偶然犯了过失，既自己觉察了，则亟须把过失改正。因为一般人的性情，往往自己犯了过失，不肯认错。倘自己知道犯了过失，能够认错，就是改过。“惮改”，就是自己不肯认错，怕去改过。“勿惮改”，则我虽犯了过失，我即认错，下回不再犯这项过失，如此与无过失一样了。

上说三项，是一般人最容易犯的毛病，故孔子连在一处说之。

曾子曰：“慎终追远，民德归厚矣！”

“终”，指父母之丧事。“慎”，须办得谨慎。“追远”者，父母之死，虽时已久远，须追而祭之，表示不忘记父母也。如在上位者能如此，则下面的一般人民，都会受此感化，人类道德风俗，自然归于敦厚而不轻浮了！

子禽问于子贡曰："夫子至于是邦也，必闻其政。求之与？抑与之与？"子贡曰："夫子温、良、恭、俭、让以得之。夫子之求之也，其诸异乎人之求之与？"

子禽，姓陈，名亢。子贡，姓端木，名赐，皆孔子弟子。

此章记子禽看见孔子到了一个国家，必定了解这个国家的政治，因问子贡："是夫子自己求了人君与闻的呢？还是人君自己情愿来告诉孔子的呢？"

"温"，和气亲善也。"良"，不与人竞争也。"恭"，恭敬待人也。"俭"，不乱用钱财，能节省便节省也。"让"，谦逊也。子贡说："夫子有此五项美德，所以到了一个国家，这个国家的君主，自愿把政治来告诉夫子。夫子之得与闻政治，原不是求；即使是求，我想也是和他人之求不同吧？"

子曰："父在观其志，父没观其行，三年无改于父之道，可谓孝矣。"

一个人于父亲在的时候，家中事务，自然由父亲作主，为子者不得自尊，所以这时只能看他的志向。所谓志向，就是在心未行的。若父亲一没，他就可以自尊，这时应看他所行的事。倘若父亲死已有三年，还是照着父亲在时的老规矩行事，这个人可说是孝子了。

一说："父在观其志"，是说父亲在时，观父亲的志而承顺之。"父亲没观其行"，是说父亲没后，观父亲之行而阐述之。此说亦通。

有子曰："礼之用，和为贵；先王之道，斯为美，小大由之。有所不行，知和而和，不以礼节之，亦不可行也。"

此章汉、宋儒者，皆以"和"为乐；我于纲领中，说是"亲善和睦"。因礼的原则是"让"，大家能让，便能亲善和睦矣。礼的用处，至于能"和"，所以可贵也。先王制礼，使小事大事，无不纳于礼的里面，此礼之所以为美也。

然一味和气，也有不能行的地方：例如嫖赌等害人之事，就不能由二三密友，因为和气之故，共同去做。此等地方，仍旧要用礼来限制他。倘若一味和气，去做坏事，舍却礼节，也是不可行的。

此章大意，是说礼的用处，能使大家和气，所以可贵。先王制礼，使小事大事都须由礼而行，所以为美。但只知"和"而不以"礼"限制他，亦不可行也。

有子曰："信近于义，言可复也。恭近于礼，远耻辱也。因不失其亲，亦可宗也。"

此章我的见解与前人不同。汉、宋师儒，注释此章，其注文比经文更加难解，所以我只得以经解经。

"信"，是不说诳。"义"是应该做的事情，即韩文"行而宜之之谓义"也。有子以为一个人做了不应该做的事，这是不义。但他只要能够不说诳，老老实实自己承认做错，还能够近于义；而人家因他自己认错的一言，仍旧能信任他，所以说"言可复也"。

一个人在礼的范围内行动，也是不应该有一些错误的，但他这次虽然把礼节行错了，但人却总是恭恭敬敬的，人家也只得原谅他，不笑话他，不耻辱他，以为礼虽行错，然而尚能恭敬，所以说"远耻辱也"。一个人即使有种种不良行为，但因为他对于父母能孝，还不失父母的欢心。这个人，还可以在宗族中，认为一个子孙，所以说"亦可宗也"。

这虽然是我一人的私见，在道理上，也还讲得通。有子的意思是说："一个人做错了事，但他能不说诳，老实自承，人家仍旧可以相信他。一个人行错了礼,但他能很恭敬,人家也不会去耻辱他。一个人虽有其他不良行为,却能不失父母的欢心,也还可以在宗族中,做一个子孙。”上面所说是三件事。“亦可宗”一句,因中国向来是宗法社会,人家有不肖子孙,可以由宗族驱出之,所以有子如此说。

子曰:“君子食无求饱,居无求安,敏于事而慎于言,就有道而正焉,可谓好学也已。”

古时字少,故多假借引申。此章“饱”字,当作“美味”解。“安”字,当作“华屋”解。“敏”,是灵活而捷速。“慎”,是谨慎。孔子的意思,是说:“君子饮食,不必一定求美味。居住,不必一定求华屋。做事,要灵活而捷速。说话,要谨慎。到这地步,再向有道德学问的人去请教,可算勤于学问了!”

“饱”和“安”,若照字面理解,便是:“君子吃饭,不必吃饱;居住,只要乱糟糟的地方,不必安静。”所以古字非活解不可。

子贡曰:“贫而无谄,富而无骄,何如?”子曰:“可也。未若贫而乐、富而好礼者也。”子贡曰:“《诗》云:‘如切如磋,如琢如磨。’其斯之谓与?”

子曰："赐也，始可与言《诗》已矣！告诸往而知来者。"

"谄"，是看见富贵的人，低声下气，陪着笑脸去奉承他。"骄"，是看见贫苦的人，装出一副大模大样的架子，不屑接待他。这两种态度，是最下流人的行为。可是世俗一般人，往往不能免此。子贡问孔子："贫的人不谄，富的人不骄，此种人好吗？"孔子说："好是好的，但还不及贫的人能悠然自乐、富的人能事事遵礼而行也。"

子贡听了此话，知道孔子所说的道理，比自己更高一层，因把《诗经》里"如切如磋，如琢如磨"的两句话来比喻。

做骨角的匠人，把骨角切成片段，还要把它磋滑。做玉器的匠人，把玉石琢成了块，还要把它磨光，都是做一层进一层的道理。做人如"贫而无谄，富而无骄"也算好了；但还是要像骨匠的切骨、玉匠的琢玉。至于孔子所说的"贫而乐，富而好礼"好像骨匠的磋滑、玉匠的磨光，更是进一层道理。

子贡把《诗经》中两句诗说出来，再问孔子，是这个意思吗？孔子见子贡善解诗意，所以也深赞子贡曰："赐也，始可与言《诗》已矣！"

"告诸往而知来者"，也是孔子赞子贡。"往"，是其所已言的；"来"，是其所未言的。

子曰:“不患人之不己知,患不知人也。”

好名的心,是人人所同有。如自己有了一点才学,就想人家知道我,称赞我。孔子的意思,以为我虽然有了才学,人家尽管不知我,于我是没有什么要紧的。所以说“不患人之不己知”。

人家虽不知我,我却不可不知人。例如我知道某人有才学,有道德,我就应该敬重他,或者可去请教他。至于坏人,我也不可不知道他,知道他是个坏人,我就可以远避他,或者和我有关系的地方,我也可以防备他,使祸患不至惹在我的身上。所以知道他人的好坏,倒是一件很重要的事情。故曰:“患不知人也。”

为政第二

子曰："为政以德，譬如北辰，居其所而众星共之。"

此所说的"为政"，是人君施行政治。孔子所倡的儒教，重在教化，以身作则，以德感人，故曰"为政以德"也。

"北辰"，是北极的星。我们从南边望去，见它处在最高的位置，其余许多小星，都围绕着它，毫不紊乱。人君向南坐着朝百官，也如北辰之对众星，毫不紊乱；而政治教化，自在流行。

北辰在上，众星在下，成有秩序的天象。有德的人君在上，众官及万民在下，成有秩序的政治。所以孔子特地用北辰来比喻有道德的人君。

此章可与后文"无为而治者，其舜也与"一章同参，方见圣人政治的意思。

子曰："《诗》三百，一言以蔽之，曰，'思无邪'。"

《诗》就是《诗经》，孔子时，只称一个"诗"字。《诗》共三百十一篇;言三百者,举大数也。

《诗经》中不少言情的作品,盖情者,实出于天性,为人所同有,所以说"《关雎》乐而不淫",便是正常的言情。汉人把好好的言情诗,都指为这篇是美某王,那篇是刺某公,把诗的本意都说错。朱子出来,翻了旧案,说是刺淫奔之诗,也是说错。孔子说:"《诗》三百篇,若用一句话概括起来,我说应用'思无邪'一句。""思无邪",就见《诗经·鲁颂·駉》篇,意思是说没有邪念。若是淫奔,何以说无邪念呢?

子曰:"道之以政,齐之以刑,民免而无耻。道之以德,齐之以礼,有耻且格。"

"道之以政",是发布政治命令。"齐之以刑",是人民不听命令者,以刑罚之;要使人一齐服从,故曰"齐之以刑"。用这法子,人民想避免刑罚;至于刑罚不能施及的地方,人民仍旧要作恶而不知耻。所以说"民免而无耻"。

"道之以德",是在上者以德感人。"齐之以礼",是使人民一齐在礼里面行动。人民见在上者之有德,遵礼,大家以作恶为羞耻之事,情愿自己不要作恶,故曰"有耻且格"。"格",有自己晓得不好,自己去改革的意思,亦即由不正归于正的意思。

"道之以政,齐之以刑"是法家的政治手腕。人民虽然不敢公然犯法，但暗地里为非作恶。“道之以德，齐之以礼”是儒家的教化作用。人民成其德化，遵其礼义，自知为非作恶，是羞耻之事，自己便不愿去作恶。

子曰：“吾十有五而志于学；三十而立；四十而不惑；五十而知天命；六十而耳顺；七十而从心所欲，不逾矩。”

此章正可见圣人成德立身，始终本末；且系孔子自述之言，尤为扼要，学者宜仔细体察之。

“吾十有五而志于学”，此“学”字，我上文说过是“学礼”。

“三十而立”，何晏《集解》谓：“有所成立也。”朱子注谓：“有以自立。”义同。

“四十而不惑”，何解引孔安国曰“不疑惑”。朱注谓：“于事物之所当然，皆无所疑。”义亦同。

“五十而知天命”，此“天命”，犹近人之言“天演”。宇宙间一切事物，皆自然变化，自然进行，非人力所能强改。人力只能因天之所演而利导之，辅助之。孔子至五十岁时，知晓此理，故后文有“不忧、不惑、不惧”之言。

“六十而耳顺”，何解引郑玄说：“耳闻其声而知其微旨”，是也。谓圣人对人，只要一闻其言，早已明白其言的真伪也。再换一句白话讲：凡遇“口是心非”的人，不必细加研索，早已了然其人胸中之是非也。

“七十而从心所欲,不逾矩”。矩,亦礼也。圣人到了此时,随便什么地方,凡一言一动、一视一听,不必注意,无不来合乎礼也。以后孔子告颜渊,有“非礼勿视,非礼勿听……”之四勿,是尚须注意。到此时,则可不必注意留心一切,而视听言动都不逾越礼的规矩。故曰“不逾矩”。

孟懿子问孝。子曰:“无违。”樊迟御,子告之曰:“孟孙问孝于我,我对曰,‘无违’。”樊迟曰:“何谓也?”子曰:“生,事之以礼;死,葬之以礼,祭之以礼。”

孟懿子,鲁大夫,姓仲孙,名何忌。樊迟,名须,孔子弟子。

此章记孟懿子问孝道于孔子,孔子只告以“无违”二字。继恐此二字,人家不解其中意思,故于樊迟御车时,再以告之樊迟。而樊迟果然也不懂,所以问曰:“何谓也?”孔子乃具体地对他说:“生,事之以礼;死,葬之以礼,祭之以礼。”“生,事之以礼”者,邢疏言“冬温夏凊,昏定晨省”之属也。“死,葬之以礼”者,邢疏言“为之棺椁衣衾而举之,卜其宅兆而安厝之”之属也。“祭之以礼”者,邢疏言“春秋祭祀,以时思之;陈其簠簋而哀戚之”之属也。以上种种,毕为事亲之礼,不违此种种，即为孝矣。

又冬温、夏凊。是使亲冬得暖，夏得凉。昏定、晨省，是夜间服事亲睡，晨起时问安。棺椁衣衾，宅兆安厝，是葬的事。簠簋哀戚，是祭的事。

孟武伯问孝。子曰："父母唯其疾之忧。"

孟武伯，系孟懿子之子，名仲孙彘。武是死后的谥。

按此章何晏《集解》引言曰："言孝子不妄为非，唯疾病然后使父母忧。"朱子《集注》则以为父母爱子之心，无所不至，唯恐儿子之有疾病，故常以为忧。

孔子答各人的问孝，各个不同，都是因所问的人，于孝道缺有哪一点，就告他应该补救哪一点。此章孔子告孟武伯"父母唯其疾之忧"者，大约武伯常有妄为，使父母忧虑；或武伯对于养生，不甚注意，以致时时有疾病，使父母忧虑。故孔子告以此语。

又一说，这个"其"字，也可以对父母而言。或者孟武伯对父母有疾病的时候，不大放在心上，仍旧高兴欢喜，孔子要他对父母的疾病，看得郑重些，要有些忧虑，所以说"父母唯其疾之忧"。此说亦可通。——但依此说，父母字当略读。

子游问孝。子曰："今之孝者，是谓能养。至

于犬马,皆能有养;不敬,何以别乎?”

子游,孔子弟子,姓言,名偃。《史记》上说他是吴国人。

“养”,谓饮食供奉。做人子的养亲,更须有恭恭敬敬的心思,才算是孝。若只知饮食供奉而无恭敬的心思,那么,与养犬马,没有分别了。

又一说:犬能守宅,马能代人任劳,也可算是养人;但犬马是不知恭敬的。人子养亲而不知恭敬,与犬马养人,没有分别了。

上面两说都可通。孔子的意思,人子养亲,尤重在能敬。或者子游虽能养亲,但不甚恭敬,故以此告之。

子夏问孝。子曰:“色难!有事,弟子服其劳;有酒食,先生馔。曾是以为孝乎?”

“色难”,谓奉事父母,须和颜悦色,使父母欢喜。这种和颜悦色,是很难的。一说“色”是承顺父母颜色。

“有事,弟子服其劳”,谓家中有事,弟子出其劳力,给父母去做。“先生”,谓父母。“馔”犹饮食。“有酒食,先生馔”,谓有酒食的时候,请父母先吃。

孔子说做子弟的,只代父母服劳做事,有酒食的时候,请父母先吃:像这种种小事体,难道就可称孝吗?他的意思,是子弟事父母最要紧的，为和颜悦色，使父母欢喜。照原文译来，是："子夏问孝。孔子说：'奉事父母，以和颜悦色为难！若单是代父母服劳做事，有酒食请父母先吃，这种小事，难道可算孝道吗？'"

子曰："吾与回言终日，不违如愚；退而省其私，亦足以发。回也不愚！"

回姓颜，字子渊，孔子弟子，鲁国人。《论语》中多将"子"字省去，称颜渊。

"子曰：'吾与回言终日'"者，孔子自说我同颜回，说话说了一日。"不违如愚"者，颜回终是没有一句话违反我，我说如何，他也以为如何，好像他自己一些没有识见，像呆子一样。"退而省其私"者，等到他退出去以后，我去考察考察他私下的议论。"亦足以发"者，他私下的议论，识见很高，亦足发明义理的大体。"回也不愚"者，原来他并不呆。今把这意思，照原文译出来，是：

"孔子说：'我同颜回说了一日的话，他没有一句话违反我，好像没有见识，似呆人一样。等到他退出去以后，我去考察考察他私下的议论，亦足以发明义理的大体，他是并不呆的。'"

子曰:“视其所以,观其所由,察其所安,人焉廋哉?人焉廋哉?”

此章言看人之法。“视其所以”者,看这个人所做的事。“观其所由”者,“观”,也是看,“由”,经过也,看这个人所做和已经做过的事。“察”,是仔细考察他,对于做过的事,他心中安不安。

世界上的人,总是好人少,坏人多。此章虽然是看人之法,未免注重在坏人的一方面。坏人所做的事,总不免利己损人。“察其所安”者,是说这个人,倘做了坏事,我要考察他对于这件坏事,他心里安不安。

“人焉廋哉,人焉廋哉”者,“焉”作“哪里”二字解。“廋”,是作“隐匿”二字解。“人焉廋哉”,是说“这个人,哪里还隐匿得过呢?”。连说两句,是说照上面三句所说的方法去看人,这个人的善恶正邪,无不可以看出来。

又“察其所安”者,常见一般人做了损人利己的事,往往自以为能,对人说了,觉得很是有趣。我们看人,只要从这种地方去看。他做了损人利己的事,反自以为能,就是他“安”心于做坏事了。像这一种人,他今天对人如此,自然明天对我,也是如此;这是最要紧去观察他的。此章意思,是:

“孔子说:‘看了这个人所做的事。再看他所做过的事,考察他对于所做和做过的事,他心里安不安。用这个方法去看人，这个人的善恶正邪，哪里还能够隐匿呢？哪里还能够隐匿呢？’”

子曰：“温故而知新，可以为师矣！”

“师”，即为师，俗称先生者是也。此章是说“为师”之道。

“温”，《注疏》解作“寻”。我以白话解之：“温故”者，师教我的种种道理、种种艺术，我须时时想想它，时时研究它。“故”，即师教我的种种道理艺术也。

“知新”者，师教我的种种道理和艺术，我在想它研究它的时候，我要能够发明出新的道理和方法也。能够如此，“可以为”人的教师矣。

举几个例：如《礼》，是孔子最尊重的东西。但孔子说：“损益可知也。”（此节于后文，再详细解释。）是说礼有不适用的地方，可以删去的，所谓“损”也。有地方可用新增的礼，所谓“益”也。这就是孔子对于故有的礼，发明出来新的道理，故曰“知新”。

又如《诗》，孔子是教人学诵的。师教我的《诗》就是“故”。我时时想着它，研究它就是“温故”。孔子温读了《诗》以后，就说“《诗》可以兴，可以观，可以群。……”（此节也到本文后再说。）是温故《诗》，又能够发明新的道理也。

又如《春秋》，不过是一部鲁国的史记，被孔子温了以后，就发明一个“正名”的道理来。“正名”者，是说此人名“君”，应该尽为君的道理。此人名“臣”，应该尽为臣的道理。此人名“父”，应该尽为父的道理。此人名“子”，应该尽为子的道理。这个，近人说他是“正名主义”。

上说三种，都是孔子温故的《礼》、温故的《诗》、温故的《春秋》，发明的“新知”。必如此，始可以为人师也。

我曾遇见大学里的一位名教授，我对他说：“像你这种学问，在讲堂上教学生，只要拿起笔来，把要教的礼义，随便写写好了。”他说：“写虽随便可以写，但也要随时想出新道理、新发明，去教学生，然后学生始能得着益处，若只把自己读过的书、听来的学问，依样画葫芦，照画一通，那么，只要一部留声机器就好了，何必要教师呢？”这一段话，也就是孔子所说“温故而知新”的意思。

又从前苏东坡寄弟子由诗云：“旧书不厌百回读，熟读深思子自知。”读旧书，也就是“温故”。何谓“子自知”呢？就是把旧书熟读深思之后，自己能够发明出新意义来。这也是“温故而知新”的意思。

子曰：“君子不器。”

“君子”，是有道德、有学问、有识见的人。“器”，是器具，如桌、椅、车、船，都是器的一种。

“君子不器”者，言君子做人办事，都能随时随地而为之，如成语所说，“随机应变”是也。“器”，如桌子只能摆物，椅子只能坐人，车只能行陆，船只能行水，换一处地方，即不能应用。人是活的，“君子”比众人，知识又高一层，不是呆板板只能做一件事情。

子贡问君子。子曰：“先行其言而后从之。”

子贡向孔子，问怎样的人，叫做君子？孔子告以“先行其言而后从之”者，因为一般人，都是嘴里说说，非常好听。说自己如何贤德，如何能干；其实并不贤，也并不能干。孔子以为君子者，先要把贤能行出来，后来再说给人听也。

子曰：“君子周而不比，小人比而不周。”

此章以君子与小人对称；以君子为正经人，小人为不正经人。

“周”者，朱注云：“普遍也。”“比”者，朱注云：“偏党也。”孔子以为君子对待人，都是一样的。“普”，是“普通”。“遍”，是“遍及”。意思就是待人都是一样。“偏党”者，不正经的人，待同党的人要好；待不是同党的人，就不要好。译出来是：

“孔子说：‘正经人待人，都是一样的。不正经人待人，就不一样，只待同党的人要好。’”

子曰：“学而不思则罔，思而不学则殆。”

何晏《集解》采包咸《论语章句》说法，曰：“学不寻思其义，则罔然无所得。不学而思，终卒不得，徒使人精神疲殆。”

此章当以包氏之解为当。“学而不思则罔”者，言一个人对于学问，不细细寻思这里面的道理，则茫然无有所得也。“思而不学则殆”者，不求学问，专凭自己去想，你尽管想来想去，总是想不出真的道理，反把自己弄得精神疲乏殆倦也。

此章所说，是教人求学，要研究。求学而不研究，则茫然不能得到真理。但若不求学而自己去瞎研究，也会得不到益处，而反弄得精神疲乏而殆倦。

子曰：“攻乎异端，斯害也已！”

自来学者，解释此章，都未免弄错。“异端”，都解作异道，如杨、墨、佛、老。唯子兄子余述今人马一浮之言，颇适合于本义。马氏云：

“四书言‘端’者凡数见：一曰‘执其两端’。一曰‘我叩其两端’。亦即‘攻乎异端’。岂‘端’必有两,若攻其异之一端,是有害的。专治与攻击皆非。”

此说的“端”,是一物两头都称端。今譬如一双筷,筷头是一端,筷尾也是一端。诸子百家的学说,也各有两方面,一方面是各各不同的。这各各不同的一方面,我们无论去专治它,去攻击它,都有害处。故曰:“攻乎异端,斯害也已!”

马氏又言:“异的一端不可攻,还须求其同之一端,则诸子百家,皆有同之一端。”这就是说,诸子百家的学说,一方面各各不同,一方面无不相同。例如儒家主张礼乐,以为礼乐的效用,能够化民成俗,能够致天下于太平,致万民于安乐,此儒家之政治观也。墨家则极力反对礼乐,以为礼繁琐而不适于用,乐则不过一种声音,于人民都没有益处的,应该提倡使人民有益的政治,所以反对儒家。这是儒墨二家之异点。至其同的一点,则儒家目的,要天下太平,万民安乐。墨家目的也是要天下太平,万民安乐。这是同的。又如道家要废灭一切文物典章,反对儒家之仁义礼乐,固和儒家大异;但道家以为这一切文物典章,人民实丝毫占不到幸福,反使食官大猾,夤缘为奸。所以有此主张,而其目的,也是要使人民安乐,则又是同的。宋朝大儒陆象山曾说:

“东海有圣人焉,西海有圣人焉;此心同也!此理同也!”

此话正可拿来解马氏“诸子百家,皆有共同之一端”的一句话。我们做学问,对于各家宗教、各家主义,都要找寻它同的一端，不要去专治它异的一端，也不要去攻击它异的一端，这样，才不至有“入主出奴”等的害处了！

子曰：“由！诲女知之乎？知之为知之，不知为不知，是知也。”

“由”，系孔子弟子，姓仲，名由，字子路，“女”，即汝字，即现在一般人所说的“你”。“诲”，是“教诲”。“由，诲女知之乎”者，是孔子呼子路之名而教诲之也。

按据《史记·孔子弟子列传》，子路是卞人，少孔子九岁，性好勇，常侮辱孔子，孔子总待之以礼。后来子路自己悔悟，投拜孔子为师，终身敬服孔子。即此一节，可见孔子人格及礼教，确能感化一般人。

此章第一句，是孔子呼子路之名，对子路说道：“我今教诲你，你晓得吗？”即“诲女知之乎”一句意思也。

“知之为知之，不知为不知，是知也。”这三句，是孔子教诲子路的话，意思是说：凡对于一事一物，我晓得它的细底道理（知之），就说这事物的细底道理，我晓得的；我不晓得这事物的细底道理（不知），就老实说，我不晓得的。这是真的“知”（是知也）。

这章孔子对子路，如此说法；因为子路的性好勇，好勇的人，往往自以为是，就是自己不晓得的事体，硬要说自己是晓得的，所以孔子教诲他：晓得的事情，直说是晓得的；不晓得的事情，直说是不晓得的。这才是真晓得。

“是知也”的“知”字，意思又可引申作“智慧”的智字解。一个人于不晓得的事体，若硬说晓得，反被别人看轻，以为你不过是瞎说；后来连真晓得的事体，说出来，别人也不相信。所以孔子以为不智。反之，则孔子以为真智。

子张学干禄。子曰：“多闻阙疑，慎言其余，则寡尤。多见阙殆，慎行其余，则寡悔。言寡尤，行寡悔，禄在其中矣！”

子张，孔子弟子，姓颛孙，名师。“干”，求也。“禄”，禄位也，犹今言做官。“学干禄”，想做官，先学起来也。此章记子张想学做官，孔子即和他谈禄也。

“多闻”，是多有所闻。“阙疑”，是对事理有疑惑的地方，不要去硬说，不如把这件事，“阙”了不说，“慎言”，是说话要谨慎。“其余”，是无疑之事。“尤”，过失也。合拢来，译成白话是：

“学做官，要事理听得多，事理有疑惑的地方，毋宁阙而不说；其余无疑的事，说起来也要谨慎。如此，则可以少有过失”。

“多见”，是多有所见。“殆”，危险也。“慎行其余”，是其

余没有危险的事,要行得谨慎。“悔”,是懊悔。合拢来,译成白话是:

“事理见得多。遇有危险的地方,毋宁阙而不干。其余没有危险的事,也要行得谨慎。如此,则可以少有懊悔。”

“言寡尤”,是说话少过失。“行寡悔”,是行事少懊悔。到了这个地步,官就是做不到,也得做官之道了。“在其中”,就是,说做官之道在这里面了。

再把三节合拢,译成白话是:

“子张学做官的行为。孔子对他说:‘学做官,要事理听得多,有疑惑的地方,毋宁阙而不说。就是没有疑惑的事,也要说得谨慎。如此,则少有过失。事理要见得多,遇有危险的地方,毋宁阙而不干。就是没有危险的事,也要行得谨慎。如此,则少有懊悔。说话少过失,行事少懊悔,做官之道就在这里面了。’”

哀公问曰:“何为则民服?”孔子对曰:“举直错诸枉,则民服。举枉错诸直,则民不服。”

哀公,鲁国的君主,名蒋。“孔子对曰”者,因对君上的话,加一“对”字,表示尊敬的意思。

鲁哀公时候,鲁国弱小,人民又不服从命令,故哀公问孔子:“用何种法子,则人民会服呢?”

“举”,用也。言在民间,或在下位之人,举出来用他也。“直”,正直也,言正直之人也。“错”,置也,犹言废置也。“枉”,邪枉也;反转来说,就是不正直的人。此章言要民服从,只要把正直的人举出来用他,废置邪枉的人,则民会服,所谓“举直错诸枉,则民服”也。若把邪枉的人,举出来用他,废置正直的人,则民不服,即“举枉错诸直,则民不服”也。译成简括的白话,是:

“鲁哀公问孔子:‘如何做,则人民会服呢?’孔子对道:‘举正直的人,废邪枉的人,则民服。举邪枉的人,废正直的人,则民不服。’”

季康子问:“使民敬忠以劝,如之何?”子曰:“临之以庄则敬。孝慈则忠。举善而教不能则劝。”

季康子,鲁国大夫,季孙氏,名肥,康是谥。季孙肥死,谥称季康子。

“使民敬忠以劝”者,说使人民能够恭恭敬敬,忠心服事君上,并且以做善人相劝勉。“如之何”,是用什么法子。

“临”,居上临下。“庄”,庄重有威严也。“临之以庄则敬”者,是说国君居上临下,能有庄重威严的态度,则人民自然会恭敬对上。

“孝慈则忠”者,说君上能够孝顺他的父母,慈爱他的人民,则人民对君上,自然会忠。

“举善”,是举出善人来用他。“教不能”,是教未能善的人,去做善人。这样,人民自然能以善相劝勉,所以说“举善而教不能则劝”也。本章译为白话是:

“季康子问孔子道:‘使人民能够恭恭敬敬服事君上,并且大家能以善相劝勉,要用什么法子?’孔子对道:‘君上能有庄重威严的态度,则人民自能恭敬对君上。君上能孝亲爱民,则人民自能忠心对君上。举出善人来用他,人民有未能善者,去教导他,则人民自以善相劝勉。’”

或谓孔子曰:“子奚不为政?”子曰:“《书》云:‘孝乎惟孝,友于兄弟,施于有政。’是亦为政,奚其为为政?”

“或”,是有个人。“为政”,即做官办事。鲁定公初年的时候,孔子不做官,所以有一个人问孔子道:“你为什么不做官?”“子奚不为政”的“子”字,为平等人对称之言,所以今语就是“你”。

“《书》”,《尚书》也。“《书》云”者,尚书中所说之话也。以下三句,即《尚书》中之话。

“孝乎惟孝”者,言虽不做官,居在家里,只要行孝道的时候行孝道也。“友于兄弟”者,或兄对弟,或弟对兄,都非常和睦亲爱也。“施于有政”者,言人居家中,能孝能友,即所行有为政之道也。孔子引了《尚书》中三句话,应对问话,自己又加上两句说明道:“是亦为政,奚其为为政?”言能够如《尚书》中所说,也就是为政,何必一定要到衙门里去办事,才叫作“为政”呢?

《大学》言平天下、治国,要先从齐家、修身做起。又言“自天子以至于庶人,壹是皆以修身为本”。是说修身,为齐家、治国、平天下的根本。孔子言虽不做官,只要在家里,能够孝父母、友兄弟,把身修好,也和治国、平天下的做事一样。所以说“是亦为政”。又说,何必一定要到衙门里去办事,才算“为政”呢?

子曰:“人而无信,不知其可也。大车无輗,小车无軏,其何以行之哉?”

“信”字,在纲领中已说过。此章是说做人,全靠一个“信”字。故须把“信”字的意思,详细说一说。

古时候的“信”字,从人口,以为是人口中所发出来的声音,其字为“㐰”,㐰的意思,与鸟口发声为鸣,犬口发声为吠一样。后来文明进步,以为人能说话,与鸟、犬不同,所以把“㐰”字,改为“信”字。故“信”为“人言”二字合拢来的会意字。文明再进一步,以为做人必须“信”。到这时候的“信”字,完全成为道德上一重要条件,遂为道德中的一名词了。此章所说,即以"信"为人类行动时一重要的道德也。

"信"的要素有二。一是不说诳:说话须句句是真情真意;若含有假情假意,就和说诳无异。说了诳话,一经被人察觉,所说的话,就无人相信了。二是不失约:和人约定时刻,或不赴约,固然是失信;或过了时刻才到,也是失信。这一件事情,最为中国人的坏行为。例如人家约于六点钟吃饭,客人往往于七点钟才得到齐,这种行为,是最不合道德的。西洋人对于这种事情,就不同。他和人约定六点钟,若到时,已有六点零五分,必须把迟到的原因说明,还要说几句抱歉的话;否则这个人的话,以后就无人相信了。倘应承了人家一件事情,不给人去做,这是说诳又兼失约,是最大的"无信",于人品道德,关系是极重大的。

"大车",是载货物的车,古时候用牛拉的;因牛气力最大,所以用牛拉货车。"小车",是乘人的马车;因为马跑得快,所以供人乘坐。

"輗",《说文》云:"輗,大车辕端持衡者,軛辕前也。""辕端持衡",是车前面一条横木。"軛辕前",是把这条横木用绳缚于牛身,故牛行,则车亦行。

"軏",《说文》云:"軏者,车辕端持衡者。"是与輗相同。不过用牛拉的大车,这条横木叫做"輗"。用马拉的小车,这条横木叫做"軏"。大车小车,没有这一条横木,就不能驾在牛马的身上，所以车而没有“輗”“軏”，就不能行。

“孔子说：‘一个人而没有信，譬如大车之没有輗、小车之没有軏，怎么能行得去呢？’”是极言“信”之重要，做人必须借“信”而行也。

子张问：“十世可知也？”子曰：“殷因于夏礼，所损益可知也。周因于殷礼，所损益可知也。其或继周者，虽百世可知也。”

子张问孔子道：“十世以后的事情，可得知道吗？”“世”，谓易姓之世，“十世”就是十代。孔子答以夏、殷、周之礼者，因古时候一切典章、制度、政治、法令及社会间风俗、习惯，都包括在“礼”里面；所以古书称“礼经三百，威仪三千”，就是把一切典章、制度等等，都包括在礼里面的证据。只言“礼”，则其余一切，都包括在内了。

子张问十世以后的事情，可否前知？孔子告以夏朝亡了，殷朝接下去，仍行夏朝的礼，只不过把用不着的削去（即“损”），没有的增添（即“益”）。这种事情，总是可知道的。后来殷朝亡了，周朝接下去，也是仍行殷朝的礼，将用不着的削去，没有的增添。这种事情，也是总可知道。只看殷周之继夏殷，不过把礼来损益一番，仍旧是大同小异。故就是将来继周的朝代，到了一百世，也不过把旧有的礼，加以损益而已。故曰“虽百世可知也”。

照这章的意思看来，孔子虽主张礼教，但礼是活的，可以损益的。后来的儒家不知此义，只捧着礼经的遗文，行不通的地方，不知变通，定要硬行，把礼变成死的了。此孟子所以说“孔子，圣之时者也”，非后儒所能及也。

子曰：“非其鬼而祭之，谄也。见义不为，无勇也。”

人死称“鬼”。“其”，自己也。自己的鬼，谓已死的祖先也。孔子曰：“非其鬼而祭之”者，是说不是自己祖先的鬼，去祭祀他。“谄”，奉承卑鄙之貌。谓祭他家之鬼，为卑鄙也。

孔子曾说：“祭如在”，谓祭自己祖先的鬼，应该恭恭敬敬，如祖先在上坐着一样。此章言“非其鬼而祭之，谄也”，是说不是自己祖先的鬼，不必祭他。

“义”字的意义，纲领中已经说过，所谓“行而宜之之谓义”也。故“义”者，就是应该做的事情。“见义不为”，是说见了应该做的事而不做。

“勇”，不是气力大，武艺高也。“勇”者，是见了应该做的事情，一点也不怕；即使十分危险，我也去做，此乃称为“勇”也。所以“见义不为”，便是“无勇”。

孟子曰：“生，我所欲也；义，亦我所欲也。二者不可得兼，舍生而取义者也。”是说遇了一件事，是我应该去做的，但这件事很危险，去做时，或竟至于死，我因为这件事是应该做的，所以虽然做了便失去生命，也所不顾，所谓“舍生取义”是也。孟子的话，与孔子此节同意，也就是说，应该做的事，总是要去做，虽死也不顾。孔子此节，是说见了应该做的事不做，这个人，是无勇的。也就是说，这个人是没有志气的。

八佾第三

孔子谓季氏:"八佾舞于庭,是可忍也,孰不可忍也?"

季氏,鲁国大夫季桓子也。"八佾",天子之乐,以八人为一排,共八排,六十四人,各执乐器,舞于祖先之庙。周朝礼制,唯天子之乐,用六十四人,故称八佾。诸侯之乐,则六六三十六人。卿大夫之乐,四四十六人。士人之乐,二二四人。季氏不过鲁国一大夫,照礼,只能用十六人的乐。今季氏竟用八八六十四人之乐,在自己家庙的庭里,舞了起来,是目无天子了。故孔子知之,大不谓然,对人说道:"季氏用八佾舞于家庙的庭里,像这样猖狂无礼的事,若可容忍,还有什么事是不可容忍的呢?"

三家者以《雍》彻。子曰:"'相维辟公,天子穆穆',奚取于三家之堂?"

"三家"者,鲁国仲孙氏、叔孙氏、季孙氏也。《雍》者,《诗经·周颂》中一篇名。"彻"者,撤也。照礼,天子祭宗庙毕,将撤祭馔,先使乐人歌这《雍》颂,“三家者以《雍》彻”,是说鲁国三个大夫,祭其祖先,也照天子一样的办法。

“相维辟公,天子穆穆”,是《雍》里面的两句诗。“相”,助也。“辟”,诸侯也。“公”,二王之后也。即夏后杞、殷后宋。“穆穆”,天子容貌之庄严也。周代,天子祭祖先,二王之后及其他诸侯都来助祭。《雍》的两句诗,意思是说,“来助祭的诸侯,跟在天子后面,天子的容貌,又如此庄严”,都是表示祭礼郑重的意思。今鲁国的三家大夫,也照天子祭祖的样子,孔子知之,大不谓然,便恨恨地先念这两句诗,接着又愤愤地说道:“这三家大夫祭祖,但有家臣而已,并没有天子和二王之后及其他诸侯,是取什么道理,要把这颂用在自家的祭堂里呢?”

子曰:“人而不仁,如礼何?人而不仁,如乐何?”

此章孔子的感叹,亦为季氏等而发。季氏等以诸侯国里的大夫,竟僭用天子的礼乐,把礼乐的根本意义、根本精神,都失去了!

“人而不仁”,必不能行礼乐,所以孔子说:“如礼何?”“如乐何?”“如”,奈也;把二句并为一句说,就是“人而不仁,奈此礼乐何?”

林放问礼之本。子曰:“大哉问!礼,与其奢也,宁俭。丧,与其易也,宁戚。”

林放,鲁人。是否孔子弟子?放是名,或是字?诸注皆未言。

礼的种种仪式,种种条文,人所共见,不过如此而已。林放问“礼之本”,是问礼的本原,是怎样一个意义。“子曰‘大哉问’”者,孔子见一般人之行礼,都不过是糊里糊涂,跟着大家做去,从来未有研究到礼的本原意义者。今见林放问此,实深为赞美之,故曰“大哉问”。“大”者,谓其能从大地方着想也。

“奢”,是侈陈种种排场,有如现在官绅人家的“大出丧”,虽然铺排陈设,繁华热闹,弄得异常阔绰,但大半是不合礼的。“俭”,是减省,然而连应该备的东西也不备,也是不合礼的。

“奢”与“俭”二者,虽同不合礼,但比较起来,“奢”的失,毋宁“俭”的失。因为种种无意识的空排场,实在可厌可恶,不如俭省些,不闹空排场的好。

“易”,《集解》引包曰:“和易也。”朱注“治也,……言节文习熟,而无哀痛惨怛之实也”。“戚”,是哀过于礼。为人子者居丧的态度,易与戚都是不合的。但徒重节文,而无哀痛之实,总还是哀戚的好。

林放问礼的本原,孔子告以四失,因为知四失,自然知不失,即得礼的本原了。又知四失从二,亦可明礼之本,朱子以为凡礼必先有质而后有文,质就是礼之本。奢、易是过于文,俭、戚是文不足而质,故奢、易不如俭、戚。

子曰:“夷狄之有君,不如诸夏之亡也。”

“夷狄”,谓蛮夷戎狄等野蛮部落也。“诸夏”,谓中国,周代系封建之世,中国有诸侯的国家,不止一国,故曰诸夏也。此章邢疏解释得很明白,转录于此。疏云:“此章言中国礼义之盛而夷狄无也。举夷狄则戎蛮可知。诸夏,中国也。亡,无也。言夷狄虽有君长而无礼义,中国虽偶无君,若周召共和之年而礼义不废,故曰‘夷狄之有君,不如诸夏之亡也。’”

即此而言,可见社会文化之重要。文化程度高者,虽无君长,人民实能自治;否则虽有君长,仍必扰乱也。周召共和,系周厉王无道,被人民驱逐,由周公、召公代行政治,凡十四年无天子。后立宣王,仍由周公、召公辅政,宣王颇贤明,修文武成康之旧法,周乃中兴。(按皇疏及朱注都说本章是孔子叹诸夏僭乱,没有上下之分,反不如夷狄之有君,意思恰和此相反。)

季氏旅于泰山。子谓冉有曰:“女弗能救与?”对曰:“不能。”子曰:“呜呼!曾谓泰山不如林放乎?”

季氏,鲁国大夫。“旅”,是古时候一种祭祀的名称。古代,天子祭天下的名山大川,诸侯祭自己国内的山川,大夫只能祭家庙。“季氏旅于泰山”者,是大夫用诸侯的礼,去祭山川,目中无鲁君也。

冉有,名求,孔子弟子,此时在季氏手下做官,只有听奉季氏的命令也。“救”,止住也。“子谓冉有曰:‘女弗能救与’”者,是孔子对冉有说:“季氏这种违礼的举动,你弗能够止住他吗?”“冉有曰:‘不能’”,冉有说“不能止住季氏”也。

“子曰:‘呜呼!曾谓泰山不如林放乎?’”就是说孔子听了冉有的话,叹了一声,接着说道:“难道泰山的神,还不如林放吗?”

因为上章林放问礼之本,林放是个人,还能知礼的本原,今泰山是个神,难道不及一个人?意思是说:泰山的神,绝不受这种违礼的祭祀也。

子曰:“君子无所争。必也射乎?揖让而升,下而饮。其争也君子！”

“君子无所争”者，言君子能礼让，无论所做何事，都没有和人争竞的。

“射”，是比试武艺。有比试，必想得胜；所以君子只有在比试射箭的时候，不能无争。“必也射乎？”就是说君子有所争，一定是在比试射箭的时候罢了。“揖让而升”者，古礼，射箭的时候，人须走到堂上去射。他上去的时候，还要对同队比试的人，谦逊一回，如请人先上去之类，并且对同队的人，作一个揖。这就是“揖让”。“下而饮”者，箭射过以后，仍作一个揖，走出堂来。等到大家都射过后，胜负已决，负者乃饮罚酒也。其饮罚酒的时候，由胜者跪进于负者，负者亦跪受之。君子在相争的时候，还是这样雍容有礼，所以说：“其争也君子！”意思就是说，君子在争的时候，也异于小人。

“下而饮”句，王肃把“下”字属上句，此句作“而饮”。

子夏问曰：“‘巧笑倩兮，美目盼兮，素以为绚兮，’何谓也？”子曰：“绘事后素。”曰：“礼后乎？”子曰：“起予者商也！始可与言诗已矣！”

子夏，即卜商，孔子弟子。此章宜分数节讲。

“巧笑倩兮,美目盼兮,素以为绚兮”,上二句,是《诗经》里的句子,见《卫风·硕人》第二章。下一句,现在《诗经》里没有,或者是脱落了。“倩”,是笑的时候的面貌。“盼”,是眼睛活动;说美人笑起来的时候,眼睛溜来溜去,是很美的。

“素以为绚兮”者,是说绘画之事。“素”,是绘画时,先用粉画成一个模样。“绚”,是加以五彩的颜色。

这三句诗,上二句是说美人的笑。下一句,忽然说到绘画的事。所以子夏不懂,去问孔子道:“何谓也?”孔子告以“绘事后素”者,是说绘画的事,本来要先用粉画素,然后再加五彩,始能成为一张光彩的画,今把“素”放在后头,先用颜色,是弄错了。

这一节,意思是说美人,不光要品行端正,还得加以笑脸,乃为正经的行动。倘若品行不端正,专是溜着眼睛,对人巧笑,好像绘画的人,只顾五彩的颜色,不管粉的质素了。

子夏听了这话,明白了孔子的意思,所以说:“礼后乎?”“礼后乎”者,是说做人以礼为先,譬如绘画,要先用质素,今这个美人,只顾溜着眼睛巧笑,把礼放在后头,是把做人的道理弄错了。

孔子听了子夏的话,知道子夏已经明白自己的意思,所以称赞子夏道:能够启发我的意思者,商也。“始可与言《诗》已矣”,言如子夏者,始可以和他讲《诗》也。

此章文义,有三种意思:“巧笑倩兮,美目盼兮”,是说美人笑时的媚态。“素以为绚兮”，是说绘画，须先用素，后用彩色。“绘事后素”，是说绘画者，把彩色用在前头，素用在后头，次序颠倒。

既说美人和绘画，子夏又悟到礼节上面，以为做人把礼放在后面，犹如绘画的，把素放在后面。

三种事物，夹在一处，仍旧会说到《诗经》。故此章非仔细体会，很难明白。

以上“后素”之训，是依朱注的。汉儒解此，则以为凡绘画先布众色，然后以素分布其间，以成其文，喻美女虽有倩盼美质，亦须礼以成之。（见《集解》引郑玄注）先后适相反。

子曰：“夏礼，吾能言之，杞不足征也；殷礼，吾能言之，宋不足征也。文献不足故也。足，则吾能征之矣。”

周武王为天子后，封夏朝的后代为杞国，封殷朝的后代为宋国。孔子本是宋人，时代相去未远，从周所因革的礼，而考二代的礼，可以得其大略，所以他说：“夏朝、殷朝的礼，我能说它。但是杞国、宋国，不足取以为吾说之证的。”

“文”，是典籍。“献”，是贤才。杞宋两国之不足取以为证者，因为这两国典籍、贤才都不足。倘若这两国典籍、贤才都足，孔子一定能取以为其说之证了。所以然者，礼须凭典籍以传,又须有贤才始能保守弗失也。

子曰:"禘自既灌而往者,吾不欲观之矣!"

古时候五年一大祭,叫做"禘"。"灌"者,以酒洒地上,以迎所祭之祖也。(按现在俗礼,于祭祀完毕后,以酒洒地,称为"奠酒",意思是送所祭之祖。古时先以酒洒地,以迎所祭之祖,意思相同,不过先后异耳。)以酒洒地后,把祖宗的木主排列起来,然后致祭,此古礼也。这里所说的"禘",是鲁国五年的一大祭。孔子说鲁国的"禘",自把酒洒地以后,我不要看它了!

孔子何以对于以酒洒地后,不要看呢?因为把礼弄错,应该排在上面的木主,排在下面;应该排在下面的木主,反排在上面。这是违礼最大的事体,所以孔子不要看。

鲁国大祭时木主的排错,是因鲁闵公、鲁僖公两代都是弑君而接位的缘故。闵公先做鲁国的君,闵公以后,继位的是僖公。照礼和道理,应该闵公的木主,排在上面;僖公的木主,排在下面。到后来僖公死后,文公接位,文公是僖公的儿子,他把父亲僖公的木主,排在闵公的上面,所以孔子以为失礼,到排木主的时候,不要看了。

然文公何以把僖公的木主,排在闵公的上面呢?因为僖公是闵公的庶兄。在闵公的时候,僖公是臣,他弑了闵公,自即君位,就是以兄继弟的君位。文公以为僖公是兄,闵公是弟,自己是僖公的儿子,所以把父亲的木主,排在叔父的上面。孔子以为失礼者,依照君臣的大义,闵公为君在先,僖公为君在后,不应该把僖公的木主,反排在闵公的上面也。但孔子自己是鲁国的臣,不便说鲁国上代君主失礼,而心中实大大不以为然,所以只得说:“吾不欲观之矣!”

或问禘之说。子曰:“不知也。知其说者之于天下也,其如示诸斯乎?”指其掌。

此章系接上章而言。“或”,是有一个人。这个人听了孔子“吾不欲观之矣”一句话,便来问孔子:“禘,究竟怎样的呢?”孔子以这是鲁国君主祖先的失礼,自己不应该加以评论,故曰“不知也”。

“不知也”三字,简直是“不晓得”。然孔子是倡礼教的人,对于祭祀大礼,岂有不知之理,因此,又接着说“知其说者之于天下也,其如示诸斯乎?”

“指其掌”,是记孔子说上面这句话的时候,伸出一只手,张开手掌;又伸一手,把手指指在掌上。

孔子这句话的意思,就是说天下许许多多诸侯的国家,祭祖先,排木主,都是一样的。从来没有把前一代君主的木主,排在下面;把后一代君主的木主,排在上面的。天下人的手掌都是一样;这禘之说,禘的礼仪,天下也都是一样的。你要知道禘之说吗? 这很容易! 禘之说,好像明明白白表示在这手掌上的,天下人都知道的。

此章和上章,是记孔子深恶鲁国君主的祖先,把祭祀大礼,弄得颠倒不成系统;但孔子是鲁臣,于鲁国君主的祖先,做错的事,不便明言,故只得弯弯曲曲表达出这个理由来。孔子为国讳恶,也是礼的一种也。

祭如在。祭神如神在。子曰:“吾不与祭,如不祭。”

此章前二句,是记《论语》的人,要记孔子“吾不与祭,如不祭”的两句话,先设一个引子。“祭”,是祭祖先。“祭神”,是祭各种神道(如绍兴人称祭祖宗,请菩萨)。“在”者,是祭的时候,要恭恭敬敬,像祖先或神,真的坐在上位,享受祭祀也。

因为“祭”要如此恭敬郑重,但一般人的“祭”,都不过儿戏了事,所以孔子说“我不同在一处祭祀,好像不祭一样”。(“吾不与祭,如不祭”。)

此章意思,是说祭祀之礼,并不专在供祭品,点香烛;而是对祖先、对神,有敬重的意思,好像祖先和神,真的坐在上面一样。但是一般人,虽然家家都有祭祀,都不过供祭品,点香烛,就算把祭祀的典礼行过了。只有孔子同在一处的祭祀，因为孔子是恭恭敬敬，像祖先和神实在一般，大家也跟着孔子诚敬起来，这就是圣人“以身作则”的教化。

王孙贾问曰：“‘与其媚于奥，宁媚于灶’，何谓也？”子曰：“不然！获罪于天，无所祷也。”

王孙贾，系周灵王之孙，名贾，此时为卫国大夫，执卫国的政权。“问”，问孔子也。“与其媚于奥，宁媚于灶”两句，是那时候通行的俗语。这两句俗语，与现在流行的两句俗语，正可以互相发明，就是“大王易见，小鬼难当。”“大王”是比喻执权柄在高位的人，“小鬼”是比喻他的手下用人。大王见客，或尚能和气待人；小鬼则依托大王的威势，对于平常人，大模大样，看不起人。所以现在流行有这两句俗语。

“媚”者，奉承巴结也。“奥”，是一所大宅中最深奥的地方，就是在高位者所居的地方，也就是以此比大王。“灶”者，就是厨房。此章所说的“灶”，是指厨房中挑水、劈柴、烧火、烹菜等人，也就是以此比小鬼。

这两句俗语的意思，是说“与其去奉承巴结居在深奥地方的主人，还不如去奉承巴结他厨房里的用人”。王孙贾问孔子，先说了这两句俗语，然后说：“何谓也？”就是把这两句俗语，来问孔子如何译法。

邢疏云："此章言夫子守礼，不求媚于人也。"说得很对。孔子听了王孙贾这两句话，就答他"不然"。简直是说"不是的"。"获罪于天，无所祷也"者，这个"天"字，用现在的话比喻它，也可说是"人格"或"人品"。"祷"，求也。"获罪于天"，意思是说做人只要守礼，无所谓奉承巴结（媚）的。你去奉承巴结人家，无论他是居在深奥里的主人，或在厨房里的用人，都是丧人格坏人品的事情，和得罪于天一样。一个人把天生的人格人品，都丧坏了，还要去求什么呢？故曰"无所祷也"。

读《论语》者，当知王孙贾非真的不知道"媚奥媚灶"二句俗语的意义，他故意问这二句俗语，实要讽孔子媚己也。因为己为权臣如灶，媚己如媚灶。结其国之君如媚奥也。孔子答他的话，十分决绝，表示不媚权臣，也不自结于君，可见孔子的人格。

又按"媚奥"，旧时有说是迎尸至室西南隅而祭神的。"媚灶"，有说是在设主之灶而祭神的。"与其媚于奥，宁媚于灶"，有即解为主是神之所栖，祭之易为福；而尸是人所象，非神所凭，祭之或无益的。《集解》引孔注及皇疏、邢疏均未说是祀神，今从之。又《集解》引孔曰："奥，内也，以喻近臣也。灶，以喻执政也；贤者，执政者也。"上喻与此不同，是从朱注中得来的。至于"获罪于天"二句，旧解均与上不同。

子曰："周监于二代，郁郁乎文哉！吾从周。"

"周"，是周朝。"二代"，是指夏朝、商朝。"监"的意思，是看看，比较比较。"郁郁"，是文物盛的样子。"文"，是文物，也就是礼仪等。如言夏商二代，早已有礼；到周朝，则更为完备。孔子说："看看周朝的礼仪去比较比较夏商二代的礼仪，觉得更完备了，所以我是从周朝的礼。"

子入太庙，每事问。或曰："孰谓鄹人之子知礼乎？入太庙，每事问。"子闻之曰："是礼也。"

"太庙"，鲁国周公之庙。"鄹"，是鲁国的一个县名，即孔子之父叔梁讫所治。"鄹人之子"，谓孔子也。"或"，一个人。此章记孔子进太庙里去，每件事情，都去问管太庙的人，故曰"子入太庙，每事问"。

孔子是当时称为知礼的人，现在入太庙去，每事要问管庙的人，所以有个人笑孔子道："那个说鄹人之子知礼呢？"——这个人的意思，以为孔子是称为知礼的人，何以还要问人，而且每事问人，遂以为孔子不知礼而讥笑之。

不知太庙，是最郑重的地方。人虽知礼，进太庙去，仍须每事问问，这也是应该的礼。孔子听了或人的讥笑，所以说"是礼也"。这章意思译成白话是：

“孔子进周公的太庙里去,每件事,都去问管庙的人。有个人笑道:‘哪个说鄹人的儿子知礼呢?他进太庙去,还要每事问别人哩!’孔子听了这话,说道‘这个正是应该的礼也’。”

子曰:“‘射不主皮,’为力不同科,古之道也。”

“射”,是射箭。“皮”,是皮革。射箭有皮革以为的,就是所谓鹄。“科”,等也。“不同科”,不同等也。古《乡射礼》有一句“射不主皮”的文。孔子说“射不主皮”,意思是说射者,只要射中箭鹄,不重在把皮射通。因为人的气力不同等,力大者,可把皮射通;力小者,只要射得中鹄。这是古人《礼》经文中一句“射不主皮”的本意。

子贡欲去告朔之饩羊。子曰:“赐也!尔爱其羊,我爱其礼。”

“告”,当做“告诉”解。“朔”,是月之初一日。“饩”,生牲;“饩羊”,就是生羊。古礼:每月之朔,人君要把羊的生牲祭于祖庙,名称曰“告朔”。鲁国自文公起,君王已不到祖庙里去行“告朔”的礼。但管庙的人,还仍旧把生牲的“饩羊”,在庙里供一供。子贡见了这种情形，以为国里的君臣，都不去行这个“告朔”的礼，只供供羊，有什么意思，不如连羊都革去了的好。孔子知子贡有这个意思，乃呼子贡之名（赐也）而告之曰：“尔爱其羊，我爱其礼。”就是说“你爱这个羊，以为不如革去了，反得不杀。我却爱这个礼，虽然鲁国的君臣，没有人去行礼；但有生牲的羊去供一供，总还能使一般人知道有这样的一个礼。所以我不主张去羊”。

子曰：“事君尽礼，人以为谄也。”

古时候，一个人种种行动，无不有礼。至士大夫，尤须遵礼。孔子之事君，自然照着礼节而行，不肯丝毫失礼，故曰“事君尽礼”。“谄”，是奉承有势力的人。孔子事君，不过尽礼而已；乃当时一般人，自己不能尽礼，反说能尽礼的人，以为“这是奉承有势力的人”，故曰“人以为谄也”。

此章所说，也如现在一般坏人，自己做惯了坏事，看见不肯做坏事的人，反说“某某是呆人，连这种取巧的事情，都不晓得做”。可见古今的人心人情，是一样的。

定公问：“君使臣，臣事君，如之何？”孔子对曰：“君使臣以礼，臣事君以忠。”

定公,是鲁国的君主,名宋,死后谥曰定公。此章记定公问孔子:“君上使命臣下,臣下服事君上,应该如何?”孔子因为鲁国的臣,不服君上,是由于定公失礼,所以对道:“君上使命臣下,应照礼而行,臣下服事君上,应忠心办事。”他的意思,就是说你使臣以礼,臣自然事你以忠也。

子曰:“《关雎》乐而不淫,哀而不伤。”

《关雎》是《诗经》里第一篇诗的题目。这篇诗的第一句,是“关关雎鸠”。做的时候,是只有诗而没有题目的;后人要呼这诗,就把它第一句中摘两个字作为题目,所以称为“《关雎》”。

《关雎》这篇诗的大旨,是说一位君子,想得一位有道德的有学问的好女子,做自己的配偶,这是一件乐事。然未尝说及淫荡的行为,故曰“乐而不淫”。“哀而不伤”者,就是这篇诗中之事。诗中说君子想得一位好女子做配偶,后来“求之不得”,甚至于夜里翻来覆去睡不着,“哀”,是很可怜的样子。“伤”,是人的精神身体,受了伤损。“哀而不伤”者,是说这位君子,想好女子而不得如愿,虽然很可怜,然而不至于伤损精神和身体,故曰“哀而不伤”也。

哀公问社于宰我。宰我对曰:“夏后氏以松,殷人以柏,周人以栗,曰:'使民战栗。'"子闻之曰:"成事不说,遂事不谏,既往不咎。"

哀公,鲁国的君主。宰我,孔子弟子,名予。夏后氏,夏禹王的一朝。殷,商汤的一朝。周,文王武王至孔子时,还是周朝,夏殷周,又总称为"三代"。"社"者,祀土的地方。古时一个国家成立之后,必立社以祀土,又必因土地之宜,种一种树木于社。以明白这个土地的性质,宜种何种树木也。哀公不知社树的用意,所以问于宰我。

"夏后氏以松,殷人以柏,周人以栗"者,宰我列举三代的社树以对哀公也。"曰:'使民战栗'"者,接着又说周朝之以栗为社树,是使民慄慄危惧的意思也。他不说出社树的不同,是随土所宜的原因,却捏造出"使民战栗"的话来,是什么意思呢?原来古时候慄慄危惧的"慄"字,就写作"栗"的。他因当时君民都不知慄慄危惧,把国家振作起来,所以特造这话,以警告哀公。

宰我的话,固然有他的用意;但孔子以为社树是随土所宜,今妄言之,是坏礼政了。所以一听到了之后,大不为然,就对宰我道:"成事不说,遂事不谏,既往不咎。"这三句话,依皇疏第一句是讥宰我,说"种栗是随土所宜,此事之成,著乎三代,汝今妄说曰'使民战栗'是坏于礼政。"第二句是指哀公,说"哀公为恶已久,而民不战栗,其事毕遂,此岂汝之可谏止也”。第三句是斥宰我，说“汝不本树意，而妄为他说，……此事既已往，吾不复追咎汝也”。邢疏与此解不同，说孔子知宰我的虚妄，无知之何，故曰，事已成不可复解说，事已遂不可复谏止，事已往不可复追咎，历言三者，以非宰我，使他慎于其后也。“咎”，是有所过责于人的意思。

子曰：“管仲之器小哉！”或曰：“管仲俭乎？”曰：“管氏有三归，官事不摄，焉得俭？”“然则管仲知礼乎？”曰：“邦君树塞门，管氏亦树塞门。邦君为两君之好，有反坫；管氏亦有反坫。管氏而知礼，孰不知礼？”

管仲，是齐国大夫，在孔子以前。管仲做齐国之相，齐国大强，成为霸国，邻国都服从他。

“子曰：‘管仲之器小哉’”者，言管仲的器量狭小也。“或曰：‘管仲俭乎’”者，有一个人听了孔子说管仲器量狭小，误以为是俭省，故曰：“管仲俭乎？”“曰：‘管氏有三归，官事不摄，焉得俭’”者，是孔子答成人之问也。“三归”，何晏《集解》采包咸说：“妇人谓嫁曰归。”管仲娶三个妇女，故曰‘管氏有三归’也。“官事不摄”者，照礼，大夫家中有家臣。“摄”，是兼管各种事务。管仲家中，每一事派一人管理，如君主国家一般，故曰“官事不摄”。如此排场，故曰“焉得俭”也。

“然则管仲知礼乎？”是有人听了孔子说管仲并不俭省，乃又以管仲知礼不知礼问孔子也。“曰：‘邦君树塞门，管氏亦树塞门。邦君为两君之好，有反坫；管氏亦有反坫。管氏而知礼，孰不知礼？’”又孔子告或人之言也。“邦君”，谓一个国中的君主。“树塞门”者，把木制屏风，装在门内，所以隔内外，只有国君可用。若大夫家中，只能用帘子，挂在庭阶间；今管仲家中，也用木制屏风，是与国君同也。“反坫”，是两国君主相会，应酬饮酒以后，把酒器放在筑土为之形如土堆的坫上也。此是古时《礼经》上一个名词，只有两国君主，要好相会，饮酒以后，用这“反坫”之礼。今管仲家中，也用这“反坫”之礼也。

“树塞门”和“反坫”，都是国君所用。今管仲家中，和国君一样，这是大大的违礼。故孔子说他：“像这种种违礼，管仲不知道，你若说管仲知礼，还有哪一个人不知礼呢？”此话反转来，明明是说管仲不知礼也。

此章须分三段讲：第一段，孔子说管仲器量的狭小，随便说了一句。第二段，是有人听了孔子说管仲器量小，误以为管仲俭省。故孔子告以管仲娶三个妇女，家里的官也和国君的官一样，并不俭省。第三段，有人又以为管仲是知道礼仪的。故孔子又告以管仲用木制的屏风，行反坫之礼，都是违礼，管仲并不知礼。

子语鲁大师乐曰:“乐其可知也。始作,翕如也;从之,纯如也,皦如也,绎如也,以成。”

“大师”,是乐官的名称。“大”,古与“太”通。“子语鲁大师乐曰”者,孔子对鲁国的太师论乐也。“乐其可知也”者,是说“乐这个东西,是可以知道的”。其,这个。以下是孔子对鲁太师论音乐的话。

“始作”,是说音乐初动手的时候。“翕”,是合的意思,又是盛的样子。“从”,古与“纵”同。“从之”,是说音乐的声音放开去。“纯”,和也,是和谐的意思。“皦”,明也,是说音节分明的意思。“绎”,相续不断的意思。“以成”,是说音乐一套已经完全成功也。译为白话是:

“孔子对鲁太师论乐说:‘音乐这个东西,是可以知道的。初动手的时候,各种声音,合起来,像是很盛的。这个声音放开去,又像是很和谐的,明明白白的,相续不断的。经过这三段,一套音乐,是完成了。’”

仪封人请见,曰:“君子之至于斯也。吾未尝不得见也。”从者见之。出曰:“二三子何患于丧乎?天下之无道也久矣!天将以夫子为木铎。”

“仪”，是卫国一个县名。“封人”，是官名。“仪封人”，就是仪县地方担任封人的官。“请见”，是孔子到卫国的时候，来求见孔子。“君子”，此处是指各国有名的人，这时候，仪封人要来见孔子，说道：“有名的人来到这里，我是未尝不得见的。”“从者”，是从孔子的人，弟子也。孔子使从在身旁的弟子，去见仪封人，故曰“从者见之”。“出曰”，是仪封人见了孔子的弟子后，走出去说。他所说的话，就是“二三子何患于丧乎”三句。“二三子”，是对孔子许多弟子而言。“丧”，是指孔子圣道的丧亡。“木铎”，是古时一个国家发布政教时，敲起来，使百姓听见的东西。仪封人对孔子许多弟子说的三句话，译做白话就是：

“你们诸位孔子的弟子，何必忧虑到夫子的圣道，将要丧亡呢？天下之无道，已经长久了！天将使夫子出来，发布政教了。”

子谓《韶》：“尽美矣，又尽善也。”谓《武》：“尽美矣，未尽善也。”

《韶》，是虞舜的乐。《武》，是武王的乐。古时候帝王在功成治定以后，造出一种乐来，所谓歌舞太平也。“尽美”，是说这个乐的声音、舞的形状，都极其完美。“尽善”，是说这个乐舞的声音及形状，更谦逊和亲，含有道德的意思。

“子谓”，是孔子说舜的乐。“谓”，是孔子说武王的乐。舜是谦逊和亲，受尧之禅的，故舜的乐，歌舞起来，也有一种谦逊和亲的态度，孔子称它“尽美”，而又“尽善”。武王是用兵伐纣而得天下的，故武王的乐，歌舞起来，虽然声音、态度，极其完美，但带着一种杀伐的神情，没有谦逊和亲的善德，对它有些不满意的地方。

此章意思，也是因为孔子是崇尚礼教的人，礼的精神是“让”，舜的天下，是尧让他，合于礼的精神，故孔子极赞美舜的道德。武王的天下，是用兵得来的；他的用兵虽是吊民伐罪，但究竟是“争”，争是不合于礼的。所以孔子对武王不大满意。

子曰：“居上不宽，为礼不敬，临丧不哀，吾何以观之哉？”

“居上”，指在上位的人，居上位的人，待手下的人，要宽洪大度，不可苛细刻薄。“为礼”，指行礼的时候。行礼的时候，要恭恭敬敬，不可像游戏一般。“临丧”，指到有丧事的人家，应有一种悲哀的态度，不可欢欢喜喜。“何以观之哉？”是“我还要看他什么呢？”。反转来说，是没有什么看头。

此章大意，是孔子说：“一个人居在上位，无宽洪大量，待下人，只顾苛细刻薄；到行礼的时候，不能恭恭敬敬，好像游戏一般；到丧事人家去，一点没有悲哀态度，只顾自己嘻嘻哈哈的欢笑。像这种人，我还要去看他什么呢？”

里仁第四

子曰："里仁为美，择不处仁，焉得知？"

此章是说拣地方去住家的道理。"里"，就是现在也称某某里，某某坊。可见地方称"里"，古代已如此。"仁"，就是纲领中所说，互相爱助的意思。"美"，是好，也可说美事。"知"，古时的"智"字。

"孔子说：'住家要去住在有仁人的地方，乃为美事。若是拣地方住家而不拣有仁人的地方，这是哪里算得"智"呢？'"

现在俗语说："远亲不如近邻。"是说亲戚虽好，但离开住的地方路远，有急难事情，一时来不及相救，不如左右相近的邻舍，倘若发生了一件急难事情，倒可以即刻来相救助。孔子说"里仁为美"者，也是说左右近邻，可以互相救助的意思。但左右邻舍，必须择个有仁心的人，倘若没有仁心而是个坏人，他还要时时刻刻来欺侮你；你有急难，他也硬看你，不肯稍微出一些力气。到这种地方去住家，是有害处，没有好处的，所以说"里仁为美"也。若住家而不拣有仁人的地方，这个人，是必定没有知识的，是愚蠢的，故曰"择不处仁，焉得知"也。

子曰："不仁者，不可以久处约；不可以长处乐。仁者安仁,知者利仁。"

此章四句,每一句为一节,今亦分四节解。

"不仁者不可以久处约。""约"的意思,是说窘困。"不仁者",是指不仁的人。孔子言"不仁的人,不可以长久处在窘困的地方。若长久处在窘困的地方,必定有为非作恶的事情发生出来。"

"不可以长处乐"者,也是指不仁的人而言。是说不仁的人,也不可以令他长久处于富贵安乐的地方。若长久处在安乐的地方,也必骄奢淫佚,做出不好的事情。

"仁者安仁",言天性仁厚的人,自然能够随遇而安,无所往而不适,既不为非作恶,也不骄奢淫佚。

"知者利仁","知",即智。言智慧的人,晓得"仁"是于己于人都有利的,所以也能行仁。反转来说,就是知道为非作恶,骄奢淫逸,都于己于人有害,也能不为。

子曰:"唯仁者,能好人,能恶人。"

此章言"仁者"没有私心。"唯",独也。"好人",犹好善人。"恶人",犹恶恶人。(后一恶字,音鄂。)孔子说:"独有仁者,能够好善人,恶恶人。"

孔子这话,因为不是仁人,往往只因与自己要好者,称为好人;与自己不要好者,称为恶人。独有仁者,是无私心的。他是善人,我就好他;他是恶人,我就恶他也。

子曰:“苟志于仁矣,无恶也。”

朱注:“苟”,诚也。(《集解》引孔注同)“志”,心之所之也。“苟志于仁”者,言这个人,他的心,果真在“仁”的上面用心,必定没有为恶之事也。

子曰:“富与贵,是人之所欲也;不以其道得之,不处也。贫与贱,是人之所恶也;不以其道得之,不去也。”

“富”,钱财多也。“贵”,爵位高也。“贫”,无钱的穷人。“贱”,无爵位的小百姓。“道”,就是仁、义、礼、智、孝、悌、忠、信等道。“欲”,要也。“得”,获得也。“处”,处在富贵的地方。“不去”,是不到别的地方去,情愿守着贫贱。

“君子去仁,恶乎成名?君子无终食之间违仁,造次必于是!颠沛必于是!”

此节与上节,是一章。因为分作两段讲,容易明白些,所以分为两节,上节所说的“富贵不处”“贫贱不去”,就是说君子做人,应该如此。盖君子者,不以富贵贫贱,放在心上;放在心上者,只有一“仁”而已。“仁”的意义,纲领中已经说明,此节只说君子不能与“仁”分离的道理。

一个人做了君子,人人晓得他是君子,这个人即成就了君子的名称。我要成就君子的名称,就要时时刻刻以“仁”存在心上。若把“仁”去掉,“君子”的名称,也就不能成了。故曰:“君子去仁,恶乎成名?”译一句白话是:

“君子把仁去掉,还哪里成得君子的名称呢?”

“终食”者,一餐饭吃完也。“违仁”,就是离开了仁。“造次”,是匆匆忙忙的意思。“颠沛”,就是普通说的“颠沛流离”,也就是流落不堪的意思。“君子无终食之间违仁,造次必于是!颠沛必于是”者,译出来是:

“君子连吃一餐饭的时候,也离不开仁。就是匆匆忙忙的时候,也必定在仁的上面做人。流落不堪的时候,也必定在仁的上面做人。”

因为“为仁”,就是做人,若要做人;每时每刻离不开仁。总括两节的意思,就是若不是从做人道理上面得来的富贵,无论如何,我总不要。就是贫贱,我只要做人做得不错,贫贱也可以的。

子曰:“我未见好仁者,恶不仁者。好仁者,无以尚之。恶不仁者,其为仁矣,不使不仁者,加乎其身。”

此段,也与下一段是一章,因转折太多,不得不分讲。

“我未见好仁者,恶不仁者。”孔子自言:我没有看见喜欢仁的,厌恶不仁的。“好仁者,无以尚之”,是说若有喜欢仁的人,这是最好没有了。故曰“无以尚之”。“尚”,就是没有比他更好的意思。“恶不仁者,其为仁矣,不使不仁者,加乎其身”者,是说厌恶不仁的人,他自己必能为仁;必能使不仁的事,不加到自己的身上也。

“有能一日用其力于仁矣乎?我未见力不足者。盖有之矣,我未之见也!”

此节接上节说下去。是说一个人,只要能够有一个日子,他的心力用在仁的上面,我没有看见他会力量不足的。“盖有之矣,我未之见也”,说这种人,也是有的;不过我没有看见过。

此章意思,反反复复说“仁”的重要,分出许多段落。照译出来,是:

“孔子说:‘我没有看见喜欢仁的,厌恶不仁的,喜欢仁的,是最好没有了。厌恶不仁的,他能够为仁,能够使不仁的事,不加到自己的身上去。一个人能够有一日将他的心力用在仁上面吗?我没有看见他的力量,会不足的。这一种人,听说也是有的;不过我没有看见过。'"

子曰:"人之过也,各于其党。观过,斯知仁矣。"

"人之过也,各于其党",是说人的过处,都因为和自己同党的人而发生。一般人总以自己同党的是好人,不同党的是坏人,所以有过处。"过",犹言错误也。"观过,斯知仁矣"是说人能够看得出这种错误,就晓得仁的道理了。

子曰:"朝闻道,夕死可矣!"

"道"字,纲领中已经说过,就是仁、义、礼、智、孝、悌、忠、信种种道理。孔子说:"一个人,如能够在早晨听明白了做人的道理,就是到傍晚死了,也是可以的了。"

此章是说人虽多,能够明白做人的道理的人,实在少。只要能够明白做人的道理,就是当日死了,也可以无憾。

《集解》及皇疏、邢疏,都说孔子叹世无道,恐将至死不闻世之有道,故有"朝闻道,夕死可矣"的话。

子曰："士志于道，而耻恶衣恶食者，未足与议也！"

"士"者，对于求学的人而言。"志"者，是说心中志愿。"道"，就是做人的道理。"恶衣恶食"，是不好看的衣裳、不好吃的食物。"未足与议也"，是不必和他谈论也。三句合起来，译成白话，就是说："求学的人，虽然一心要想明白做人的道理；但若不好看的衣裳不肯穿，不好吃的食物不肯吃，以为穿吃这个，是羞耻之事，这种人，不足以和他谈论什么道的！"孔子之意，是以为这种人志道不笃也。

子曰："君子之于天下也，无适也，无莫也，义之与比。"

按此章何氏无解。皇疏采范宁曰："适，莫，犹厚薄也。比，亲也。君子于人，无有偏颇厚薄，唯仁义是亲也。"邢疏与此略同，说"君子于天下之人，无择于富厚与穷薄，但有义者，则与相亲也"。朱子《集注》采谢氏曰："适，可也。莫，不可也。""可"与"不可"之义，意思是说君子遇事，没有一定可，没有一定不可；只要比较这件事，义与不义，义的就做，不义的就不做,所以曰“义之与比”也。

子曰:“君子怀德,小人怀土。君子怀刑,小人怀惠。”

“怀”,心里思念也。“君子怀德”者,言君子心里,思念做人的道德。“小人怀土”者,言小人心里,思念住安乐的地方。故曰“君子怀德,小人怀土”。“刑”,刑法也。“君子怀刑”者,言君子心里,思念不要去犯刑法。“惠”,恩惠也。“小人怀惠”者,言小人心里,思念人家的恩惠——也就是专想人家给我些利益也。故曰“君子怀刑,小人怀惠”。

子曰:“放于利而行,多怨。”

“放”者,依也。“放于利而行”,意思是说,一个人只管看于己有利的事情去做也。“多怨”者,多招人家的怨也。此章朱注采程子曰:“欲利于己,必害于人,故多怨。”说得最好。

子曰:“能以礼让为国乎?何有?不能以礼让为国,如礼何?”

“礼”的意义,纲领中已说明。礼的精神和要素,就是让。“为国”,犹言治理一个国家。“何有”,意思是何尝有难处。孔子所谓“能以礼让为国乎何有”者,是说能够以礼让治理一个国家吗?这何尝有难处呢?意思是说百姓容易感化也。孔子又言“不能以礼让为国,如礼何”者,是说不能以礼让治理国家,那么这个礼,将怎样呢?深惜国固不能治,礼亦将丧亡也。

子曰:“不患无位,患所以立。不患莫己知,求为可知也。”

“位”,禄位也。“立”,学业能自立也。“莫己知”,没有人知道我也。“可知也”,是我只要学业成立,自然会有人知道。合起来译成语意是:

“孔子说:‘一个人不患没有禄位,只患自己学业不成立。不患没有人知道我,我只求自己学业成立,自然会有人知道也。’”

子曰:“参乎!吾道一以贯之。”曾子曰:“唯。”子出,门人问曰:“何谓也?”曾子曰:“夫子之道,忠恕而已矣!”

参,曾子名。“吾道一以贯之”,纲领第一条已说明。此章系孔子呼曾子之名而告之也。“曾子曰‘唯’”者,曾子说:“是”也。古人说“唯”,即今人说“是”。

“门人”,弟子也。皇疏谓是曾子弟子,清代刘宝楠《正义》谓是孔子弟子,当以后说为是。“吾道一以贯之”,曾子已明白这个意思,其余弟子不懂“一贯”的道理,等孔子走出去以后,来问曾子道:“这是什么意义呢?”故曰:“何谓也?”曾子因同学们不懂,而“一贯”二字的意义,一时不容易讲清楚,所以把孔子的道,总括了两个字道:“夫子之道,忠恕而已矣!”

中心为忠,如心为恕,见《周礼》疏。何谓“中心为忠”呢?意思是说心中所藏着的事物也。“如心为恕”者,如我的心,以推度他人之心也。《诗》云:“他人有心,予忖度之。”即“恕”字的注脚也。

“恕”者,《论语》中又云“己所不欲,勿施于人”,意思就是说,如有损害的事,我所不要者,也不可把这种损害,放在别人身上,即如我心以度人也。但此还是消极的事,就积极的事讲,如孔子说“己欲立而立人,己欲达而达人”,亦是恕也。程瑶田《论学小记·进德篇》曰:“仁者,人之德也。恕者,行仁之方也。”恕既是行仁之方,所以孔子说“己欲立而立人,己欲达而达人”是“仁者”也。

“忠恕”二字合讲,是照中心所藏蓄的,推度别人。譬如中心所藏蓄的,是己立己达,那么推度别人,就要立人达人。这话刘氏《正义》已先言之，谓“仁者己欲立而立人，己欲达而达人，己立己达，忠也；立人达人，恕也。二者相因，无偏用之势”。孔子之道，说起来，虽千端万绪，其实都是一贯的。就是不过以自己的心，推度别人；我自己想幸福，也要使别人不受祸害，同享幸福而已。故曾子曰：“夫子之道，忠恕而已矣！”

子曰：“君子喻于义，小人喻于利。”

“喻”的意思，就是晓得。孔子说：“君子只晓得道义，小人只晓得财利。”意思是说“君子只管应该做的事情，去做。小人只晓得有利益的事情，才去做”也。

子曰：“见贤思齐焉；见不贤而内自省也。”

“贤”，是有贤德的人。“思齐”者，想和他一样，没有高低也。“内自省”者，就是肚皮里头自己想想。此章是孔子说“看见有贤德的人，我想和他一样的有贤德。看见不贤的人，我肚皮里头自己想想有没有像他不贤的行为”也。

子曰：“事父母几谏，见志不从，又敬不违；劳而不怨。”

“几”，何解、朱注皆曰“微也”。“事父母几谏”者，一个人总不能永久没有错处，遇着父母有错处的时候，为人子者，当柔声悦色，微微谏止父母，说这事不要这样做；不可凶狠地对着父母，说这事情，不当这样做也。“见志不从，又敬不违”者，谏了父母，见父母的心志。不肯从我的话，我仍旧要恭恭敬敬，对待父母，不可违抗父母也。“劳而不怨”者，孝子之事父母，自己虽任如何劳苦，没有怨父母之心也。

子曰：“父母在，不远游。游必有方。”

“远游”，即现在所谓“出远门”也。“方”，一定的地方也。孔子说：“父母在的时候，不可出远门。”因为父母有时思念儿子，或有疾疴，离得路远，不容易回家看视父母，故曰“不远游也”。“游必有方”者，出门去住在哪里，必有一定的地方也。如此，则父母有事，可通信，或派人到这地方来叫回去。若今日到东，明天到西，没有一定的地方，父母就不能通信，也不能派人，心里想和儿子见见面，没处找寻，岂不使父母难过吗？

子曰：“父母之年，不可不知也；一则以喜，一则以惧。”

“父母之年”，谓父母的年纪也。“不可不知”，即不可不晓得也。“一则以喜，一则以惧”者，一则见父母年纪多，已臻寿考，所以欢喜；一则见父母年纪老，将近衰亡，所以畏惧也。

子曰：“古者言之不出，耻躬之不逮也。”

“古者言之不出”，是说古人说话，不肯轻易出口也。“耻躬之不逮”者：“耻”，羞耻也；“逮”，及也。是以话出了口而做不到，为一件羞耻的事也。此章是孔子教人，不可说大话。若话说得天花乱坠，自己一句也做不到，这是最可羞耻的事情。

子曰：“以约，失之者鲜矣！”

“约”字的意思，照《集解》引孔说，及皇疏、邢疏均作“俭约”讲。朱注引谢氏，则谓“不侈然以自放”叫做约。又引尹氏也说“非止为俭约”。这以谢氏、尹氏说，意义较长。“鲜”，少也。“以约失之者鲜矣”者，是孔子说：“一个人能够自己约束自己，以不放纵为诫，那么失误就少了。”自己约束自己，如说话不烦、行动不躁，以及钱不浪费等都是。

子曰：“君子欲讷于言而敏于行。”

“讷”的意思,是言在口内,一时说不出来;用在这里是说话要慎重,不可轻易出口。“敏”,灵快也。“敏于行”者,做事要灵快也。此章孔子的话,是说君子对于说话要慎重,而对于做事要灵快。

子曰:“德不孤,必有邻。”

此章言有德的人,必有有德的人来亲近他,好像住家之有邻舍,不至于孤零零的,没有人知晓也。

子游曰:“事君数,斯辱矣!朋友数,斯疏矣!”

“数”,朱注采程子曰:“烦数也。”全章意义,朱注采胡氏说,亦颇明了,就是说为臣的事君,固然当谏君之过,但不听则应去。如果一遍一遍对君多说,则君必怒而加以刑辱了,故曰:“事君数,斯辱矣!”一个人结交朋友,自然也应导友以善;但不纳则当止,如果一遍一遍缠绕不休,则朋友必讨厌而不和他亲近了,故曰:“朋友数,斯疏矣!”

郑康成说:“数”是数己的功劳,这话清儒已有辨之者,谓于下“朋友数”,不可通。同时又说,“数”当训为数君友之过,即面相赏让的意思。谓人臣之礼,不当进谏;对于朋友,常忠告善道也。（见刘宝树《经义说略》。）又皇侃疏谓礼不贵索；“数”则为臣非时而见君，朋友非时而相往，必致耻辱、疏远。此说亦可通。

公冶长第五

子谓公冶长:“可妻也。虽在缧绁之中,非其罪也。”以其子妻之。

公冶长,孔子弟子,鲁国人,(《家语》称为齐人)公冶是姓,长是名。“缧”,《集解》引孔曰:“黑索也”。“绁”,孔曰:“挛也”。古时犯罪的人,用黑索吊缚之,称曰“缧绁”。

“子谓公冶长”者,是孔子说公冶长这个人也。“可妻也”者,可以把女儿给他为妻也。公冶长是个好人,所以孔子说,可把女儿给他为妻。

“虽在缧绁之中,非其罪也”者,说公冶长之被黑索吊去,关在监牢里,是一桩冤枉的事情,并不是公冶长自己犯了什么罪。

“以其子妻之”者,“子”是女子之省,就是女儿。“妻之”是给他做妻。这句非记言,乃叙事,就是孔子说了公冶长可妻等等的话,后来果然把他的女儿,嫁给公冶长为妻也。

读了此章,可见圣人看人,只在人的好不好;不问他的境遇。好的人,虽在缧绁之中,也肯把自己的女儿嫁他。一般俗人,见某人关在监牢里面,就认为这个人是犯人,不肯和他来往,全是一双势利眼睛。

子谓南容："邦有道不废；邦无道，免于刑戮。"以其兄之子妻之。

南容，孔子弟子，鲁人，本姓南宫，名縚，（縚音叨。）字子容。（《史记·仲尼弟子列传》谓南宫括字子容）"邦有道不废"者，是孔子说南容这个人，在国家有道的时候，政府当用他，不废弃他也。"邦无道，免于刑戮"者，是说他在国家无道的时候，不与奸臣坏人争权利，争是非，所以也无人杀戳他，见罪他也。"以其兄之子妻之"者，是孔子见南容是个有识见有德行的人，所以把兄的女儿，嫁与他也。

这一章，很可看出孔子处世的道理，就是当国家有道的时候出仕于朝，不废己之才德；国家无道的时候，明哲保身，不为无益之争。因为他称赞南容，把侄女嫁给南容，足见他一定赞成南容这样的处世的。

子谓子贱："君子哉！若人。鲁无君子者，斯焉取斯？"

子贱，孔子弟子，姓宓，名不齐。"君子哉若人"，是孔子称赞子贱的话。"若人"，犹言这个人。合拢来说，是："这个人可以无愧为君子哩。”“鲁无君子者”,是说鲁国,若没有君子。“斯焉取斯”的前一个“斯”字,是指子贱,后一个“斯”字,是指君子之德。

此一章的大意是,因为鲁是周公的封国,素来尊重礼义。这时候,又有主张礼教的孔子,鲁国的人,受了这种感化。所以多守礼的君子。孔子的意思,是说子贱之所以能为君子,因为看得鲁国多君子,所以取法君子,也成了君子。把孔子的话译出来,是:

“可以称为君子哩!这个人。若是鲁国没有君子,这个人从哪里去学成君子之德呢?”

又按此章意思,就是说人类的同化力,是很大的。一个人住在好人多的地方,和好人做伴,自然会变成好人。若住在坏人多的地方,和坏人做伴,也会变成坏人。孔子看出了这个道理,所以大收学生,把他们教成好人;并且想再由他们宣传开去,使人人都成好人。

子贡问曰:“赐也何如?”子曰:“女器也。”曰:“何器也?”曰:“瑚琏也。”

此章是承接上三章而发生。子贡看见孔子历评诸弟子,便去问孔子:“赐也何如?”赐,是子贡的名。弟子对于自己称名,也是古礼。“赐也何如?”就是说我这个人怎样呢?“子曰:‘女器也’”者,是孔子答子贡之器也。“女”,即“汝”字,亦即今语的“你”字。“器”字有两种讲法:孔子言,“君子不器”,是说君子能够随机应变,不像舟、车等器,只有一件用处。这里的“器”字,是做“材”字的讲法。如现在骂人:“某某是不成材的东西”,也可以说是“不成器的东西”。孔子答子贡说:“女器也”,是说你是一个成材的人。

“曰:‘何器也?’”是子贡听孔子说自己是个成材的人,又问孔子,是何种材料也。“曰:‘瑚琏也。’”此句又是孔子答子贡之问也。瑚琏是两种贵重的玉器。孔子称赞子贡,说你的人,好像瑚琏这两种贵重的玉器也。

或曰:“雍也,仁而不佞。”子曰:“焉用佞?御人以口给,屡憎于人。不知其仁。焉用佞?”

雍,孔子弟子,姓冉,名仲弓。“或”,有一个人。“仁”,是仁人。“佞”,有口才,能说话。有口才说话巧的人,称为“佞”。“或曰:‘雍也,仁而不佞’”者,有个人说,雍倒是个仁人,只是没有口才,不善说话也。“子曰:‘焉用佞’”者,言既是个仁人,何必定要有口才能说话呢?“御人以口给,屡憎于人。”孔子又说告有个人也。“御人”,对付人也。“口给”,即口能说话也。“屡”,是一次两次好几次也,即现在说“屡次”。“憎”,嫌恶也。“御人以口给,屡憎于人”者,是说对付人用口才，使人不能反驳，又屡次被人嫌恶也。

"不知其仁。焉用佞？"孔子又重告有个人的话也。有人说雍是个仁人，孔子这里则说："不知其仁。"言我倒不知他是不是个仁人也。因为仁人和圣人一样，不是平常人都可称仁人的。所以孔子说"不知其仁"也。"焉用佞"者，是孔子重说一句，做人不论仁不仁，只是单靠口才，是用不着的。这章大意是：

"有个人说：'雍这个人，仁而没有口才，不能说话。孔子说：'何必要有口才，能说话呢？对付人用口才，反屡次被人嫌恶。雍是不是仁人，我不知道。只是做人，何必要用佞呢？'"

子使漆雕开仕。对曰："吾斯之未能信。"子说。

"漆雕"，姓；"开"，名。漆雕开，孔子弟子。"子使漆雕开仕"者，孔子使漆雕开去做官也。"斯"，此也。犹言此道也。"信"，相信也。在此处的意思，言自己还不能相信也。"说"，即悦字，俗言喜欢。译文：

"孔子使漆雕开去做官。漆雕开对孔子道：'我对于做官的学问，我自己还不能相信。'孔子听了此话，很欢喜。"

此章孔子所以悦者，因为做官，是人人欢喜的。今孔子使漆雕开去做官，漆雕开说自己没有做官的学问和才能，不敢去做官，孔子所以悦也。

子曰："道不行，乘桴浮于海，从我者其由与？"子路闻之喜。子曰："由也，好勇过我；无所取材。"

"道"，已解释在纲领中，"桴"，用竹木编成，犹现在的竹筏木筏，不会被风吹覆。筏上面，也可造屋住人。由，孔子弟子子路之名。此章孔子因自己怀抱的道在中国不能施行，故叹道："我的道不行，不如乘了竹木编成的桴，到海上去吧。"又说："我若到海上去，从我去的，就是子路吧！"

"子路闻之喜"者，子路听了孔子要到海上去，说要自己同去，不觉欢喜起来，以为孔子真个要到海上去游玩了。不知孔子这句话，是因为自己的道不行，心中感慨，不得已而说说的。今见子路认了真，以为真要到海上去，而如此高兴，所以他又说道："由这个人，比我还要好勇；只是我连做桴的材料还没有，哪里能够浮海去呢？"故曰"好勇过我，无所取材"也。

此章很可看出子路伉直的性质。子路伉直，所以不解孔子意义深隐的微言也。一说，"无所取材"，是孔子既嘉子路之勇于任事，而又惜其材无取用之所。见清宦懋庸《论语稽》。

孟武伯问："子路仁乎？"子曰："不知也。"又问。子曰："由也，千乘之国，可使治其赋也；不知其仁也。"

"孟武伯问：'子路仁乎'"者，孟武伯来问孔子，子路是不是个仁人也。孔子对他道："不知也。"这是因为"仁"是极难的事；倘一个人，有志于"仁"，也是极易的事。这时候的子路，自然还不能做到仁的地步；但要做到仁的地步，也极容易。故子路之能不能够为仁人，一时不能断定，只得以"不知也"答之。

"又问"者，孟武伯又问也。"子曰：'由也，千乘之国，可使治其赋也；不知其仁也'"者，孔子说："子路这个人，很可使他到千乘的大国里，去整理田赋财政；至于他的仁不仁，我却不知道"也。

"求也何如？"子曰："求也，千室之邑，百乘之家，可使为之宰也；不知其仁也。"

此一节，连下一节，都是孟武伯问孔子的话。求，孔子弟子冉求也。孟武伯先问子路仁不仁，孔子答他不知。至此又问冉求仁不仁也。"千室之邑"，一千家人家的小县也。"百乘之家”，大夫之家，有车子一百辆，曰百乘之家。“宰”，是管理事务的人。“千室之邑”之“宰”，犹一个小县里的县长。“百乘之家”之“宰”，犹一个卿相人家的总管。孔子对孟武伯道：“冉求这个人，可以使他到小县里做个县长，或到卿相人家，去做个总管；这是他的才能，可以胜任的。至于他的仁不仁，我却不知道。”

“赤也何如？”子曰：“赤也，束带立于朝，可使与宾客言也；不知其仁也。”

此一节，孟武伯又以公西赤问孔子也。（公西赤，字子华。）“束带”，是做官的人，腰里束一条横带也。“立于朝”，立在朝廷里面也。“宾客”，是邻国派来的使者，孔子对孟武伯道：“公西赤这个人，可以使他束了上朝的横带，立在朝廷里面，对付邻国派来的使者说话，他是很能干的。至于他这个人仁不仁，我却不知道。”

此一章，共三节，是孟武伯同时问孔子的话。先问子路仁不仁，次问冉求，再次问公西赤。因为仁，是只有圣人所能；如子路等三人，都不能到仁的地步。但能够用力于仁，都未尝不可做到。孔子答以“不知”者，这里面很有意思的。这意思是怎么呢？因为子路等三人，这时候，都未到仁的地步，孔子若说他能“仁”，是说诳了。若说这三个人，都是“不仁”，使被三人听见,心中必定不喜,或者反阻了他们“为仁”的心。如一般人说:你说我不是个好人,我就做个坏人。这种心思,往往有的。况弟子们,很信服孔子的;今若听得孔子说自己“不仁”,岂不心灰?孔子体察得这一层意思,所以只说“不知”。一则自己不妄誉人,不说诳话;二则不绝弟子们为善的心,使弟子们人人勉力“为仁”。此可见孔子见识之高、度量之大,而世故人情,亦非常精到也。

又:孟武伯,是鲁国的执政大夫,今来问孔子弟子仁不仁,或者有求人才而欲用之的意思。故孔子把子路等三个人的才能,都告诉他,使孟武伯缺哪一种人才,就可委用某人,这也是孔子体贴弟子的好心,是不动声色为人的法子。

又:因此可见孔子对于许多弟子们的性质才能,都在平时看出,所以因孟武伯之问,就把他们的长处,随口说得出来。

子谓子贡曰:“女与回也孰愈?”对曰:“赐也,何敢望回?回也闻一以知十;赐也闻一以知二。”子曰:“弗如也!吾与女弗如也!”

“女”,即现在所说的“你”。“回”,颜渊名。赐,子贡名。“愈”,胜也。“子谓子贡曰:‘女与回也孰愈’”者,孔子对子贡说:“你与颜回两个人,哪一个胜些?”犹言哪一个人聪明些也。“对曰”者,子贡对孔子说也。“赐也,何敢望回?回也闻一以知十；赐也闻一以知二”者，是说“我哪里敢望颜渊呢？颜渊听得一件道理，他推悟开去，能够晓得十件；我听得一件道理，推悟开去，只晓得二件。”

孔子听了这话，以为不错，便又对子贡道：“确是不及他的。就是我看你，也知道你不及他的。”一说，“吾与女”的与，许也；孔子许子贡之自知不如也。（见皇疏引秦道实说）又一说，“吾与女，弗如也”，谓我和你，都不如也。（见皇疏）

宰予昼寝。子曰：“朽木，不可雕也。粪土之墙，不可杇也。于予与何诛？”

宰予，就是宰我，已见前《八佾》篇。“昼寝”，就是困午觉。“朽”，腐也。“雕”，雕刻也。“粪土”，犹言秽土。古人的墙，本是筑土而成，历久不免生秽。生秽的土墙，就叫“粪土之墙”。“杇”，旧注：“镘也”。就是用泥以镘，所以加饰。“与”，语助词。（清王引之《经传释词》谓此“与”字，“犹”也。）“诛”，责也。孔子见宰予在困午觉，乃说道：“已经腐烂的木头，不可雕刻了。已经生秽的土墙，不可用泥去镘了。对于宰予，还要责他什么呢？”

此章是说人不可困午觉，困午觉最易使人志气昏惰。到了志气昏惰，教无所施，等于无用的废物了。

子曰:“始吾于人也,听其言而信其行。今吾于人也,听其言而观其行。于予与改是。”

此章是承接上章而言。(《注疏》及皇本与上章并为一章。)孔子因宰予之困午觉,乃又说这几句话也。“言”,是说话。“行”,是行动。“始”,是从前。“今”,是现在。“信”,是相信他,“观”,是看看他。因为宰予是个很会说话的人,平常说话,也总说做人要勤劳,不可懒惰,孔子听宰予说的话,是做人要勤不可懒,今见他在困午觉,以为这是一件极懒的事情,行动全不和话相符了,所以感叹道:

“从前我对于人,听了他的说话,就相信他的行动。现在我对于人,听了他的说话,还要看看他的行动。这是因为宰予,而把我这个心思改变的。”

此章意思,是教人说话,要与行动相符。若只说话说得好听,做人和说话不相符,这种人,就是无信。朱注引胡氏曰:“听言观行,圣人不待是而后能,亦非缘此而尽疑学者;特因此立教,以警众弟子,使谨于言而敏于行耳。”胡氏的话极是。

子曰:“吾未见刚者。”或对曰:“申枨!”子曰:“枨也欲,焉得刚?”

何晏《集解》采包曰："申枨，鲁人。""刚"，朱子《集注》曰："坚强不屈之意。"又"欲"，《集注》曰："多嗜欲。"

此章是孔子自己说道："我没有看见过坚强不屈的人。""或"，有个人。这人听了孔子的话，说道："申枨！"这人的意思，以为申枨，是能坚强不屈的。孔子听了或人说申枨能坚强不屈，便驳他道："申枨这个人，是多嗜欲的，哪里能够坚强不屈呢？"

又此章《集注》采程子曰："人有欲则无刚，刚则无欲，"就是说一个人，能够坚强不屈，就不至被嗜欲所引诱也。

子贡曰："我不欲人之加诸我也；吾亦欲无加诸人。"子曰："赐也，非尔所及也。"

"加"，《集解》采马曰"陵也"，犹言陵暴、欺侮的意思。子贡说："我不要别人来欺陵我；我也不要欺陵别人。"这本来是极好的事，但孔子听了这话，以为是不易做到的。何以呢？因为不要别人来欺陵你，别人偏要来欺陵你，将怎样呢？这一定要像皇疏所说的，能不招人以非理见加才行。但不招人以非理见加，是多么难啊！第一要自己无过，即我要没有可以招人以非理见加的事。第二要自己能感化人，即我不欺陵别人，使人也能不欺陵别人，力行"己达达人"的恕道才行。至于我不要欺陵别人，可以由我作主，看似容易，其实亦难。盖唯圣人能自然合于"己所不欲，勿施于人"的恕道；贤者尚须勉而企之也。孔子对子贡说:“非尔所及也。”非谓终不可及,亦欲子贡勉之而已。

子贡曰:“夫子之文章,可得而闻也。夫子之言性与天道,不可得而闻也。”

“夫子”,子贡称孔子也。“文章”,谓言语公平正大,容貌威严和善也。这是人人看得见,听得见,故曰“可得而闻也”。“性”者,人的性质藏在内部。“天道”者,天地化生万物之道,这二事,都没有真实的形状,可以看得见,听得见的。所以孔子于“性”与“天道”,都不大说及。故曰“夫子之言性与天道,不可得而闻也”。

一说,文章是指孔子所答的《诗》《书》《礼》《乐》。“孔子以《诗》《书》《礼》《乐》教弟子,盖三千焉”(《史记·孔子世家》语),故云“可得而闻也”。性与天道是指《易》《春秋》二书,盖本《汉书·李寻传赞》,“幽赞神明,通合天人之道者,莫著乎《易》《春秋》”数语。

子路有闻,未之能行,唯恐有闻。

此章是编《论语》的人,记子路的好处也。“有闻”者,听了孔子一句话。“未之能行”者,这句话的道理,还未做到也。

“唯恐有闻”者，恐怕孔子又有第二句话出来，来不及做也。照此章看来，可见孔子所说的学，都是学做人。所以他说出来的话，都可以照着去做。全部《论语》，都不外讲做人的道理。

子贡问曰：“孔文子何以谓之文也？”子曰：“敏而好学，不耻下问，是以谓之文也。”

孔文子，卫国大夫，名圉，“文”，是他的谥号。子贡以为以“文”为谥号，是很不容易的。孔文子果以何德而谥为“文”的呢？所以问孔子道：“孔文子何以谓之文也？”

“敏而好学”，是聪明而好学问，“不耻下问”，是自己有不知的事情，肯去问位置比自己低的人。因为一般位置高的人，都自己以为无所不能，若去问位置比自己低的人，好像是很惭愧的样子，只有孔文子不这样，故孔子以为“不耻下问”。孔子答子贡的话，意思就是道这二件，就是孔文子的“文”处，所以谥之为“文”。

子谓子产：“有君子之道四焉：其行己也恭，其事上也敬，其养民也惠，其使民也义。”

子产，郑国大夫，姓公孙，名侨，是孔子同时代人。古时君子,有称在上位治民者,有称有道德学问者。此章所说,兼二者而有之,谓有道德学问而又在上位者。

“恭”,是规规矩矩。“敬”,是恭敬不失礼。“惠”,是有利益于人。“义”,是宜的意思。孔子说子产这个人,有君子之道四件。“其行己也恭”,是说他对于自己做人,规规矩矩,从不乱说话、乱行动。“其事上也敬”,是说他事君上,恭恭敬敬而不失礼。“其养民也惠”,是说他抚养人民,当有利益给予人民。“其使民也义”,是说他使人民充工役,一定是人民应该做的事情,凡是不关政事的工役,都不强派人民去做。并且一定是在人民可以做的时候。才把人民拉来充役;凡是人民有农务的时候,并不强派人民去做。

子曰:“晏平仲,善与人交,久而敬之。”

晏平仲,齐国大夫,名婴,孔子同时代人。此章是孔子感慨一般人交结朋友,往往初时则恭敬有礼,到交得长久了,就随随便便,没有敬礼了。只有晏平仲,则不这样,故孔子称赞他道:“晏平仲这个人,可说得交友之道了,他和人交友,时候虽长久,仍旧能够恭敬而不失礼。”

子曰:“臧文仲居蔡,山节藻棁,何如其知也?”

臧文仲，鲁国大夫，名辰，孔子同时代人。“蔡”，是古时的地名。蔡地多出乌龟，所以古时称乌龟为蔡。《汉书·食货志》云“玄龟为蔡”，玄即乌也。

古时以乌龟为灵物，乌龟大到一尺二寸，尤为灵物。这种大乌龟，只有国君得宝藏之，以供卜吉凶之用。国君宝藏大乌龟，叫做“居蔡”。大夫亦得卜，但用龟之小者。今臧文仲不是国君，也宝藏这种大乌龟，是僭人君之礼也。

“节”，屋柱上面架梁的，叫做“节”。“山节”者，这架梁的“节”上，刻着山，故曰“山节”。“棁”，梁上的短柱。“藻”，是水草。这短柱上画着水草，故曰“藻棁”。“山节藻棁”，包咸以为人君居室无此礼，故不以臧文仲为僭，而只说他奢侈。（见何解引包氏说及皇侃疏）郑康成则说山节藻棁，是天子的庙饰，故以臧文仲此举，与“居蔡”同一僭滥。

“知”，即现在的“智”字。“何如其知也”，是说怎么可以说他是智呢？大概当时人都说臧文仲智，所以孔子这样说。此章意思是：

“孔子说：‘臧文仲这个人，住的地方，宝藏着大乌龟。他的房屋：架梁的节，刻着山；梁上的短柱，画着藻。这些东西，都是毫无用处的，用了反成僭奢的过恶。他怎么好算智呢？’”

按春秋之时，国君微弱，大夫有权，往往借用国君的排场。臧文仲之“居蔡”及“山节藻棁”，犹季氏之“八佾舞于庭”“旅于泰山”,管仲之“有三归”“有反坫”也。

子张问曰:“令尹子文,三仕为令尹,无喜色。三已之,无愠色。旧令尹之政,必以告新令尹。何如?”子曰:“忠矣!”曰:“仁矣乎?”曰:“未知,焉得仁?”

令尹,楚国官名。子文,楚国大夫,姓关,名縠,字於菟。(音垢乌徒。楚人谓乳为縠,谓虎为於菟。子文初生于邧,虎乳之故名。)子张问孔子道:“楚国的子文,三次做令尹的官,没有欢喜的神色。三次免令尹的官,没有怨恨的神色。又他于新令尹上任的时候,必定把自己卸任以前所施行的政事,告知新令尹。像这样的人,如何?”孔子道:“像子文的做官,可算‘忠’了!”

子张又问,“像子文这样的人,可算‘仁’吗?”孔子道:“未知。”接着道:“哪里好算仁呢(焉得仁)?”

子张之意,以为如子文这样的人,总可算是“仁人”了。不知孔子只许他是“忠”,不许他是“仁”。这因为“仁”是做人的全体,必件件都好,始可称“仁”。“忠”,是做人的一部分,故虽“忠”不得为“仁”。

“崔子弑齐君，陈文子有马十乘，弃而违之。至于他邦，则曰，‘犹吾大夫崔子也！’违之。之一邦，则又曰，‘犹吾大夫崔子也！’违之。何如？”子曰：“清矣！”曰：“仁矣乎？”曰：“未知，焉得仁？”

此节与上节相连，也是子张问孔子的话。崔子，名杼，齐大夫。齐君，为齐庄公，名光。陈文子，名须无，亦齐国大夫。马十乘，四十匹也。子张因问令尹子文是不是仁人，孔子只许以忠，不许以仁，因又举陈文子所行事，以问孔子也。

此时齐大夫崔杼作乱，弑齐庄公。陈文子看见齐国乱了，弃掉了自己家中四十匹马，避到别国去，故曰“弃而违之”。“至于他邦，则曰：‘犹吾大夫崔子也！’违之。”是说到了别个国里，看看情形，那执政的人，也和崔杼一样；于是又换一国。不料这时候各国，都是如此。子张很看重陈文子这个人，所以又问孔子：“何如？”“孔子曰‘清矣’”者，是说陈文子这个人，不肯和乱臣贼子共同做事，不在污浊社会里做人，可以算是清白的人了，故曰“清矣”。子张又问：“像这样的人，可算‘仁’吗？”孔子也答以“未知”，接着也直告之曰：“焉得仁？”

如令尹子文、陈子文，在当时都算是人品极高的人。子张以为如二人者，总可算“仁”人了。不知“仁”与“圣”一样，不是随便做得到的，故孔子只许一个是“忠”，一个是“清”，而不许以“仁”。

按“未知,焉得仁?”,孔安国解为“未知其仁”。是皇疏解上节为“未知其何由得为仁”,解下节为“未知所以得名为仁”,均作一句读。(邢疏略同。)又皇疏引李充说,“知”解为“智”,并有具体的说明,但皇以为不如原解。

季文子三思而后行。子闻之曰:“再,斯可矣!”

季文子,鲁国大夫季孙行父也,文为其谥号。季文子每做事必要想过三回,然后去做。故曰“三思而后行”。孔子听人家这样说,因曰“再,斯可矣”,意思以为做事能够想两回去做,已可不至于弄错;三思,则未免过头也。

子曰:“宁武子,邦有道则知,邦无道则愚。其知可及也,其愚不可及也!”

宁武子,卫国大夫,姓宁,名俞,武是其谥号。“知”,即现在的“智”字。宁武子在卫国,当成公有道的时候,出其才智,帮同施行政治。当成公无道的时候,装着呆木的神情,以免祸患。(按武子未事文公,朱注以有道属文公,无道为成公,似误。见全祖望《经史问答》等。）孔子称赞他："其知可及也；其愚不可及也。"意思是说帮回国君施行政治，倒还有人能及；傻装呆木，以避祸患，实无人能及也。盖人情莫不好名，往往处无道君主之下，仍不能韬光潜采，以致生命丧失，而国事仍无济，孔子深惜之，故称宁武子，以为时人炫智者戒。

子在陈曰："归与！归与！吾党之小子狂简，斐然成章，不知所以裁之。"

陈，是春秋时的一国。孔子此时在陈国也。朱子《集注》曰："此孔子周流四方，道不行而思归之叹也。吾党小子，指门人之在鲁者。狂简，志大而略于事也。斐，文貌。成章，言其文理成就，有可观者。裁，割正也。"今依朱子此说而解之。

"孔子在陈国，看得自己之道终不能行，故叹曰：'归去吧！归去吧！我的门人在鲁国者，都怀着大志而少于阅历（狂简）。至学问文章，都可以成就（斐然成章）。但不晓得怎样立定人格，应得我归去，把他们指导指导，使都成一个人才。'"

子曰："伯夷、叔齐，不念旧恶，怨是用希。"

伯夷、叔齐，殷末周初二贤人也，在《史记》中有列传。"不念旧恶"者，人家有欺侮过我的事情，我不记在心里也。

“用”，以也。伯夷、叔齐，因为不记念人家欺侮他的恶事，所以人家也不积怨于他。“怨是用希”者，犹言怨他的人，是以少也。

子曰：“孰谓微生高直？或乞醯焉，乞诸其邻而与之。”

微生，是姓；高，是名。微生高，是鲁国的人。“醯”，醋也。“直”，老实也。微生高这个人，当时大家都说他老实。孔子听了当时人的话，再想想微生高的行为，乃曰“孰谓微生高直？”就是说哪个人说微生高老实呢？“或乞醯焉，乞诸其邻而与之”者，是有个人向微生高去讨（乞，即今俗语讨的意思。如乞丐曰讨饭。）醋，微生自己家里没有，他又向邻家讨了醋来，转给来讨醋的人也。

此章孔子讲微生高不老实也。老实的人，遇人家来讨醋，自己家里既然没有，就不妨老老实实说没有，何必转回邻家讨了醋来，转给来讨醋的人呢？

大凡想博得好名声的人，他的做人行事，必定要格外好些。自己没有醋，转向邻家讨了醋给人，那么，来讨醋的人，必定说微生高是好人了。一个人能够出力帮人，本来是件好事；但或者不是本心，不过想人家称他是个好人。为名而帮助人家，就不是老实人，所以孔子讥之也。圣人教人“中庸”，不要太过与不及。因为想人家说声好，自己没有醋，甚至“乞诸其邻而与之”，就是太过也。若有醋而亦不肯与人，则是不及哩！一些醋虽是小事情，但可以小论大。

子曰：“巧言令色，足恭，左丘明耻之，丘亦耻之。匿怨而友其人，左丘明耻之，丘亦耻之。”

“巧言令色”，已见前。“足”，过也；“足恭”，是说“巧言令色”的人，好像是十足恭敬也，（一说，足恭是以恭足于人意而不合于礼度。一说，足，成也；足恭，是巧言令色以成其恭，取媚于人也。此二说，足亦读句音。又一说，足恭，是便僻其足以为恭，读足如字。）左丘明，鲁国史官。丘是孔子自称其名。“耻之”者，是说像上说这种人，实可羞耻；左丘明耻这种人，孔子自己，也耻这种人，故曰“左丘明耻之，丘亦耻之”也。“匿怨而友其人”者，我同某人，本有仇怨。我却故意装出没有仇怨的样子，仍旧和某人为朋友；其实完全是假要好。这种人，左丘明同孔子也都耻之。

颜渊、季路侍。子曰：“盍各言尔志？”子路曰：“愿车马，衣轻裘，与朋友共，敝之而无憾。”颜渊曰：“愿无伐善，无施劳。”子路曰：“愿闻子之志。”子曰:“老者安之,朋友信之,少者怀之。”

季路即子路,古时“季”“子”二字通用。“侍”者,侍候在孔子身边也。“盍”,即“何不”也。颜渊、子路侍在孔子身边,孔子说:“何不各人说说你们的志向?”

子路说自己的志向,情愿把坐的车马,穿的好衣裳,与朋友同坐同穿。就是坐破穿破,也不恨朋友。言车马者,马车必须马拉。轻裘,是轻暖的皮袄,顶贵重的衣裳也。子路性好朋友,故愿自己的车给朋友坐,自己的衣给朋友穿,虽破了,没有遗憾也。

颜渊说自己的志向,“愿无伐善”者,是自己虽有善处,自己不说也。“无施劳”者,不要别人施劳力于我也,犹“君子不轻受人之惠”也。(一说,施为张大之意;施劳,即夸功。)

子路以自己和颜渊二人的志向,都说过了,遂问孔子的志向如何,故曰“愿闻子之志”。“子”,夫子之省称也。

孔子说自己的志向,是对于年老的人,要使他安安稳稳地过日子,故曰“老者安之”;对于朋友不失信,故曰“朋友信之”;对于年少的人,要给他好处,使他时时得到关怀,故曰“少者怀之”。

子曰:“已矣乎!吾未见能见其过而内自讼者也。”

“已矣乎”，是叹辞。犹俗语的“罢了”。说此叹辞，有将终不复见的意思。

“能见其过而内自讼”者，言一个人能够见到自己的过失，而在自己腹内，责罚自己也。孔子说这种人，没有看见过也，译为俗语是：“孔子说：‘我没有见过一个人，能够见到自己的过失，而在自己腹内责罚自己的。罢了！我恐将终身不得见这种人了！’”（末二句是就“已矣乎”三字引申出来的。）

子曰：“十室之邑，必有忠信如丘者焉，不如丘之好学也。”

“十室之邑”，是只有十家人家的一个小地方。“丘”是孔子自称其名。孔子说：“虽然是只有十家人家的小地方，也必定有忠信的人，和我一样的；不过没有像我好学罢了。”

此章记孔子自说好学。因为“忠信”出于天性，天性笃厚的人，到处有的。“好学”是出于人为，世界上往往有极聪明的人，弄到流落不堪，没有一艺一长可取，都是因为不肯虚心求学之故。即以做人而说，好学的人，自然能由忠信，更进于仁；不好学的人，往往为习俗所蔽，反趋于堕落。我们可以把忠信的美质比玉，而学则是琢玉成器也。

雍也第六

子曰:“雍也,可使南面。”仲弓问子桑伯子。子曰:“可也简。”仲弓曰:“居敬而行简,以临其民,不亦可乎?居简而行简,无乃大简乎?”子曰:“雍之言然。”

冉雍,字仲弓,已见《公冶长》篇,此章须分五节讲。(按“仲弓问”以下,《注疏》及皇本,均另为一章。)

(一)子曰:“雍也,可使南面。”这是孔子称赞仲弓的话。“南面”,人君之位,所以使人臣北面而朝者也。孔子说雍这个人,可使坐人君的位子。

(二)“子桑伯子”是当时的一个人。仲弓听孔子说自己有人君之才,便问子桑伯子者,意思以为如子桑伯子也可使南面吗?

(三)子曰:“可也简。”这是孔子因仲弓之问,而答之也。“可也”,是说子桑伯子这个人,也可以使坐人君的位子也。“简”,简略也。为人君者,从大处落墨,只要把紧要的端绪握住,其余琐碎事务,不必亲身去做,故人君之才,在能简也。孔子于“可也”以后再加一个“简”字,以为子桑伯子,可以为人君，以其能简也。简者，又如家主之处理家务，店铺经理之处理店务，都是只要握住紧要，琐碎事务，派人去办，不必亲自动手也。

（四）仲弓曰："居敬而行简，以临其民，不亦可乎？居简而行简，无乃大简乎？"这是仲弓因孔子说子桑伯子能简而发生的疑问。"居"，是自己做人；"行"，是施行政事。仲弓因孔子说了一个"简"字，心中不大为然，以为人君者，施行政事，固然要从大处落墨；但自己做人，却不可太随随便便，不顾小节，必须恭恭敬敬以律己。故曰"居敬而行简"也。"不亦可乎"者，意思是说能这样，自然是好的。"居简而行简"者，不但施行政事，一味从简，连自己做人律己，也一些不顾，故曰"无乃大简乎"。意思是说，太简过头了。

（五）孔子听了仲弓的话，也以为做人律己，以敬为要，所以称赞仲弓的话，说得不错。"雍之言然"，"然"即"是"也。

上面五节：第一节，孔子见仲弓有人君之才，故曰"雍也可使南面"。第二节，仲弓听孔子说自己时作人君，便问子桑伯子，意思是说像子桑伯子也可使南面吗？第三节，孔子听了仲弓的话，便答道"可也"，意思是说子桑伯子，也有人君之才，因他能够知大体，做事能大处落墨，故称赞他一个"简"字。第四节，仲弓以孔子只说一个"简"字，意思以为人君施行政事，固然"简"为最好；但律身处己，还须加之以"敬"。便曰"居敬而行简，以临其民，不亦可乎，居简而行简，无乃大简乎"第五节，孔子听到仲弓的话，说得不错，故曰“雍之言然”。此一章，可见孔子弟子，对于孔子所说的话，有不满意的地方，尽可申说，不是要一味盲从的。而孔子见弟子的话，说得不错，也就改从弟子，不一定固执己见，此孔子之所以为大，而孔门的气象，也可概见了！

按旧说，“简”训宽略。何解引孔注有“临下宽略”之语。朱注有“行简以临民，则事不烦，而民不扰”之语。

哀公问：“弟子孰为好学？”孔子对曰：“有颜回者好学，不迁怒，不贰过，不幸短命死矣！今也则亡，未闻好学者也。”

《论语》中所说的“学”，都是言做人，非如后世之以读书为学也。此义于“行有余力”章，已经说过。哀公，是鲁哀公，他对孔子问：“弟子孰为好学？”就是说你的门人中，哪一个能够好学也。

“不迁怒”者，是不把怒气从这事拉到别事上面去。例如寻常人，某乙对某甲，做错了一件事，某甲发起怒来，多是数长数短，把某乙所做事情，都数说出来。其实某乙，对你只做错了这一件，也只要说他这一件如何做错，与别的事有什么关系呢？无奈一般人多有迁怒的习惯，因人做错了一件，一发怒，往往杂七杂八，都说在一起。甚者，两人相为，连拆劝的人，也混牵在里面;或者对一个人相骂,对别的人也以怒容相向:这些是“迁怒”得更无理了!“贰过”者,第一次犯了过失,第二次重犯也。例如好赌的人,输了钱,设誓不再赌,过了几天,仍旧去赌,就是“贰过”。

孔子对哀公的问,回答说:“弟子中只有一个颜回,是好学的。他因为好学而有修养功夫,所以发怒的时候,不牵涉到那件事上面去;犯了过失,第二次决不重犯。可惜不幸而短命死了!现今没有了,没有听见这样好学的人了!”

子华使于齐,冉子为其母请粟。子曰:“与之釜。”请益。曰:“与之庾。”冉子与之粟五秉。子曰:“赤之适齐也,乘肥马,衣轻裘。吾闻之也,‘君子周急不继富。’”

子华,孔子弟子,姓公西,名赤。六斗四升为釜。十六斗为庾。十六斛为秉(斛即今之石)。五秉共八十斛,即现在的八十石米也。孔子使子华到齐国去,冉有为子华之母,请孔子拿出米去养她。孔子说:“给她六斗四升。”冉有请加多些。孔子说:“给她十六斗。”冉有还以为少,自己给了她八十石。孔子道:“子华之到齐国去,乘的肥马,穿的轻裘,他家并不穷,何必给他母亲八十石米呢?我听到过一句老话,说:‘君子是周急不继富的。’”“周急不继富”者，意思是人家有急难，应该帮助他；至于富的不必去奉承他，以增他的富也。由此，可见圣人做事，都有分寸，给人的钱，不过少，也不过多。

原思为之宰，与之粟九百。辞。子曰：“毋！以与尔邻里乡党乎！”

此节与上节，合成一章。原思，孔子弟子原宪也，思是他的字。此时孔子为鲁国司寇。孔子派原思做自己管家事的官，故曰“为之宰”也。管家事的官，照例要给他禄米，所以“与之粟九百”也。“九百”者，应是九百斗。“辞”者，原思辞不肯收也。“子曰：‘毋’”者，孔子说不必辞也。“以与尔邻里乡党乎？”是说你如果用不到，把这粟拿回去，分送给你邻舍或同乡的人吧！郑玄曰：“五家为邻，五邻为里，万二千五百家为乡，五百家为党。”

此章记圣人对于钱财的使用，应该用的必须用，不应该用的不必用也。如上节使子华到齐国去，冉有自己给了他母亲粟五秉，孔子说“君子周急不继富”，是不必也。此节原思做了孔子的家官；原思不肯受禄米，孔子一定要给他，又说“你若不要，可去分送邻里乡党”，是必要也。即此，可见圣人待人用钱，都有分寸，不是随便的。

又此意想为冉有弟子所记，故称冉有曰冉子。

子谓仲弓，曰：“犁牛之子，骍且角；虽欲勿用，山川其舍诸？”

“子谓仲弓曰”者，不是孔子对仲弓说也，是孔子批评仲弓这个人而说也。应该读“子谓仲弓”为一句，“曰”为一句。

“犁牛”，杂色的牛，犹言劣种的牛也。“骍”，纯赤色。“角”，牛角周正，而长短合式。“犁牛之子骍且角”者，言劣种牛生出来的小牛，却毛赤色而角周正也。“虽欲勿用，山川其舍诸？”者，是说这种好的小牛，夫祭祀山川之神，山川之神，也是喜欢的，不肯舍掉它的。

此章说仲弓，而以牛作比，是因为仲弓之父极下劣，为人所贱，一般人的眼光，看不起仲弓的父，连仲弓也看不起。孔子以为其父尽管不好，他儿子是好的，仍旧应该用他，不应该为了他父亲不好，便连儿子也看不起也。古礼，祭祀山川之神等，要用纯色而角周正的牛。“犁牛”，是只能耕田，不能供祭祀的。

子曰：“回也，其心三月不违仁，其余则日月至焉而已矣！”

“回也”，说颜渊也。“三月”，言久也，犹今人言“一年到头”。“仁”，即为人之道，已解于纲领。此章是孔子称赞颜回，说他心里，一年到头，不与仁离开，犹言无时无刻不以仁存心也。“其余”，谓颜回以外的各个弟子。他们心里，或一月，或一日，偶然存心于仁而已。

季康子问：“仲由可使从政也与？”子曰：“由也果，于从政乎何有？”曰：“赐也可使从政也与？”曰：“赐也达，于从政乎何有？”曰：“求也可使从政也与？”曰：“求也艺，于从政乎何有？”

季康子，见前《为政》篇。

“从政”者，从事政治也。仲由，是子路。季康子问孔子：“子路这个人，可使他从事政治吗？”“果”者，能决断也。“何有”者，有何不可也。孔子对季康子道：“由这个人，遇事能决断；使他从事政治，有何不可呢？”

赐是子贡。“达”者，通达事理也。季康子又问：“子贡这个人，可使他从事政治吗？”孔子道：“赐这个人，能通达事理；使他从事政治，有何不可呢？”

求，是冉有。“艺”者，多才能也。季康子又问：“冉有这个人，可使他从事政治吗？”孔子道：“求这个人多才能，使他从事政治,有何不可呢?”

凡人有一种长处,就可以立于社会。就是做官,如子路之能决断,子贡之通达事理,冉有之多才能,就都有资格。季康子问三个人,孔子把三个人的才具,老老实实答之,不十分称赞自己的弟子,也不谦虚说自己的弟子,没有才能,可谓不亢不卑也。

季氏使闵子骞为费宰。闵子骞曰:“善为我辞焉!如有复我者,则吾必在汶上矣!”

季氏,鲁国执政大夫。闵子骞,孔子弟子,名损,性极廉孝,不愿和恶浊社会为伍。孔门四科,闵子骞在德行科中。“费”,鲁国一处地名,是季氏的食邑。“宰”,官也。“费宰”,犹今言费县长也。这时费邑宰见季氏僭恶而反叛,季氏就想请闵子骞去做费邑的官。闵子骞不愿做季氏食邑的官,因对季氏的人说:“善为我辞焉!”译作俗语是:“好好的代我辞掉这个官吧!”“如有复我者,则吾必在汶上矣”者,汶,水名,在鲁国和齐国交界的地方。意思是说如有再来请我去做官的,我必定逃到汶水上去躲避了。到汶水上去躲避,也就是将往齐国的意思。

伯牛有疾。子问之,自牖执其手,曰:“亡之!

命矣夫？斯人也，而有斯疾也！斯人也，而有斯疾也！”

伯牛，孔子弟子，姓冉，名耕。“有疾”，有病也。“牖”，窗洞也。伯牛有病，孔子去看他，见他的病，是要死的，因在窗洞里，握着伯牛的手，叹道：“亡之！”犹言“要死了！”。又连连叹惜两句道：“命生定的吧？这个人会害这个病！命生定的吧？这个人会害这个病！”连说两次，痛惜之深也。复次：“自牖执其手”者，因伯牛所患是恶疾，不愿见人（从包咸说），孔子则以师生情重，所以从窗洞里握他的手也。朱注谓：“礼，病者居北牖下。君视之，则迁于南牖下，使君得以南面视己。牛家以此礼尊孔子，孔子不敢当，故不入其室，而自牖执其手。”

子曰：“贤哉！回也。一箪食，一瓢饮，在陋巷。人不堪其忧；回也不改其乐。贤哉！回也。”

“箪”，竹器，犹今之饭篮。“瓢”，盛水之器，以瓢瓜为之。“陋巷”，低旧小房屋的弄内也。

大凡一个人，处富贵则欢乐，处贫贱则忧愁；只有乐道之士，富贵贫贱，都不足以动其心。孔子最赞颜渊，因为颜渊是个乐道之士也。此章又赞颜渊,说他吃的只有一篮饭、一瓢饮;住的是低旧小房屋的弄内。这样,在别人将忧愁得了不得;而他仍旧不改欢乐的态度,两称“贤哉”,赞美之甚也。

冉求曰:“非不说子之道,力不足也。”子曰:“力不足者,中道而废。今女画。”

“道”,已解在纲领中,冉求对孔子说:“不是不喜欢夫子的道;所以不行道者,因为我自己力量不足也。”孔子驳他道:“力不足者,中道而废。”意思是说喜欢这个道,照道行去,行到半途上,真个感到困顿而不能复行,到那时才不得已而停止,这方是力不足也。“今女画”者,说你现在好像是自己画了一个界限,不向前进行,其实一点力也没有用,哪里好说是力不足呢?“女”,即汝,犹你也。“画”,界也。引申为画了界限而停止前进的意思。

子谓子夏曰:“女为君子儒,无为小人儒!”

孔子时代一般学者,都称为儒。但学者之中,有君子,有小人;也如今之学界,有好人,有坏人也。孔子勉励子夏“为君子儒,无为小人儒”者,即要他做君子的学者,不要做小人的学者也。

子游为武城宰。子曰:“女得人焉耳乎?”曰:“有澹台灭明者,行不由径,非公事,未尝至于偃之室也。”

武城,鲁国的一小地方。“子游为武城宰”,犹今做县长也。此时子游做了武城的地方官,孔子问他“女得人焉耳乎”者,犹言“你得贤能的人了吗?”。澹台是姓,灭明是名,字子羽,是武城人。“偃”,是子游的名,对师应该称自己的名也。子游说:“有个澹台灭明者,他走路,走大道,不走偏僻的小径。不是有公事,不到我的屋里来。”

此章言澹台灭明人品的方正也。寻常人走路想近些,多走小路;又时时去奉承地方官。澹台灭明不如此,所以子游因孔子问有否得人,回答说有这样一个方正的人,叫澹台灭明。

子曰:“孟之反不伐,奔而殿,将入门,策其马曰:‘非敢后也,马不进也。’”

孟之反,鲁国大夫,名侧。他不自己称自己的能干。称自己的功劳,叫“伐”。跑得快叫“奔”。在军队后面拒敌叫“殿”。“策”,马鞭也;以马鞭鞭马也叫策。此时鲁国和齐国战，鲁军大败逃回，孟之反独在后面，拒敌追兵，将入国门，乃用马鞭鞭马，对人说："我不敢在后面战拒敌兵，因为马不向前面走，所以在后面也。"

按实际而言：鲁军大败奔逃，幸亏孟之反在后面，拒敌追兵，所以伤亡不大，这是他的功劳。今孟之反不说自己功劳，反说因为马走得慢，所以独在后面，这种人是难得的，故孔子称赞他也。

子曰："不有祝鮀之佞，而有宋朝之美，难乎免于今之世矣！"

"祝鮀"，卫国大夫，字子鱼。"佞"，有口才也。"宋朝之美"，宋国的一个美男子，即公子朝，性极淫。此章孔子叹这时各国的君主，不是遇着如祝鮀的佞人，就是遇着如宋朝的淫棍，故曰"难乎免于今之世矣"。犹言现在的祸害，所以难免也。

按旧说，"难乎免于今之世矣"，均解为难容于今之世。但皇疏、朱注均以为唯佞与美，可得宠幸；不佞与不美，均不得容其身。（《经传释词》"而"亦解为与。）邢疏及《经义说略》，则说美而兼佞，方可见容；美而不佞，亦难容身。意思又稍有不同。

子曰："谁能出不由户？何莫由斯道也？"

“道”，就是做人的道理。此章说道是立身之要；无论何人不能不以道立身，犹之无论何人不能不由门户出入也。但世人都由门户出入，而不以道立身，所以孔子叹道：“哪一个能出入不由门户呢？但为什么立身都不遵这个道呢？”

子曰：“质胜文则野，文胜质则史，文质彬彬，然后君子。”

“质”，朴实也。“野”，言如野人的鄙略也。“文”，漂亮也。“史”，管文书的人，亦即史官。这时史官的记载，以有辞采而漂亮为贵也。“彬彬”，有文有质，不像野人的鄙略，也不像史官的记载，过尚辞采而近于浮夸。

“孔子说：‘一个人，太朴实过头，则像了野人。太漂亮过头，则像了史官的记载。必定要有文有质，两不过头，然后始为君子也。’”

子曰：“人之生也直，罔之生也幸而免。”

“人之生也直”者，言人之初生时，性质皆正直。（依郑注）即“人之初，性本善”也。“罔”，为坏的习气所染而邪曲诬罔也。人为坏的习气所染，而失其正直的天性，则难免遭祸患而死。曰“罔之生”，谓罔而仍得生也。“幸而免”者，谓其得生，是偶然的幸遇，而免于祸患也。

子曰：“知之者不如好之者；好之者不如乐之者。”

此章言研究一切学问事物也。“知之者”，不过知道此学问、此事理如何而已。“好之者”，则对于此学问、此事理有进一层的爱玩也。“乐之者”，比好之者，更进一层，世所谓“乐此不疲”，对于“此”，不肯放去也。凡研究种种学问事物，到此境地，已经“艺术化”，只有乐而不觉苦，所谓做人之究竟目的，即在此中。例如书画家之对于写字作画、琴师之弹琴、诗人之吟诗，甚者如得道和尚之入定，皆能自得其乐。故“乐之者”，为做人之究竟目的也。

子曰：“中人以上，可以语上也。中人以下，不可以语上也。”

人之学识，大概可分为三等：最高的为上智；最低的为下愚；平常的，皆中人也。孔子言“有中人以上学识的人，可以同他说上智人所做的事情。只有中人以下学识的人，不可同他说上智人所做的事情的”。

复次:“中人以上”,同他说上智人所做的事情,使他更有进步也。“中人以下”,同他说上智人所做的事情,他横竖不懂,无益,故不必同他说也。

樊迟问知。子曰:“务民之义,敬鬼神而远之,可谓知矣。”问仁。曰:“仁者先难而后获,可谓仁矣。”

樊迟问孔子:“一个人如何可谓智呢?”孔子说:“务民之义,敬鬼神而远之,可谓知矣。”“务民之义”者,“务”,犹做也。“民之义”,犹人之事也。合言“做人的事体”也。“敬鬼神而远之”者,中国人一向敬重鬼神,这是社会已成的风俗,故鬼神仍旧须敬他。但不可信以为真,“远之”,我虽敬重鬼神而不迷信也。又“远之”,犹言某人难可和他结交,避他远些为妙,孔子言对于鬼神,亦当如此也。

人的事体,是应该做的,做了有益的。迷信鬼神,是无益的。所以做人的事,而不迷信鬼神,对于鬼神,只敬重他可谓智了。

樊迟又问:“一个人如何可谓仁呢?”孔子答以“仁者先难而后获”者,“获”,得功也。“难”,做艰苦的事也。这句意义,以皇疏所采范宁之说最长,即“艰难之事,则为物先,获功之事，而处物后，则为仁矣。”亦即宋范仲淹所谓“先天下之忧而忧，后天下之乐而乐”也。

子曰：“知者乐水，仁者乐山。知者动，仁者静。知者乐，仁者寿。”

“知”，即上章之“智”。此章孔子说智者与仁者的态度也。“乐”，好也。“知者乐水”者，水系流动之物。聪明的人，遇见事物，即能知其理由，如水之无孔不入，因其性与水性相同，故乐水也。“仁者乐山”者，山在地上，安然不动。仁者乐天知命，所谓“于人无患，与世无争”者也，其性有如山之安静，故乐山也。

“知者动，仁者静”，即为上二句加以解说。水流动，知者性与水同，故“知者动”。山安静，仁者性与山同，故“仁者静”也。

“知者乐，仁者寿”者，邢疏云：“知者役用才智，成功得志，故欢乐也。”“仁者少思寡欲，性常安静，故多寿考也。”

此章说智者仁者分三节，实则一气贯串。分说之：智者乐水，由性好动；因好动而成功多，故常乐。仁者崇山，由性好静；静即少思寡欲，故能长寿。

子曰：“齐一变，至于鲁，鲁一变，至于道。”

此章以《注疏》所解为当。邢疏云“齐鲁有太公周公之余化,太公大贤,周公圣人,今其政教虽衰,若有明君与之,齐可一变使如鲁,鲁可一变使如大道行之时也。”

按孔子之时,齐强鲁弱。然齐虽强,终是霸国;鲁虽弱,还存有王化。孔子以为苟有明君执政,如齐国之霸,可使变为王化;鲁国本有王化,再一变,即可如大道行之时矣!

子曰:“觚不觚,觚哉!觚哉!”

此章意义,前人解释颇多不同。但以王肃的一说,意义最要。王肃说:“当时沉湎于酒,故孔子曰:‘觚不觚’,言不知礼也,‘觚哉觚哉’,言用觚之失道也。”毛奇龄《四书改错》,说同王肃,兹亦录下:“古制器命名,各有取义。《礼》注云:‘觚容二升,取寡为义。’《诗》说所云,‘饮常寡和曰觚。’……今饮常不寡,而仍称曰觚,名实乖矣,犹曰觚哉?”按觚是一种酒器,四方有棱,一面有耳,腰有云雷的花纹,容积为二升。至其命名为觚之意,则为示人少饮酒,而不沉湎于酒,盖觚、寡双声,以声为训也。孔子因世人用觚酌酒,而不能少饮酒,甚至沉湎于酒,故曰“觚不觚”。意思是说用觚而不想觚的命名之用意也。“觚哉!觚哉!”,意思是说这样的沉湎于酒,这酒器还叫什么觚呢?三句合起来,译成俗语,是:

“用觚酌酒，而不想想觚是寡少的意义，竟这样的狂饮，这酒器还叫什么觚呢？这酒器还叫什么觚呢？”

旧说有谓孔子以当时的觚，改方形而为圆形，故有此语的。此说恐未必然。若仅仅形式之改变，孔子不会这样拘泥的，更不会叹息之若是其甚的。

宰我问曰：“仁者虽告之曰：‘井有仁焉。’其从之也？”子曰：“何为其然也？君子可逝也，不可陷也；可欺也，不可罔也。”

宰我问孔子道：“譬如一个仁人在这里，有一个人来告他道：‘井里头有个人跌下去了。’是不是应该也投入井里去救他？”宰我问这话，他的意思固以为仁人爱人，见人落在井里，应该也投入井去救人也，孔子曰“何为其然也”者，是说何必自己也投入井去呢？“逝”者，朱子谓使之往救。“陷”者，朱子谓陷之于井。“君子可逝也，不可陷也”者，意思是说君子遇着有人跌在井里，只要设法去救，不必自己也投到井里去，连自己也陷落在井里面也。

“君子可欺也，不可罔也”者，是孔子斥宰我的话。朱子《集注》云：“欺谓诳之以理之所有，罔谓昧之以理之所无，盖身在井上，乃可以救井中之人；若从之于井，则不复能救之矣！此理甚明，人所易晓，仁者虽切于救人而不私其身，然不应如此之愚也。”

上面系朱子所解。意思是说仁者虽存心救井中之人；然自己也投入井中，不但不能救井中之人，连自己也陷在井中，一个人不应这样的呆。凡属一件事，如果是假的，也要道理讲得通，你对君子去说，君子才会相信你的话，这是君子被你欺骗的，故曰“君子可欺也”。如今说仁者见井中有个人，自己也投入井中去，这是讲不通的道理。讲不通的道理，君子是骗不来的，故曰“不可罔也”。

此章大意，是宰我因孔子讲的是仁，所以特设一事，问道：“设有仁人，见井中陷着一人，是不是自己投入井去救他？”孔子则答以“设法在井上去救他出来，这是仁人一定会做的。若叫他自己也投入井去，天下怎会有这种呆人呢？用这种呆话去骗君子，因为道理讲不通，是骗不来的”。

子曰：“君子博学于文，约之以礼，亦可以弗畔矣夫？”

“文”，典籍也。典籍要览之博，传可多知前言往行，这所谓“博学于文”也。

“礼”，道之可见于行者也。换句话说，就是做人的种种规则仪式。博览典籍，而不以做人的规则仪式，约束自身，则文或反以济其恶，而为有文无行了。故既“博学于文”，又须“约之以礼”。

做人如能博文约礼，由其外以测其内，亦可知其不至于违背道理，故曰：“亦可以弗畔矣夫？”“畔”即背也。把这句话译成俗语，就是：“也可以不至于违背道理了吧？”

子见南子，子路不说，夫子矢之曰：“予所否者，天厌之！天厌之！”

南子，是卫灵公夫人。孔子到卫国时候，南子慕孔子之贤，遽然请见。孔子不便辞谢，就去见她。“子路不说”者，子路以南子是个淫荡妇人，意思以为这种下作人，去见她什么呢？故不悦也。“矢”，昔人多以为誓，或以为指天，唯宦氏《论语稽》，训为直陈义最恰当。（皇疏引蔡谟注亦曰：“矢，陈也。”）直陈即直言也。“予所否者”之“否”，我以为作“不以为是”解。“天厌之”者，至坏极恶的人，连天都厌恶他也。

孔子因为去见南子，子路不以为然，故夫子直言告之曰：“我所不以为是的人，连天都厌恶他也。今南子尚非天厌之人，见见她有什么要紧呢？”

“矢”，若作“誓”字解，此等小事，孔子何必对子路立誓呢？

按本章梁任公疑非原文。

子曰:“中庸之为德也,其至矣乎?民鲜久矣!”

“中”者,无过无不及也。“庸”,平常也。一般人做事,往往有过头或不及之处。能够无过无不及,看来虽极平常,其实非盛德之人做不到。故曰:“其至矣乎?”言一个人做事,能够无过头,无不及,这人的道德,已经到了极顶也。“民”,一般人的通称。“鲜”,少也。言一般人能这样的,实在少得很,而且“久”已少有这种人也。

子贡曰:“如有博施于民,而能济众,何如?可谓仁乎?”子曰:“何事于仁?必也圣乎?尧舜其犹病诸?夫仁者,己欲立而立人;己欲达而达人。能近取譬,可谓仁之方也已!”

孔子言仁,此章最为包括仁的全体大用。“仁”者,只要有心学“仁”,总可学到。“圣”者,天生智能,非人人可学到也。“博施”,犹今言做慈善事业。“济众”,言大众都能得着救济也。子贡说:“如有人做慈善事业,使大众都能得着救济,怎么样(何如)?”又言:“如此,可算仁人吗(可谓仁乎)?”

孔子曰:“何事于仁?必也圣乎”者,言能够如此,何止仁呢？一定是圣人了吧？又言这是连尧舜还做不到的吧？故曰："尧舜其犹病诸？"接着又正色告子贡道："凡是仁人，自己现在立在好地位，使人也要同立在好地位。自己将来想达到更好的地位，使人将来也要达到更好的地位。一个人能够以自己（近）之所欲，譬之他人，知其所欲也是这样，然后推己及人，这是恕之事，也就是做仁人的方法哩！"

所以做仁人，不必高谈阔论，只要推己及人，我要得好处，使人家也得好处。今人所谓"互助"，即"仁"的意义也。

述而第七

子曰："述而不作，信而好古，窃比于我老彭。"

"述"者，只把古圣人的经典，教授后人也。"作"者，自己著书立说也。孔子之删述六经，不过把古人已有的经典，采择纂辑之，教授弟子而已，故曰"述而不作"。孔子之时，如老子作《道德经》。稍后孔子者，如墨子作《墨经》。此外诸子，莫不著书立说。只有孔子不自己著书，只传述古圣人之经典。就是《论语》，也是孔子没后，诸弟子及弟子之门人把孔子说过的话，记了出来，不是作也。"信而好古"，相信古圣人之经典而爱好之也。

"老彭"，《集解》包曰："殷贤大夫，好述古事。"孔子自言："述而不作，信而好古，我好比老彭这个人。"

子曰："默而识之，学而不厌，诲人不倦，何有于我哉？"

"默而识之"，是对于古人的善言善行，暗地里记在心里也。“学而不厌”，是学一切学问，不厌烦也。“诲人不倦”，是教诲人，不怕劳倦也。孔子所有的好处，原不止这三事。今孔子自说“何有于我哉？”，是孔子谦虚，意思说除了这三件好事，其余我何能有呢？

子曰：“德之不修，学之不讲，闻义不能徙，不善不能改，是吾忧也。”

此章孔子言做人的要紧条件。一个人的道德，须时时修行。学问，须时时讲习。听得义理之事，须立即去做。有不善的行为，须立即改过。这四件，是做人最要紧的道理。当时人对于这四件都不注意，孔子忧之，故孔子曰：“是吾忧也。”

子之燕居，申申如也，夭夭如也。

此系弟子记孔子之态度也。“燕居”，犹闲居，谓闲暇无事之时。“申申”，谓容貌极其舒服。“夭夭”，谓颜色极其愉悦：皆乐道之态度。颜渊在陋巷之不改其乐，也是一样。

子曰：“甚矣！吾衰也。久矣！吾不复梦见周公。”

孔子屡言“吾从周”，即孔子得位行道，仍思行周代的礼乐刑政也。因周代之礼乐刑政，都是周公所创造，所以孔子常常想着周公这个人。日所思则夜成梦，所以常常梦见周公。今言“久不梦见周公”，是伤自己的道，终不能行，对于周公所制定之礼乐刑政，也懒去想他，因此之故，所以夜间不再梦见周公也。此语大约系孔子晚年所说。

子曰：“志于道，据于德，依于仁，游于艺。”

此系孔子教人进德修业的方法也。“志于道”，是心之所之，在于道也。“据于德”，是行道而有得于心，则执守之弗失也。“依于仁”，是对于仁人，则亲之也。“游于艺”，是习六艺也。六艺即礼、乐、射、御、书、数，此可供娱乐，故曰“游”也。人能照这样做，则德业固有进步，且亦不会生趣索然了。

子曰：“自行束脩以上，吾未尝无诲焉。”

“束脩”，弟子事师的礼物。“脩”，以肉切为条而干之者也，故字从肉不可作“修”。十条肉扎成一束，就叫束脩，（后人亦有以束带修饰，或约束修饰，训“束修”二字者，因此“脩”有时亦作“修”。但《檀弓穀梁》明言束脩为馈问之物，余义实不可从。）孔子言：“有人拜己为师，只要送过拜师的礼物，不论它轻至束脩，或比束脩厚的礼物，我总一样的教诲他。”

因为一个人，只要有心求学，应该好好地教诲他。但人有贫有富，富者拜师的礼物，能多而厚。贫者无力，只得送薄而少的礼物。孔子不论礼物之多少厚薄，只要送过礼物，表示愿为弟子，就一样的教诲他也。

子曰：“不愤不启，不悱不发，举一隅不以三隅反，则不复也。”

此系孔子自言教人之法也。现今教育家，最重启发个性。他的道理，以为人的性质，个个不同，或长于此事，短于他事，教育家须因其所长，而教他成一个人才。若不知此义，只用呆板的教法，如某生之性，与算学不相近，而爱好文学，为师者，硬教他学算学；结果，必至算学仍旧学不成功，而他所爱好的文学，因不去教他，也没有成就，这样岂不是弄得一无成就吗？所以启发个性，能使人人成为有用之才，此教育家第一要义也。岂知二千年前，孔子教人，已早用此法，此所以为至圣也。

何谓“不愤不启”呢？“愤”者，心里发恨。就是心里想：怎么这件事，人家做得到，我做不到呢？人若怀了这个心想，对于这一事，必定很有心想做到它。孔子教人，就看得某人心里发恨，想学某一事的时候，趁势去开（启）导他，如此，则听的人，必非常感动，而所学亦容易有进步也。如果没有发恨之心，就不去开导他，故曰“不愤不启”。

何谓“不悱不发”呢？“悱”者，是人口欲言而未言。心里有一句话，而口里说不出也。孔子见了这种神情，就趁势引导他把这话说出来，因而用正当的道理开发他。如果没有这种神情，就不去开发他，故曰“不悱不发”也。

用这种法子教人，使人容易得益，容易进步，所以只教了他一方面（如室之“一隅”）的道理，听的人，能够感悟其他方面（如室之其他“三隅”）的道理。此所谓“举一隅而三隅反”也。反者，即连类悟及之义。

何谓“则不复也”？用上面的教法，——因“愤”而“启”导之，因“悱”而开“发”之的教法，听受的人，必能获得“举一隅三隅反”的益处。若此人不能及此，则是他性质过于呆笨，这种教法，他仍旧不懂，可以不必用这种教法再（复）教他，故曰“举一隅不以三隅反，则不复也”，犹言不再用这方法教他也。

子食于有丧者之侧，未尝饱也。

此章记孔子在丧事人家之态度也。丧事人家，人多悲哀，所以到这种人家去吃饭，要体谅他，随便吃吃就罢，不是如吃寿酒吃喜酒，那是高兴的事，不妨开怀畅饮也。

这个“饱”字，当活看，不一定是饥饱的饱。若呆看作饥饱的饱，则到丧事人家去吃饭，难道必定要饿肚子？孔子之“未尝饱”，不过是吃饭随便吃吃；即使饭有不够的时候，也将就过去，不一定要吃饱为止也。

子于是日哭，则不歌。

此章（皇本连上章）记孔子吊丧以后之态度也。哭者，悲哀之事。歌者，喜悦之事。一个人的态度，一日之间，不宜数变。且哭过之后，尚有余哀。故孔子吊丧，哭过以后，在这一日之内，不再歌也。

子谓颜渊曰：“用之则行，舍之则藏，唯我与尔有是夫！”

颜渊之道德学问，都与孔子相仿佛，故孔子极称赞颜渊。“用之则行”者，圣人怀抱治安天下之道，所以说如有君主用我们，我们就施行治安之道也。

“舍”，意即舍弃也。“舍之则藏”者，是说“各国君主，如果不用我们，舍弃我们，我们之道，就藏而不行”也。

“唯我与尔有是夫”者，孔子说能如上面所说“用之则行，舍之则藏”者，只有我同你二人，有这样的态度也。

圣贤做官，志在行道，不是贪图富贵。若平常人做官只想升官发财，无官，则千谋百计，钻营官做。孔子说，只有自己同颜渊,和平常人不同也。

子路曰:“子行三军则谁与?”子曰:“暴虎冯河,死而无悔者,吾不与也;必也,临事而惧,好谋而成者也。”

此节与上节同章。子路勇而好战,今听见孔子称赞颜渊,心想打仗非颜渊所能,意思以为倘若遇到打仗的事情,孔子必定要用我的。所以问孔子道:“子行三军则谁与?”“与”,同也,俱也。就是说:“夫子要行三军的时候,叫哪个人同去呢?”也就是叫哪个人帮助你的意思。

“暴虎”,是自恃力大,徒手打虎。“冯河”之“冯”,今作“凭”,是遇江河,不顾死活,就向河里走过去。孔子答子路:“若专恃力大,见老虎徒手就打,遇江河不等船就渡;这种不怕死、死而没有懊悔的人,我是不与之俱的。”

“必也,临事而惧,好谋而成者也。”是对子路继续说:“我若遇到打仗的事情,必定要选择临到事情的时候,能够很小心地对付它,像怕它一样,然后再想种种计策,来决定一种计策去做的人,才和他同去打仗。”

此节的“惧”字,不是真怕,是要小心,不可大意。盖战也是孔子所慎之一也。(见下)又“成”,焦循《补疏》谓犹定也,定即决也。

子曰："富而可求也，虽执鞭之士，吾亦为之；如不可求，从吾所好。"

此章有两种解释。朱子曰："执鞭，贱者之事。设言富若可求，则虽身为贱役以求之，亦所不辞。然有命焉，非求之可得也。则安于义理而已矣！何必徒取辱哉？"上述《集注》之说，意思是：富若可求，虽为人拿马鞭，我也去做。但人生有命，虽这样去求，未必即得；那么，我还是安贫乐道，不去做奴隶的事体，辱自己的身份也。皇疏、邢疏大致和此说相同。

《集解》采郑曰："富贵不可求而得之，当修德以得之。若于道可求者，虽执鞭之贱职，我亦为之。"此说皇侃另疏之曰："若值明世，修德必得也。若逢乱世，虽修德不得。"又曰："道犹世道也。若于世道可求，则吾不辞贱职也。"宋翔凤《发微》亦主此说，其言曰："三代以上，未有不仕而能富者。故官愈尊，则禄愈厚，求富即干禄也。富而可求，视其时可仕，则出而求禄。孔子为委吏乘田，其职与执鞭之士同也。不可求，为时不可仕。《孔子世家》言定公五年，阳虎囚季桓子，季氏亦僭于公室。陪臣执国政，是以鲁自大夫以下，皆僭离于正道，故孔子不仕，继而修《诗》《书》《礼》《乐》，……此孔子不仕，谓不可求；修《诗》《书》《礼》《乐》，为从吾所好。"把本章依此说译成白话文，就是：

“孔子说：‘在修德可以求到富的治世，就是卑贱如执鞭的人，我也肯做。在修德不能求到富的乱世，不要说卑贱的事，便是高贵的职务，我也不干。我情愿安贫乐道，因为道是我所爱好的。’”

子之所慎：斋、战、疾。

此章记孔子最慎重的三件事情。一是“斋”，就是祭祀，因为祭祀鬼神须斋戒也。二是“战”，就是和邻国打仗。三是“疾”，就是害病。孔子于此三事，都极其慎重的，故弟子记之。

子在齐闻《韶》，三月不知肉味，曰：“不图为乐之至于斯也！”

《韶》，是虞舜的音乐，即孔子曾称为尽美尽善者也。孔子到齐国去，听了《韶》乐，一心只在这上面思想，甚至三个月之久，不知肉的味道，他说：“不料这音乐，能使人听得如此出神也。”

孔子最爱音乐，听了好的音乐，一心想着，连肉的味道都不知，可见其嗜好之深。现在有一般人，喜欢听戏，人家叫他“戏迷”，也颇和孔子不知肉味相近。

冉有曰："夫子为卫君乎？"子贡曰："诺！吾将问之。"入曰："伯夷、叔齐何人也？"曰："古之贤人也。"曰："怨乎？"曰："求仁而得仁，又何怨？"出曰："夫子不为也。"

"冉有曰：'夫子为卫君乎'"者，因卫灵公逐其世子蒯聩。（蒯，读如快，上声。聩，音匮。）灵公死，国人立蒯聩之子辄（辄，音折。）为卫国君主。后来晋国要卫国立蒯聩，辄不肯让，于是父子争夺君位。孔子此时，适在卫国，辄很敬礼孔子，故冉有与子贡谈话，而问夫子帮不帮辄也。"为卫君乎"的"为"，即助的意思。

子贡听了冉有的问，便答道："是的！我将要问夫子帮不帮辄也。"故曰"诺！吾将问之"。

"入曰：'伯夷叔齐何人也'"者，是子贡走进孔子的房里，问伯夷、叔齐，是如何的人也。

"曰：'古之贤人也'"者，是孔子答子贡，说伯夷、叔齐，是古时候的两个贤人也。

"曰：'怨乎'"者，子贡又问也。相传伯夷、叔齐，是孤竹国国君之子。照例立长，应伯夷嗣立。国君死时，遗命立叔齐，叔齐不肯，仍旧请照例让伯夷嗣位。伯夷曰："父命不可违。"自己逃避到别处。叔齐也不肯嗣位，跟伯夷逃到别处去。

这是相传的故事。今子贡听孔子说伯夷、叔齐,是古之贤人,便又问他两人,都逃去不做君主,怨不怨呢?故曰:“怨乎?”

孔子又答子贡道:“求仁而得仁,又何怨?”这话是说伯夷、叔齐之不要做君主,是自己的心志。这种事情,只有仁人肯做。伯夷、叔齐之做这件事情,是他自己求来的,有什么怨呢?故曰“又何怨”也。

“出曰:‘夫子不为也’”者,是子贡又出去,对冉有说也。

冉有问的,是孔子帮不帮卫国的君主争位。子贡问孔子,却是伯夷、叔齐。今见孔子称赞伯夷、叔齐,即知孔子必不肯帮卫国君主,这是什么缘故呢?因伯夷、叔齐以兄弟而让位,卫国君主则以父子而争位,称赞让位的人,必不帮助争位的人。故可决定孔子必不肯帮卫国的君主也。

孔子主张礼教,化民成俗;而礼的原则是让。所以孔子对于让的人,都称赞他,欲人都效法之也。反之,则对于争的人,孔子不但不肯帮助他,并且还要排斥他。

子曰:“饭疏食饮水,曲肱而枕之,乐亦在其中矣!不义而富且贵,于我如浮云。”

此章记孔子自说,一个人安贫乐道,只要做人不错,不在富贵也。“饭疏食”之“饭”,是吃的意思,而“食”则解为饭。“疏”,即现在菜蔬之蔬;但也有解为粗的。孔子言一个人,就吃吃菜饭，喝口水，弯着手臂（肱）当作枕头睡觉，也自得其乐。故曰："乐亦在其中矣！"译成俗语，即"乐，就在这里面了"。

"不义而富且贵，于我如浮云"者，"义"，是应该做的事就做；如韩愈《原道》篇说，"行而宜之之谓义"是也。此言"不义而富且贵"者，是不应该做的事，我去做了，因而得了富且得了贵也。这种富贵，好像空中飞过的云，孔子心里，毫不想着，故曰"于我如浮云"也。

此章是孔子教人，不可做不应该做的事，去贪图富贵；与前孔子称颜渊"一箪食，一瓢饮，在陋巷，人不堪其忧，回也不改其乐"一样意思。只有孔子颜渊，安贫乐道，能够如此。

子曰："加我数年，五十以学《易》，可以无大过矣！"

此章自汉以后，都从古文《论语》，在鲁人《论语》"易"字作"亦"，当读：

"加我数年，五十以学，亦可以无大过矣！"

古文者，系汉鲁恭王造房子，拆掉孔子的旧屋，见壁中藏有《论语》《孝经》《尚书》等古书。因为这书上的字，还是周代的字，所以称为古文。

鲁人《论语》者，是孔门弟子，历来师生传授之本，字用汉代的隶书，所以称为今文。

汉代今文学与古文学，也如现在的新学与旧学，持论互相攻击。此虽别一事体；但本章“易”和“亦”，互换一字，意思便截然不同。今将两说，都述在下面，听人自择。

“加我数年”，就是再加我几岁年纪。“五十以学《易》”者，是到了五十岁，可以研究《易经》也。孔子说此话时，大概是四十多岁。（邢疏谓四十七时）研究《易经》以后，就能明白吉凶消长之理、进退存亡之道，所以可以没有大过失也。

朱子根据《史记·孔子世家》“孔子晚而喜易。……曰：‘假（与“加”通）我数年，若是，我于《易》则彬彬矣’”数语，以为“是时孔子年已岁七十矣。五十字误，无疑。”但刘宝楠《正义》则谓：“夫子五十前得《易》，冀以五十时学之，明《易》广大悉备，未可遽学之也。及晚年赞《易》既竟，复述从前假我数年之言，故曰‘假我数年，若是，我于《易》则彬彬矣。’……《世家》与《论语》，所述不在一时。解者多失之。”

若照鲁人所传的《论语》讲，是孔子四十多岁时候说此话，言再加我数年，到五十岁来学，也可以没有大过失了。

古书之疑义，其冲突处甚多。如汉学家与宋学家，解经多不相同。同一汉学家，古文家与今文家所解，也互相歧异。此等地方，只有听人自择，喜欢怎样讲，便怎样讲。因为孔子及编《论语》的人，都已过去。所谓“人死无对证”，不必如无意识的经生，必定以己为是、以人为非也。

子所雅言,《诗》《书》执礼,皆雅言也。

此章记孔子说话与读书也。“雅”,即“鸦”。长尾巴的禽称“鸟”,短尾巴的禽称“隹”。(隹音追,与佳不同。)故“雅”“鸦”二字通用。(也如“雞”“鸡”一样。)

近人刘大白《白屋文话》讲此节云:《汉书》“鸦鸦作秦声;言陕西的人口音,常是雅雅也。周朝旧都,在今陕西,故其口音,也像雅雅的声音。此章所记,是孔子平时说话,都用当时鲁国的土话。只有读《诗经》,读《书经》,及在喜事、丧事人家赞礼,则用陕西人口音也。如我们说话,各人用各地的土话;到读书、赞礼,用古人的文言也。”此话颇足发明郑玄之说。郑曰:“读先王典法,必正言其音,然后义全。……礼不诵,故言执。”但刘氏《正义》引刘台拱《论语骈枝》说,则谓“雅”是言“夏”,“雅言”,就是周室西都的正音。但无论“雅”为“鸦”,或为“夏”,而雅言为陕西语音,则二说固相同也。朱子训“雅言”为常言,“执礼”也不作赞礼讲,说便大不相同。

叶公问孔子于子路,子路不对。子曰:“女奚不曰:‘其为人也,发愤忘食,乐以忘忧,不知老之将至云尔。’”

叶公,是楚国大夫,姓沈名诸梁,字子高,叶是他的食邑,“公”是他的僭称。孔子曾到过楚国,故叶公去问子路:“孔子为何如人?”“子路不对”者,叶公向子路问孔子是如何的人,子路不肯说孔子是如何的人也。“子曰:‘女奚不曰’”者,此事被孔子知道后,孔子便对子路说“你何不说”也。

“其为人也”的“其”,孔子指自己也。孔子教他怎样说呢?就是说“其为人也……”四句,“发愤忘食”者,言研究一种学问,发起愤来,连吃食亦忘记也。“乐以忘忧”者,言研究学问有所得的时候,快乐得一切忧愁的事都忘记也。“不知老之将至云尔”者,言学无止境,研究之不已,连老亦不晓得也。

按邢疏、朱注均与上说略同。唯皇疏谓“孔子慨世道之不行,故发愤而忘于飧食也。又饮水曲肱,乐在其中,忘于贫贱之忧也。又年虽老朽,而信天任命,不知老之将至也”。则与上说大异。

子曰:“我非生而知之者,好古敏以求之者也。”

此孔子劝人求学也。当时一般人,以孔子为圣人,以为他对于一切事理,是生而知之的。故孔子自说道:“我并不是生出来就知道世界上一切道理的。我是好读古书,用敏捷的方法,(《正义》“敏”训勉。此从邢疏、皇疏及朱注。)获得了许多知识的。”

子不语怪、力、乱、神。

“怪”者，即俗语所说的稀奇古怪。稀奇古怪的事情，一般人听了，都以为有趣，因而自己也去做这种事情；其实是不近人情，只能偶一为之，不能常常做的，所以这种事情，孔子是不说的。“力”者，只凭气力，压服他人。岂知世上的人，是无穷尽的，你用了力气去压服他人，他人也能用力气来压服你，所以以力服人者，终弄得有损无益。至如“暴虎冯河”等自恃力大的，亦有伤身的危险。所以“力”的一个字，孔子也不说的。“乱”者，就是作乱，或是乱伦，这种事情，应该用刑法来禁止它。教人作乱，固然是没有的事；但这种乱事，说在口头，使听的人，既无益处，或者照着方法去做，反之无益而有损了！所以孔子也不说它。“神”即鬼神。孔子曾说：“敬鬼神而远之。”因为神是看不见、听不出的东西，有人说有，有人说无，都由自己说说，没有凭据可以作证的。说他，无益于人；所以还是不去说的好。又“不语”，皇疏谓不答述。非不言，邢疏谓不道；刘氏《正义》谓不称道之，大概是不对人津津道之也。

子曰：“三人行，必有我师焉！择其善者而从之，其不善者而改之。”

朱子《集注》：“三人同行，其一我也。彼二人者，一善一恶，则我从其善而改其恶焉。是二人者，皆我师焉。”意思是我和两个人同行一处，那两个人里面，有一个人善，我就择这个善的，照（从）了他做。有一个人不善，我就不要学他，而把他的不善“改”了。如此，则两个人都可为我师法了。

何晏注：“言我三人行，本无贤愚，择善从之，不善改之，故无常师。”刘氏《正义》曰：“注似以‘行’为言行之行。三人之行，本无贤愚，其有善有不善者，皆随事所见，择而从之改之，非谓一人善、一人不善也。既从其善，即是我师。”又《正义》引钱坫说，谓“善与不善，谓人以我为善不善也。我并彼为三人。若彼二人以我为善，我则从之；二人以我为不善，我则改之。是彼二人者，皆为吾师”。按此二说，均与朱注异，而亦可通。

子曰：“天生德于予，桓魋其如予何？”

“桓魋”，是宋国的官向魋，因出于桓公，所以又称桓氏。据《史记·孔子世家》云：“孔子适宋，与弟子习礼大树下，宋司马桓魋欲杀孔子，拔其树，孔子去，弟子曰：‘可速矣！’孔子曰：‘天生德于予……’”云云。

孔子以礼教人，故虽在旅行，犹时时演习。（我于前解“学而时习之”的“习”是习礼，此又一证。）这时候，大家已不知礼，桓魋看见孔子与弟子习礼，大概还以为是演兵法阵图，来此造反，所以要杀孔子也。

桓魋把大树拔去，孔子只得走开。“弟子曰：‘可速矣’”者，弟子们劝孔子快速逃走也。“孔子曰：‘天生德于予，桓魋其如予何’”者。孔子对弟子们说，天把圣德付我，桓魋不敢违天害我也。

复次：孔子之话，虽如此说，里面还有一层道理。弟子们见桓魋来势凶恶，不免恐慌。孔子识见高人一等，知桓魋是宋国的官，必不敢乱杀外国来的有名人物。他见习礼，来拔树恐吓，不过想孔子早些走开，未必定要害孔子的性命。故说：“其如予何？”这是安慰弟子的心，使之不必恐慌也。

复次：即使桓魋必欲杀孔子，这时候，虽快速逃奔，也不能得脱，所谓“覆巢之下，安有完卵”。且快速一逃，反使人起了疑心，倒真会弄出祸来；反不如处之泰然，使人不疑，自然平安无事。此皆孔子识见高超，临机应变处。若只看正面文章，以为有德的人，他人不敢害他；又或以为我命在天，人要杀我，也杀我不来，那便成为愚夫愚妇的见识了！

子曰：“二三子以我为隐乎？吾无隐乎尔！吾无行而不与二三子者，是丘也。”

孔子之道，高深广大，弟子们一时不能尽见尽知，还以为孔子有所隐匿，不肯告人，故孔子对弟子说明之。“二三子”者，对弟子而言，犹你们这班人也，继言你们以为我的道，有隐匿而不告你们吗？我实在没有（无）对你们（尔）有隐匿的。我做的事，没有一件（无行）不与你们（二三子）共见共闻的。“是丘也”者，孔子自己呼自己的名，言丘是这样的做事也。

子以四教：文、行、忠、信。

此章言孔子教人四种学问也。邢疏云：“文，谓先王之遗文。”即《诗》《书》《礼》《乐》等典籍。“行”，邢疏云：“德行，在心为德，施之为行。”“忠”者，中心之谓，做事对人，都须以忠。“信”者，诚实不欺。此四者，邢疏、皇疏皆说孔子行教，以此四事为先。

子曰：“圣人，吾不得而见之矣！得见君子者，斯可矣！”子曰：“善人，吾不得而见之矣！得见有恒者，斯可矣！亡而为有，虚而为盈，约而为泰，难乎有恒矣！”

此章两加“子曰”,因非在一时说也。

“圣人”,所谓生而知之者,道德学问,好像天生的一样,并且是不可测的。“君子”,所谓学而知之者,才德也是出众的。孔子以为才德出众的人,也不多见。故言圣人是见不到了,但能够见到君子,也就可以了。

“善人”者,以仁存心,而能行善者也。孔子以为这种人,不易遇见。“恒”,常也。“有恒者”,虽不能行善,而能始终如一不为恶者也。孔子以为能够遇见这种人也就可以了。

但是普通的人,往往“亡而为有”,(“亡”,古时作“无”字用。)例如人自己并没有学问道德,偏说为有。往往“虚而为盈”,例如腹内空虚,偏说是饱学。又往往“约而为泰”,例如遇事本来没有才具,很是受窘,偏说体泰不窘。这样的没有真话,决不会始终如一,而不为恶的。故曰:“难乎有恒矣!”

子钓而不网,弋不射宿。

此章记孔子寻常所做的小事。“钓”者,用钓钩钓鱼,“网”者,用大绳连接了网网鱼。孔子只用钓钩钓鱼,不用网网鱼,因为用钓钩钓鱼,是鱼因食饵,自来上钩,这是鱼自己起了贪心,故不妨钓之;用网网鱼,则鱼好好的在江湖里生活,不分皂白,都结果它们的性命了。所以孔子只“钓而不网”。

还有一层:“钓者,只把大鱼钓来做饭菜,已经够了。若用网，则不论大小，一股脑儿捕来，使鱼绝了种，下次将无鱼可食了。”

“弋”者，是用绳吊在箭上射鸟也。“不射宿”者，宿着的鸟，它是没有知觉，避也不知避的，所以孔子不射也。

此章所记，虽是两件小事，然有大道理，寓在里面。如有人作恶，甚至于造反，只要把这作恶的人诛戮就是了。于是，官吏或君主，动辄株连无辜，如灭族，甚者灭三族、九族，所以俗语称为“一网打尽”，这是最暴虐的政治，不应当行的。“钓而不网”者，意思是只要诛戮为恶的人，不要株连无辜也。

“弋不射宿”者，就是俗语说的“有本事，你来和我明战交锋，大丈夫不用暗箭射人”也。所以此章虽记小事，实寓有大道理在内也。

子曰：“盖有不知而作之者，我无是也。多闻，择其善者而从之；多见而识之，知之次也。”

“作”，创作也。创作必要知人所未知才可。若并没有过人的知识，而从事创作，这种创作，不是剿袭，便是妄说，有什么价值呢？“子曰：‘盖有不知而作之者，我无是也。’”意思就是，世人有并无所知，而从事创作的；只我却不这样。

“多闻，择其善者而从之；多见而识之，知之次也”者，是孔子继续说，我是怎样的呢？我是多闻多见，拣择所闻见中之善的，从而采取它，记录它的。这样，虽不像真能创作者可称为上智；但也可称是上智之次一等了。孔子这样的做法，用一句简单的话表示出来，就是他自己所说“述而不作”也。

互乡难与言。童子见，门人惑。子曰：“与其进也，不与其退也。唯何甚？人洁己以进，与其洁也，不保其往也。”

“互乡”，是一个乡村的名。“难与言”者，这“互乡”里的人，多自以为是，不大好和他们说话也。“童子见，门人惑”者，是说互乡里有一个童子，来见孔子，孔子见他；孔子的门人疑惑起来。门人之意，以为互乡里的人，大家都不要和他来往。今有一个童子来见，孔子竟见他，所以惑也。

“子曰：‘与其进也，不与其退也。唯何甚’”者，孔子解释门人之惑也。孔子言一个人，总要引导他向善的一方面进去，故曰“与其进也”。一个人，总不该断绝他，随他退到恶的一方面去，故曰“不与其退也”。“唯何甚”者，言何必恶他这样的过甚呢？

“人洁己以进，与其洁也，不保其往也”者，“絜”，洁也。皇本、《集注》均作“洁”。言二三子所以惑者，以其乡之素行不洁耳。互乡俗虽不洁，若此童子，则固洁己而来也。我见他，是称许他能洁己。故曰“人洁己以进，与其洁也”。“往”

者,已过去的事也。言已过去的事,洁和不洁,不必管他。故曰“不保其往也”。

按孔子见互乡童子,亦“少者怀之”之意。“与其进也,不与其退也”,朱子解为许其进而来见,非许其退而为不善。又“不保其往”,郑玄亦解为不能保其去后之行。

子曰:“仁远乎哉?我欲仁,斯仁至矣!”

“仁”的意义,已解于纲领。此章意思,说“仁”并不是稀奇难学之事。“仁远乎哉?”是说“仁”并不在远地方。“我欲仁,斯仁至矣”,是说我要“仁”,这个“仁”就来到了!

陈司败问:“昭公知礼乎?”孔子曰:“知礼。”孔子退,揖巫马期而进之曰:“吾闻君子不党,君子亦党乎?君取于吴为同姓,谓之吴孟子。君而知礼,孰不知礼?”巫马期以告。子曰:“丘也幸!苟有过,人必知之。”

“陈”,陈国。“司败”,是陈国的官名。昭公,是鲁昭公。巫马期,孔子弟子,姓巫马,名施,字期。“陈司败问:‘昭公知礼乎?’孔子曰:‘知礼’”者,是陈国做司败的人问孔子道:“鲁昭公知礼吗?”孔子对道:“知礼的。”

“孔子退,揖巫马期而进之曰:‘吾闻君子不党,君子亦党乎’”者,是陈司败等到孔子退出去以后,又对着孔子弟子巫马期,作了一个揖,请巫马期进到里面,对巫马期说:“我听见君子不回护同党的人,现在看起来,君子也回护同党的人吗?”陈司败的意思,是以孔子与昭公都是鲁国人,自己是陈国人;孔子与昭公为同党,他回护同党,故说昭公为知礼也。

陈司败所以驳孔子说昭公为知礼者,因为礼有同姓不婚之规定。鲁君姓姬,吴国的君也姓姬,昭公娶吴国的公主为妻,是同姓结婚,是违礼之事。今孔子说昭公知礼,所以陈司败大不为然,遂以孔子党了昭公,诳说昭公为知礼,故曰:“吾闻君子不党,君子亦党乎?”君子,指孔子也。

陈司败既驳了孔子的话以后,因又说明昭公之不知礼。所以接续说:“君取于吴为同姓,谓之吴孟子。君而知礼,孰不知礼?”意思是说鲁国的君,取(即娶)于吴国,是同姓结婚。本来吴国君主姓姬,应称姬孟子。今因同姓而讳之,称为“吴孟子”。像这种同姓结婚,改名称骗人的君主,称他知礼,还有哪个人不知礼呢?又按“子”者,国君之妻的称呼。此节所说,比之现在,如鲁君娶吴君之女,则为“姬姬氏”;鲁君因此称呼不好,所以改为“姬吴氏”也。在当时则称“吴孟子”,实则是“姬孟子”也。

“巫马期以告。子曰:‘丘也幸!苟有过,人必知之’”者,巫马期把陈司败的话，告诉孔子。孔子说，我运气真好！一有了过处，人家总是知道也。

如此节事情，在别人，听了陈司败驳自己和昭公同党，谁说昭公为“知礼”，必定要动气，要反驳陈司败。今孔子听了陈司败之驳，就自己认错，可见圣人不掩饰自己的短处也。但讳君之意，亦礼也，不过孔子未说耳。

子与人歌而善，必使反之，而后和之。

此章记孔子欢喜音乐，又对于音乐很郑重的意思。“善”，即好。“反”，复也，即再歌之意。“子与人歌而善，必使反之”者，孔子与人在一处，叫人唱歌，听他唱得好，必使他再唱一遍也。“而后和之”者，听得人家唱了两遍，果然是好音乐，然后自己也唱起来和他。

子曰：“文莫，吾犹人也。躬行君子，则吾未之有得。”

此章记孔子自己谦虚之言也。“文”，即“行有余力，则以学文”之文。“莫”，无也，不能胜人之意。“犹”，即像的意思。“文莫，吾犹人也”者，说我学文虽不胜人，还能及人也。“躬行君子，则吾未之有得”者，说像君子一般，凡事切切实实，亲自去帮，那我是未能到这地步的。

子曰：“若圣与仁，则吾岂敢？抑为之不厌，诲人不倦，则可谓云尔已矣！”公西华曰：“正唯弟子不能学也。”

“圣”者，天生极顶聪明的人。“仁”者，与圣相近，不过尚须稍用学问功夫；到学问一足，就与圣无异。“若圣与仁，则吾岂敢”者，就是说若圣人与仁人，则我岂敢自任也。

“抑”，意思与“或者”相同。“为之不厌”者，“为”，就是自己求学；“不厌”者，不怕讨厌。“诲”者，教诲人；“不倦”者，不会倦怠。“则可谓云尔已矣”，意思是“不过像这样一句话罢了”，和上几句合起来译成白话文是：

“孔子说：‘若圣人与仁人，则我岂敢自任呢？或者我自己求学，不怕讨厌；教诲别人，不会倦怠；还可以说句像这样的话罢了！’”

这是孔子谦虚的说话。所以孔子的弟子公西华，听了便接着说道：“正唯弟子不能学也。”意思是说一个人能够自己求学，不怕讨厌，教诲别人，不会倦怠。这种人，就是圣人、仁人了。夫子能这样，正是弟子们所学不到的。

子疾病,子路请祷。子曰:"有诸?"子路对曰:"有之。《诔》曰:'祷尔于上下神祇。'"子曰:"丘之祷久矣!"

此章记孔子不信祷于鬼神可以得福也。"子疾病,子路请祷"者,是孔子有病,而且病甚,子路请孔子去求神保佑也。"子曰:'有诸'"者,孔子问子路,求神而得神佑,求神而病得愈,有没有这事也。孔子之意,固谓绝无此事,不过故意问问子路而已。

子路不解孔子之意,还以为孔子是质问他,礼有求神的事吗?所以答道:"有的,《诔》的一篇说:'祷尔于上下神祇。'"按"诔"本作"讄",是古礼书的篇名。《周礼·小宗伯》"祷祠于上下神祇"注,亦引此篇"祷尔于上下神祇"句。就字义讲,"讄",祷也,累功德以求福也。"诔"则为累列其人生时的德行之词,犹今之行状。古时可借诔为讄,但没有借讄为诔的。又"尔",语辞。"上下"谓天地;天神曰"神",地神曰"祇"。

"子曰:'丘之祷久矣'"者,孔子听了子路引《诔》的话,而对子路说,我老早求过神也。事实上,孔子是并没有求过神,但可以自说老早求过神呢?因孔子知道子路不明白自己问他话的意思,本想开导他;只因自己害着病,没有心力开导,所以说这话也。说这话自然可使子路不去做这种无益无谓之事了。盖子路一心要孔子病好,若教他不必去求神,子路一定不肯;今说早已求过神,则子路自然不再去求神也。

按旧说,“丘之祷久矣”,多说孔子素行合于神明,故曰“祷久矣”。

子曰:“奢则不孙,俭则固。与其不孙也,宁固。”

“奢”是豪奢,犹俗语说的摆空场面。“孙”字,现在改作“逊”,即谦逊的意思。“俭”是俭省,“固”是固陋。孔子说做人,喜欢豪奢摆空架子,这个人,必定不会谦逊。做人事事只求俭省,必定弄到固陋,失了体面。这两种比较起来,一个人弄到不能谦逊,倒还不如固陋,故曰“与其不孙也,宁固”。因为不谦逊,往往有得罪人家之处。自己固陋,是于人无害的。倘做人能够不豪奢,也不固陋,合于中庸之道,那是最好了!

子曰:“君子坦荡荡。小人长戚戚。”

君子是有道德、有知识的人,于各种人情物理,都看得透。他做人好像在平平坦坦的大道上走路,安然过去,不会有碰跌的祸患,故曰“君子坦荡荡”。荡荡,平坦貌也。

“小人长戚戚”者,是小人的心里觉得无限愁虑,时时忧戚,不能爽爽快快做个人也。小人何以长如此呢?盖小人于未得富贵爵禄之时,无时无刻不想取得富贵爵禄,所以常戚戚难过。到了已得到富贵爵禄,或恐这富贵爵禄失去,所谓"患得又患失"也。而人心是没有满足的;小人更加热心于富贵爵禄,既已得了,又想再爬高一层,如俗语说"做得皇帝想成仙"。所以一生一世,没有安乐的日子过了。"小人长戚戚"一句,把这种世故人情都包括在内了。

子温而厉,威而不猛,恭而安。

此章记孔子做人的态度也。"温"是和气。"厉"是严肃。孔子对人,虽很是和气,但态度仍旧是严肃而不可犯侵,故曰"温而厉"也。"威"是威严。"猛"是凶巴巴的样子。孔子的态度是很威严的,使人敬重,但并不凶巴巴,使人见他就害怕。"恭"是恭恭敬敬,不随便乱说乱动。"安"是安适。孔子平时常恭恭敬敬,但并没有一些拘束,也没有觉得难过,故曰"恭而安"也。

此章虽记孔子做人的态度;而能从正面反面,记出一种中而不偏的精神,可见记的人也是很有学问知识的了。

泰伯第八

子曰："泰伯，其可谓至德也已矣！三以天下让，民无得而称焉。"

泰伯之父曰古公，为周国之君。古公生三子，长泰伯，次仲雍，三季历。季历生子曰昌，即周文王。古公见昌与众不同，想把自己的君位，传于季历，再传于昌。但照例，君位应传长子。泰伯知道古公心中，想传季历，就把位子让与季历，自己逃到江南，就是后来的吴国。季历接了古公的位，再传文王。至文王之子武王，遂有天下。孔子称赞泰伯道："泰伯，其可谓至德也已矣！""至德"，言他的道德，到了极顶也。"三以天下让"者，言"让"了"三"次，把"天下"让与季历的子孙也。三次，据皇疏引范宁说，共有两种解释。一云："太王病，托采药于吴越不反，太王薨而季历立，一让也；季历薨而文王立，二让也；文王薨而武王立，于此遂有天下，是为三让也。"又一云："太王病而托采药出，生不事之以礼，一让也；太王薨而不反，使季历主丧，死不葬之以礼，二让也；断发文身，示不可用，使季历主祭祀，不祭之以礼，三让也。"

"民无得而称焉"者，言世人之让，多出于好名。唯泰伯则能让而隐，甚至当时的人民，没有一个不称道他的，所以可谓至德也。

子曰："恭而无礼则劳，慎而无礼则葸，勇而无礼则乱，直而无礼则绞。君子笃于亲，则民兴于仁；故旧不遗，则民不偷。"

孔子教人，一切行动，都范围在礼里面。纲领中已经说明。此章即言礼之全体大用，今分节说之。

"恭"，恭敬也。"劳"，劳苦也。人只知恭敬而不知礼，必定是徒劳的。因为对人不知礼节，只一味的恭敬，自已则疲劳极了，而他人还是以为无礼，看不起他的。故曰"恭而无礼则劳"。

"慎"，谨慎也。"葸"，畏怯也。一个人做事说话，虽能谨慎，然不知礼节，好像是怕人而退缩的一般。故曰"慎而无礼则葸"。

"勇"，武勇也。一个人专恃武勇，不知礼节，必至做出无礼之事，是无异作乱。故曰"勇而无礼则乱"。

"绞"，朱注"急切也"。"直"即直爽。一个人只知直爽而不知礼节，必致对人说话，急急地就说；那么，有不应该说的话，也乱说出来了。故曰"直而无礼则绞"。

上面四句，如"恭"、如"慎"、如"勇"、如"直"，也都是做人的美德。因为不用"礼"来范围，不在"礼"里面行动，就发生"劳""葸""乱""绞"的四种弊病；所以虽有美德，仍非遵礼而行不可也。

“君子笃于亲”，以下两件事，也非用礼不可。说明如下：

“君子”，是在上位的人。在上位的人，能够待亲属厚道，推而远之，则在下的人民，也知待亲属是要厚道的。大家都以厚道待亲属，更推而远之，自然人人亲爱，人人互助，仁道就从此兴起了。故曰“君子笃于亲，则民兴于仁”。

君子能够对故交旧人，常常来往，不遗落他们，则人民见了，也不至以刻薄的态度待人。故曰“故旧不遗，则民不偷”。“偷”，即待人刻薄冷落的意思。

曾子有疾，召门弟子曰：“启予足！启予手！《诗》云：‘战战兢兢，如临深渊，如履薄冰。’而今而后，吾知免夫？小子！”

“曾子有疾”，是曾子有病，将要死的时候也。“召门弟子曰”者，是把门下的学生，叫了拢来，对他们说话也。“启予足，启予手”者，“启”，开也。曾子是讲孝道的人，以一个人的身体，是父母生出来的，也就是父母的血肉；保全自己的身体，就是看重父母的血肉。故对于自己的身体，非常保重，不使它有些微损伤。这时，他把学生叫到面前，叫他们把自己的衣被解开（启）来，先看看脚，再看看手，见得完全无缺也。

“《诗》云：‘战战兢兢，如临深渊，如履薄冰’”者，是曾子引了《诗经》里的话,对学生说也。“战战”,恐慌貌,犹现在说瑟瑟发抖。“兢兢”,谨戒小心也。“临”,到也。“深渊”,万丈深潭也。“履”,穿着鞋走过去也。“薄冰”,薄的冰面,人走在上面,就要踏碎也。曾子教学生解开了衣被看看自己的脚和手,完全无缺,乃说道:“《诗经》里说:‘人到了深潭旁边,恐怕要跌落去。走到河里的薄冰上面,恐怕冰碎了,要沉入水里去,所以很恐怕,很谨戒小心的。’我的保全身体,是恐怕或有损伤残疾,也有如临深渊、履薄冰的恐慌谨戒的。”

“而今而后,吾知免夫”者,曾子说完了《诗经》中的三句以后,又对学生说也。意思是:“从今日以后,我自己知道,可以免做残疾的人了吧?”因为说此话时,已经离死不远,那么在死以前,自然身体可以保全无缺,不至再有损伤也。

说完之后,又曰“小子”者,是曾子再叫一声学生,要他们听听这个话,想想这个道理的意思。

《孝经》(十三经之一)第一章,载孔子语曾子曰:“身体发肤,受之父母,不敢毁伤,孝之始也。”我们把《孝经》这几句和《论语》此章参看,又可以见出曾子对于夫子的教训,能够躬行实践。

曾子有疾,孟敬子问之。曾子曰:“鸟之将死,其鸣也哀。人之将死,其言也善。君子所贵乎道者三:动容貌,斯远暴慢矣!正颜色,斯近信矣！出辞气，斯远鄙倍矣！笾豆之事，则有司存。”

孟敬子，鲁国大夫，姓仲孙，名捷。“问之”，是来问曾子的病。“鸟之将死，其鸣也哀。人之将死，其言也善”者，是曾子对孟敬子说：“人将死的时候，与鸟将死的情形相同。鸟将死的时候，叫的声音很哀。人将死的时候，所说的都是真心话，都是善言。”“君子所贵乎道者三”，是曾子以君子之道，告孟敬子也。言君子所重的道理，共有三件也。“动容貌，斯远暴慢矣”者，“暴”，粗蛮也；“慢”，放肆也。言人的容貌，须依礼而动，就是坐立行走，都要合式，这样自然不会近于粗蛮放肆了。“正颜色，斯近信矣”者，言人的言语，须以礼正之，就是要庄正而不常常变动，这样自然近于信实了。“出辞气，斯远鄙倍矣”者，言人的言语，须以礼出之，就是要出言有章，这样自然不会近于鄙俗倍（通背）理了。“笾豆之事，则有司存”者，“笾豆”，是祭祀的器皿，笾用竹做，豆用木做。有司，是专管笾豆的官。言人只要自己于容貌、颜色、辞气上得礼；至于祭祀时用的器皿，自有专管的人，不必去操心也。孟敬子平日忽略礼，而喜欢修饰笾豆等礼器，所以曾子和他这样说。

按“远暴慢”“近信”“远鄙倍”，一说谓人不敢暴慢之，人不敢欺诈之，人不敢鄙秽违背之，亦可通。

曾子曰:“以能问于不能,以多问于寡。有若无,实若虚,犯而不校:昔者吾友,尝从事于斯矣!”

“以能问于不能”,言有才能的人问于无才能的人。盖事有能者反不知,而不能者反知之的。“以多问于寡”,言见闻多的人问于见闻少的人。盖事有见闻多者刚巧不知道,而见闻少者刚巧知道之的。“有若无,实若虚”者,言我有才能,却像没有的一样;我有实学,却似空虚的一样。

以上四事,皆谦逊之德,不自以为多能、多才、有学、有实本领也。

“犯而不校”者,有人侵犯我,我不和他计较也。“校”“较”古通。“吾友”,谓颜渊也。此亦记曾子有病时说的话。颜渊早死,故曾子说“昔者吾友”。“尝从事于斯矣”者,言颜渊能够做得到上面所说的几件事也。

曾子曰:“可以托六尺之孤,可以寄百里之命,临大节而不可夺也。君子人与?君子人也。”

“六尺”,《集解》孔曰:“六尺之孤,幼少之君。”“百里”,诸侯之国。“托”“寄”,说文互训。“命”,政令也。一说“命”

为民命。“可以托六尺之孤，可以寄百里之命”者，言诸侯之国，国君死了，嗣君幼小，大臣能受先君之付托，辅孤子的幼君，把国家的政令(或民命)寄在自己身上也。“临大节而不可夺也”者，言到了有关国家安危存亡的重大事情的时候，立定主意，该怎样做，便怎样做，利害不能移之，威武不能屈之也。“君子人与？君子人也”者，曾子说如能“托孤”“寄命”“大节不夺”的人，可以说他是君子吗？又断定一句说，能够这样，真可以算是君子也。

曾子曰：“士不可以不弘毅，任重而道远。仁以为己任，不亦重乎？死而后已，不亦远乎？”

“弘”，大也，言志气远大也。“毅”，强硬不屈，做事能一直到底，不怕困难也。“士”，学者之称。“曾子曰：‘士不可以不弘毅，任重而道远’”者，曾子言做了学者，志气不可以不远大，又不可以不有毅力。因为士的责任非常重，而应负此责任的时间又非常久，好像所行的路非常远也。

这个责“任”，是什么呢？就是孔子所说的“仁”。故接着说，“仁以为己任”也。士应以这个仁为自己的责任。这个责任，岂不重吗？故曰：“不亦重乎？”这个责任，我既负在身上，一直到死，始能止而不负，故曰：“不亦远乎？”

孔子之道，就是“仁”。曾子传授孔子之道，所以说“仁”

的责任,一直到死方止也。

子曰:“兴于《诗》,立于礼,成于乐。”

“兴”,起也。“诗”,即三百篇的《诗经》。孔子曾言:“不学《诗》,无以言。”(见下《季氏》篇)又曾言:“《诗》可以兴,可以观,可以群,可以怨,迩之事父,远之事君,多识于鸟兽草木之名。”(见下《阳货》篇)此章则言立身成德,须从学诗做起,故曰“兴于诗”。

儒家之教,又称“礼教”,把人类的视听言动,都范围在礼里面。一个人能够使视听言动,都不失礼,始可以立在社会间做个人,故曰“立于礼”。

“乐”者,音乐也。音乐之事,供人娱乐,足以涵养人的性情。人能涵养性情,使归于正,则自能高尚而无卑恶的行为,成了一个完人,故曰“成于乐”。

此章孔子言立身成德,自初起至完成的先后程序也。一说学《诗》可以览古人之志,而启发自己的志,故曰“兴于诗”。

子曰:“民可使由之,不可使知之。”

此章孔子论为政之道也。“由”,遵也。“不可”,犹不能也。一般人民,未能全体受过教育,其知识沌陋者对于国家所发施之政令法律，必不能知其意义，所以在此时之执政者，只能使人民遵我的政令法律而行，以入于治道，故曰“民可使由之”也。这种种的政令法律，一时间要人民都明晓其意义，是做不到的事情。故曰“不可使知之”。犹言不能使人民都明晓所施行的政令法律的意义也。

近人有以孔子此章的话，为专制政治的愚民政策者，这是把不可的“可”字，当作直解的缘故。若“不可”二字，照上面解为“不能”，则自然无此误会了。又此章意义，颇与孙中山先生的“知难行易”“不知亦能行”的学说相符。

子曰：“好勇疾贫，乱也。人而不仁，疾之已甚，乱也。”

“疾”，当作怨恨的“恨”字解。孔子言好勇力的人，怨恨自己的贫苦，必定要作乱。如一般盗贼，都因自己有些勇力，怨恨贫苦，所以为乱。故曰“好勇疾贫，乱也”。“仁”，即人心也。“人而不仁”者，犹言“人而无人心”也。这种人，他既无人心，肆无忌惮，无所不为，你若厌恶他太甚，也要为乱的。譬如有一坏人于此，你厌恶他太甚，他会发狠道：“我横竖是个坏人，你们总看不起我，我就多做几件坏事，也不过如此罢了！”所以孔子说：“人而不仁，疾之已甚，乱也。”意思是劝人遇着这种人，不要厌恶他太过，应该好好的开导他，使他渐渐悟到做坏事的不好，那么他也自然会少做坏事了。孟子所谓“厌恶之心，人皆有之”“是非之心，人皆有之”也。

子曰：“如有周公之才之美，使骄且吝，其余不足观也已！”

周公，姓姬，名旦。周代的礼乐刑政，都由周公所订定，故自来皆称周公为圣人。“才美”者，朱注谓“知能技艺之美”。“骄”者，骄傲；即自己有一得之长而夸示于人，看不起人。“吝”者，鄙吝；即自己有一得之长，而秘为己有，不肯示人。孔子说一个人即使有周公一般美的知能技艺，如果他骄傲鄙吝，这个人，虽有其余的善行，也没有什么看头了。故曰：“如有周公之才之美，使骄且吝，其余不足观也已！”

子曰：“三年学，不至于谷，不易得也！”

朱子《集注》曰：“谷，禄也。”以现在的俗语译之，“谷”，就是钱财也。古时给人俸禄，都用谷，现在改为钱，此事虽异，而理实一也。“三年学”者，言人学一种知识技能，到了三年也。“不至于谷”者，不想到赚钱也。一个人学了三年，总想赚钱的。因为一般人求学的目的，本在赚钱。如果到学过了三年，还不想到赚钱，这时他的目的，真为求学。像这样的人，孔子也以为不容易得着的。故曰“三年学，不至于谷，不易得也”。

按“谷”训禄，本《尔雅》，而此章以为谷禄，则始见于郑玄注。皇疏引孙绰说同。但全章意义，与上朱注又不同。孙绰曰：“三年学，足以通业，可以得禄，虽时不禄，得禄之道也。”又孔安国训“谷”为善，谓“人三年学，不至于善，不可得，言必无也”。皇疏、邢疏均依此说。

子曰：“笃信好学，守死善道。危邦不入，乱邦不居。天下有道则见，无道则隐。邦有道，贫且贱焉，耻也；邦无道，富且贵焉，耻也。”

此章孔子教人好学善道也。

“笃信好学”者，言一个人固当好学；但好学，必须切实，必须诚信，否则便不是真心好学。

“守死善道”者，“善道”犹言乐道。言一个人固当乐道，但必有牺牲卫道的决心，宁为善而死，不为恶而生，始可称为真乐道也。

“危邦”，将乱之国（《集解》引包曰“危者，将乱之兆”）。“乱邦”，已乱之国。“不入”，在外而不往仕也。“不居”，已仕而去之也。“危邦不入，乱邦不居”者，朱注谓：“君子见危受命，则仕危邦者，无可去之义，在外则不入可也。乱邦未危而刑政纪纲紊矣，故洁其身而去之。”这是说，本来仕于这个国的，见这个国将乱了，那么应该设法使它不乱，不宜卸责离去；若本来没有仕于这个国，见其国将乱，则可不必往仕也。至于本来仕于这个国，而并未见其将乱，忽然的乱起来，则挽回已不及，不宜贪恋爵禄，而应洁身自退也。

“天下有道则见，无道则隐”者，言一国能行道的时候则出仕，不能行道的时候则隐居，亦即“危邦不入，乱邦不居”之意也。

“邦有道，贫且贱焉，耻也”者，言一个国正在治世，我应出仕而行我的道，同时己亦自然不贫不贱。如果不能出仕，那不是我自己行道之心不笃，便是我无才无能也，所以可耻。

“邦无道，富且贵焉，耻也”者，言一个国正当乱世，我应安贫乐道，而不与在朝的恶人为伍。如果为了爵禄而出仕，或仕而不去，那是我行道之心不笃，也就是没有廉耻之心了，所以可耻。

本章首句为一节，言好学应笃信。次句为一节，言善道应守死。“不入”“不居”为一节，言善道者出处之道，“见”与“隐”为一节，即申明上节的意义。“贫且贱焉，耻也”“富且贵焉，耻也”又为一节，再就反面说明上二节的意义。总之，唯笃信好学，才能守死善道；唯守死善道，才能处处得当，意思是相连贯的。

子曰：“不在其位，不谋其政。”

此章极明白易晓。即我不在那个位子，不应该图谋那个位子的事(政)也。此孔子要各人专一于其职务，不侵他人职权的意思。若专就政治上说，和孙中山先生的民权主义，颇相符合。盖民权主义，固主张人民个个有政权，而治礼，则是主张完全交到政府的机关之内的。

子曰："师挚之始，《关雎》之乱，洋洋乎盈耳哉！"

师挚，是鲁国的太师，即乐官。"始"，是乐之始，就是升歌。"乱"，是乐之终，就是合乐。孔子自卫国返鲁国的时候，恰好师挚做鲁国的太师。照礼，燕及大射都是太师升歌的，所以一天，孔子听到师挚的升歌。接着，他又听到《关雎》《葛覃》《卷耳》《鹊巢》《采蘩》《采颜》六篇诗的合乐。

孔子听的时候，耳朵里满满的充满了既盛且美的声音，所以听了以后，称赞着说："师挚之始，《关雎》之乱，洋洋乎盈耳哉！"六篇诗的合乐，而曰"《关雎》之乱"者，举上赅下的略称也。"洋洋"，是美盛意。

子曰："狂而不直，侗而不愿，悾悾而不信，吾不知之矣!”

“侗”,是没有知识。“愿”,是忠厚。“悾悾”,是没有才能。孔子说:“狂的人而不直爽,没有知识的人而不忠厚,没有才能的人而不信实:这三种人,我不晓得他是什么东西了!”

因为狂的人,他的性情,必定是直爽的多。倘这个人,狂虽狂了,而性情却曲曲折折,扭扭捏捏,不肯直直爽爽,这是连狂也是假的。没有知识的人,他的性情,必定忠厚的居多。倘这个人既没有知识,而又不忠厚,是无一长可取了!没有才能的人,大抵还不至于专说假话。倘这个人既没有才能,却还要说假话而不信实,也是没有可取的。这三种人,都是一无用处,所以孔子说:“我不晓得他是什么东西!”

子曰:“学如不及,犹恐失之。”

“学如不及”者,言求学要像来不及学一般。“犹恐失之”者,言学而有得,还要顾虑再失去它。

此章系孔子劝人勤勉求学。“如不及”,自能“日知所亡”;“恐失之”,自能“月无忘所能”也。

子曰:“巍巍乎!舜、禹之有天下也,而不

与焉。”

舜、禹，皆古天子。舜受尧禅，禹受舜禅。“巍巍”者，高大之貌。“不与”者，一说谓“不与求”也，即其有天下，非自己求而得之的意思（见何解及皇疏、邢疏）。一说谓“不相关”也，即不以有天下为乐的意思（见朱注）。一说谓“无为”也，即得人善任、不身亲其事的意思（见毛奇龄《稽求篇》等）。又一说，谓“不预见”也，即孔子叹自己不与舜禹并时的意思（见皇疏及其引江熙说）。刘氏《正义》谓当以“无为”一说为正诂，宦氏《论语稽》，亦谓此说义较长。至“无与求”一说，《正义》以为魏篡汉得国，托于舜禹的受禅，故何等解此章的“不与”为“不与求”也。

子曰：“大哉！尧之为君也。巍巍乎，唯天为大，唯尧则之。荡荡乎，民无能名焉。巍巍乎，其有成功也。焕乎，其有文章。”

尧系古天子，即以天下让舜者也。孔子赞尧让位于舜，故曰“大哉！尧之为君也”。其曰“巍巍乎，唯天为大，唯尧则之”者，“则”，犹学也。盖以天道无私，唯德是与，尧让位于舜，亦唯德是与也。“荡荡”，广远之称。言尧大爱无私，至美无偏,因此人只对他,却说不出怎样的好。故曰:“民无能名焉!”康卫老人击攘之歌曰:“日出而作,日落而息,帝力于我何有哉?”此“民无能名”之实证也。“巍巍乎其有成功”者,言尧治天下时的事业,都已成功,如高山大江的看得见也。“焕”,光明之貌。“文章”,礼乐法度也。言尧的政绩,礼乐法度都有很光明的气象。

一说则天,亦谓任贤使能,无为而治,见刘氏《正义》。

舜有臣五人而天下治。武王曰:“予有乱臣十人。”孔子曰:“才难,不其然乎?唐虞之际,于斯为盛。有妇人焉,九人而已!三分天下有其二,以服事殷周之德,其可谓至德也已矣!”

此章先记虞舜和周武王时的人才,次述孔子关于才难的感叹,及由周之才联想及于周之德的话。

“舜有臣五人而天下治”为一节。五人者,禹、稷、契、皋陶、伯益五个人。舜有这五个人为臣,天下大治也。

“武王曰:‘予有乱臣十人’”为一节。“乱”字,古时与“治”字通。有“乱臣”十人,犹言有治臣十人也。十人者:周公旦、召公奭(奭,音式)、太公望、毕公、荣公、太颠、闳夭、散宜生、南宫适(适,音括)九人;还有一人是武王后太公女邑姜(隋唐以前,皆谓此人是文母,即文王妃太姒)。武王有周公等九人治外,有邑姜一人治内,所以天下亦大治也。

"孔子曰:'才难,不其然乎?唐虞之际,于斯为盛。有妇人焉,九人而已'"为一节。"才难,不其然乎"者,言人才难得,岂不然乎?"唐虞之际",即尧舜的时候。"于斯为盛",言以唐虞比于周时,以周之人才为盛也。"有妇人焉,九人而已",是说周武王的时候,人才虽说极盛,但实际亦只九人。武王所说十人,其中尚有一个是妇人,于此足证人才之难也。

"三分天下有其二,以服事殷周之德,其可谓至德也已矣!"为又一节。此节是孔子因周之才,联想及于周之德,而赞美之也。周文王的时候,天下土地,已有三分之二,归于文王,而且武王之臣,初皆文王之臣,文王既有天下土地的大部,又有很多的人才,仍旧不失臣子的礼节,服事殷朝的纣王,这是最难得的事。故孔子称赞文王为"至德"。犹言像文王这种道德,无以复加了!

子曰:"禹,吾无间然矣!菲饮食,而致孝乎鬼神;恶衣服,而致美乎黻冕;卑宫室,而尽力乎沟洫。禹,吾无间然矣!"

"间然"二字,译俗语是"没有好说他不是的地方"。正言之,犹"这个人确实不错"。此章是孔子赞美大禹,先说禹这个人，确实不错的。到禹的好处述完，又重说一句，可见孔子对大禹之敬仰。

“菲”，薄也。言禹对于自己的饮食，极菲薄；而祭祀鬼神，则祭品极其丰洁，好像人子之孝父母。故曰“而致孝乎鬼神”。“黻冕”，是祭祀时穿的衣冠。禹对于平时的衣服，极其恶劣；至祭祀时的衣冠，却极其考究。故曰“而致美乎黻冕”。“沟洫”者，田间水道。禹自己住的王宫房屋，极其卑陋。而对于百姓种田所需要通水道的沟洫，却非常用心，使百姓不至遭水旱之灾。故曰“而尽力乎沟洫”。

夏、殷、周三代，是神权政治最旺盛的时候，一切政治，都托神的命令而施行，故奉事鬼神，在那时候，是一件重要的政治。大禹除事鬼神诚敬外，还尽心于百姓种田的水利，故当时百姓皆爱戴之，孔子亦曰：“吾无间然。”

子罕第九

子罕言利，与命，与仁。

此章亦是弟子记孔子平日的言动。“罕”，少也。一个“利”字，一个“命”字，一个“仁”字，都是孔子少对人说的，故曰“子罕言”。孔子何以少说“利”“命”“仁”三字呢？此须分而论之。

“利”者，利己之事，人人所欲。但这里面界限，极难分清。因为利己并不是一件坏事，若人人不思利己，人的生活，便无意义；故利己实为人生一重要元素。但一般人往往不能明白利己的限度，因只顾利己，或不免损人。只有上智大哲，能明白利的道理；若要人人知之，这是很难之事，故孔子不肯多说也。

“命”的界限，也极难明晰。若说做人都由命定，那么，人将一事不做，连应该做的事，也不去做，以为横竖由命注定的，何必去费心劳力呢？若说命是没有的，则人对于无论何事，又将不顾一切去乱撞了。所以孔子对于“命”的意义，也不肯多说。

至于“仁”，为孔子学说教旨的中心要素，何以也不肯多说呢？因为“仁”的训义，常为爱人。然爱人而不弄清界限，必至对人无分亲疏,如此,则成为墨子之“兼爱”,于“仁”的本旨,又不免差错,故孔子也不肯多说。

按今读《论语》,似孔子于仁,并不罕言;其实这是群弟子对于夫子言仁的话,记载特详,故不觉其罕言耳。又本章旧说颇多。《论语稽》曰:“‘言’者,自言也。‘罕’,少也,稀也。‘子罕言’者,记者旁窥已久,而见之之辞也。‘利’者,人情之所欲;夫子浑然天理,故罕言‘利’。‘命’者,天命,夫子知其不可而为之,故罕言‘命’。‘仁’者,此心生生不息之理;夫子谦不居圣仁,故罕言‘仁’。此章之意,在记者观夫子之自言,不在夫子之教人。”说颇新而义亦长。

达巷党人曰:“大哉孔子!博学而无所成名。”子闻之,谓门弟子曰:“吾何执?执御乎,执射乎?吾执御矣!”

五百家的地方称党。“达巷”,是一个党名,犹今人称某坊、某村。达巷党里的人说:“孔子这个人,真伟大啊!他博学多能,而使人们说不出他学的究竟是什么,学问究竟怎样博;他所擅长的究竟是什么,擅长的究竟怎样多。”“无所成名”,犹之前篇孔子称尧曰“民无能名”也。孔子听了达巷党人的话,对自己的门弟子说:“我现在倒想专做一事,使人可以知道我所能的是什么。但我还是做射的事呢?还是做御的事呢?

我想还是做御的事吧!”孔子的学识才能,确是不可测的。但孔子还说要专做一事,使人可以知其所能,此其自谦一也。六艺是礼、乐、射、御、书、数。御,即驾车,在艺中为最卑下的。孔子不说执他艺,而说执御,此其自谦二也。又“博学而无所成名”,唯圣人能之;在中人总以执一艺以成名,为求学的正法。孔子说执御,又有示门弟子为学当施博而守约,不可惑于美誉而专骛博的意思。

子曰:“麻冕,礼也;今也纯,俭,吾从众。拜下,礼也;今拜乎上,泰也。虽违众,吾从下。”

《集解》孔曰:“冕,缁布冠也。古者绩麻三十升布以为之。纯,丝也。丝易成,故从俭。”此言冕是缁布做的冠。做这种冠,要三十升的麻布,一升为八十缕,三十升为二千四百缕。用二千四百缕的麻,织古制二尺二寸宽的布,细密难成,因此当时人都用丝来做冠。孔子以为用丝做冠易成,易成即价廉,用价廉之物,即为俭省,礼是宁俭毋奢的,所以他也主张不必定照古礼,戴麻布冠,而主张从众人戴丝缕冠也。

“拜下,礼也”者,古时臣与君行礼,当拜于堂下,然后升,成礼也。“今拜乎上,泰也”者,孔子时候,臣子骄傲已极,拜君就在堂上也。“泰”即骄傲的意思。孔子以为礼是以恭为重的,所以他说他人尽管在堂上去拜,他人尽管说我违众人的行动,我仍旧要在堂下拜君,遵守恭敬之古礼的。

这两节,以一"俭"字,一"泰"字,最为重要。因为众人俭,所以不惜违古礼而从众;因为众人泰,所以必欲违众而从古礼。朱子《集注》采程子曰:"君子处也,事之无害于义者,从俗可也;害于义,则不可从矣。"说得最好。

子绝四:毋意,毋必,毋固,毋我。

此章记孔子,没有四件事体,故曰"子绝四"。"毋"通"无"。"意"者,测度。孔子做事,不妄测未来,故曰"毋意"。"必"者,必定要如此做也。人在世上,时代和环境,时时不同,则做事同有一定的办法。不明变通的人,以为此事从前是如此做的,现在也必须如此去做;这样一来,事就办不成了。孔子则"毋必",所谓看事办事,无一定的办法也。"固"者,固执己见也。一般人往往固执己见,不肯从人的善言。孔子则没有固执己见之事,故曰"毋固"。一般人多是只知有我,不知有人;不知人人都存一只有我的心思,必致纷争难决。"毋我"者,不专问自己也。俗语说得好,一个人做人,须前半夜想想自己,后半夜想想别人。那就是"毋我"的影子了。

按"意"谓测度,本刘氏《正义》何解训"任意",朱注说"私意",均读如字。但意义似与下"固""我"等相混,故不如训测度为胜。

子畏于匡，曰："文王既没，文不在兹乎？天之将丧斯文也，后死者不得与于斯文也！天之未丧斯文也，匡人其如予何？"

"匡"是一处地名。《史记》言阳虎曾欺侮匡人。后来孔子过匡，因为貌似阳虎，匡人以为阳虎又来，想报复前仇，就把孔子围起来。一共围了五日，才知道是孔子，不是阳虎，于是孔子得脱围而去。此云"子畏于匡"者，即孔子被匡人围住的时候。"畏"者，许多人把自己围住，气势汹汹，未免有恐慌的态度也。

"文王既没"以下一段话，是孔子对弟子所说。"文"者，礼乐制度的代名。孔子曾言"吾从周"，是孔子以传布周代的礼乐制度为己任也。文王，是周代集大成的王，所有礼乐制度，即以文王为代表。所以此处所说的"文"，即是周代的礼乐制度；而文王又为"文"的代表也。

孔子因被匡人围住，乃对弟子说道："文王既没，文不在兹乎？""兹"，是指自己这里，言"文王是既已死了，他的文，难道不在这里吗？"。又继续道："天之将丧斯文也，后死者不得与于斯文也。""后死"，是孔子自谓后文王死。意思就是天若要把这个文丧亡，那么这个文久当湮没，一定不会再令自己得见这个文也。又道："天之未丧斯文也，匡人其如予何？"意思就是后死者既与于斯文,是天未欲丧斯文可知;天未欲丧斯文,匡人必不能违天害己,致使斯文丧亡也。

大宰问于子贡曰:“夫子圣者与?何其多能也!”子贡曰:“固天纵之将圣,又多能也。”子闻之曰:“大宰知我乎?吾少也贱,故多能鄙事。君子多乎哉?不多也。”牢曰:“子云:‘吾不试,故艺。’”

此章四人之话,分四节讲。(一)大宰(官名,大约为吴大宰)问于子贡曰:“夫子圣者与?何其多能也!”是大宰问子贡:“夫子是圣人吗?何其多能种种技艺也。”(二)子贡曰:“固天纵之将圣,又多能也。”是子贡答大宰道:“夫子固是天生出来的圣人,而且又多能种种技艺也。”“将圣”为大圣之意。(三)孔子听了大宰的话,便说道:“大宰知我乎?”就是说:“大宰难道晓得我吗?”“吾少也贱,故多能鄙事”者,言“我因为年纪小的时候贫贱,所以多能种种技艺的小事情”也。“君子多乎哉?不多也”者,言“圣人君子,必要多能种种技艺吗?不!圣人君子,自有圣人君子之道,不在乎能做种种技艺小事情”也。

上面三节,是一时的话。至“牢曰”以下,又是一节。牢是孔子弟子，姓琴，字子开，一字子张。“试”，用也。牢曰：“子云：‘吾不试，故艺。’”就是琴牢说：“孔子曾经讲过：‘我因为不用于世，所以能多学会了种种技艺小事。’”

此章大意，明圣人君子，与多能不多能无关也。“牢曰”以下，邢疏及皇疏本均另为一章，朱注合之。今从朱注。

子曰：“吾有知乎哉？无知也。有鄙夫问于我，空空如也；我叩其两端而竭焉。”

此章是孔子自谦无知，又自言教人之道也。“吾有知乎哉？”是说：“我可以称有知识吗？”“无知也”，是说“我是没有知识的”。“鄙夫”，是真没有知识学问的人，也就是没有受过教育的人。“空空如也”，“空空”与“悾悾”通，诚悫也。“叩”，反问也。鄙夫力不能问，故须反问之。“两端”，是事有两种相反的办法也。如有外侮时，抵抗则恐力有不及；不抵抗则恐国或将不振。此抵抗与不抵抗，即两端也。凡事有两端则疑，疑则不能不问，尤其是鄙夫，更非问不可也。“竭”，是尽我的所知以教之。此章译意是：

“孔子说：‘我可以算有知识吗？不！我是没有知识的。但如果没有受过教育的人，跑来问我。他的态度，十分诚恳。我看他问的话，好像说不出来。这时，我一定先反问他所疑的事情，就是不能解决的两种办法。问明白以后，就尽我所知，完全告诉他。'"

子曰："凤鸟不至，河不出图，吾已矣夫！"

"凤鸟"，即凤凰，相传舜为天子时曾飞来，文王时又曾鸣于岐山。"河"即黄河。相传伏羲时，黄河中有一匹龙马，背上的毛有像八卦一般的旋文。这旋文当时叫它为"图"，伏羲画八卦，就以这图为蓝本。孔子说："现在凤凰不来，河里也没有龙马，这是在上位的不是圣人的缘故。我本想行我的道；现在没有圣王，不能用我，我行道之希望，恐怕从此完了吧！""吾已矣夫"，是恐终无希望，而又若有余望的语气。

子见齐衰者、冕衣裳者与瞽者，见之，虽少必作；过之必趋。

"齐衰者"，是穿丧服的人。以五服中较轻的齐衰，该最重的斩衰也。"冕衣裳者"，是大夫戴着礼帽，穿着礼服的。"瞽者"，是眼睛瞎的。"少"，年少也。朱注谓："或曰，'少当作坐。'"此于皇疏"少"下有"者"字，可以证其非是。或疑齐衰、瞽者有少者，而古人四十始仕，冕衣裳无少者，不知春秋时，世卿持位，固有年少而仕者矣。《史记·孔子世家》谓："见齐衰、瞽者，虽童子必变"，更可证其非坐之误也。"作"，立起来也。“过之必趋”者，过其人之前，必定自己走得快也。

此章记孔子看见穿丧服的人、穿礼服戴礼帽的大夫、眼睛瞎的人，坐的时候，必定立起，走过其人的面前时，必定快走。意思是哀有丧者、尊在位者、恤残疾者也。一说冕衣裳者，是行祭时的大夫；瞽者，是襄祭礼的乐工。孔子对这二种人与齐衰的人作或趋者，因其有丧祭之事而起敬也。此说见《论语稽》。

颜渊喟然叹曰：“仰之弥高，钻之弥坚，瞻之在前，忽焉在后。”

此章记颜渊称赞孔子而叹自己不及的话。连下文共有三节，因文长，故分开来讲。

“喟”，叹声。犹今人说话以前，先叹一声。“颜渊喟然叹曰”，是颜渊叹了一声，又接着说下去也。

望上看曰“仰”。“弥”，越加也。“仰之弥高”者，说孔子道之高，我抬起头来仰望，觉得他越加高。“钻之弥坚”者，说孔子道之深，我像钻子一样钻进去，越加钻不到底，好像钢铁的坚固，钻它不进。“瞻之在前，忽焉在后”者，“瞻”，看也。说孔子之道，起先像在前面，可以看见；忽然又在后面，看不见也。这是甚言其高深而不易推究。

“夫子循循然善诱人，博我以文，约我以礼。”

此节颜渊说孔子教导自己的方法。“夫子”，即孔子。“循循”，是一步一步，按着次序的施教。“善诱人”，是好好的把我引进学问的一条路上去。“文”，是典章制度，及诗书等典籍。“博我以文”者，夫子把种种典章制度及典籍，教我博学也。“约我以礼”者，夫子教我以礼约束自己，就是教自己遵礼而行也。

“欲罢不能，既竭吾才。如有所立，卓尔。虽欲从之，末由也已！”

此章节说像夫子这样教人，极有兴趣，我虽不要学了，但心中总觉不肯舍去，故曰“欲罢不能”。犹言“我想罢而不学，也做不到”也。“既竭吾才”者，言“我因欲罢不能，才力心思用尽了”。

“如有所立，卓尔”者，言“我虽用尽了才力心思，向前进行；而夫子之道，还是像很高远地立着，要瞻望都瞻望不到”也。“卓尔”，皇疏谓“高远貌”。郑注谓“绝望之辞”，绝望就是绝于瞻望的意思。

“虽欲从之，末由也已”者，言“瞻望都还瞻望不到，所以我虽然要想跟着他走，也无从跟起了”。意思就是说我虽然想学到孔子那样，但是无从学到也。

子疾病，子路使门人为臣。病间，曰：“久矣哉！由之行诈也。无臣而为有臣，吾谁欺？欺天乎？且予与其死于臣之手也，无宁死于二三子之手乎？且予纵不得大葬，予死于道路乎？”

此章记孔子做人，喜欢老老实实，不喜撑空场面也。

古时做大官的人，家里有家臣，使他办理家务。因自己要办国事，无暇理家务也。此时孔子已不做官，但鲁国又以币召他。他正要回到鲁国，忽然在路上害起病来，并且病势像是很沉重的。（以上事实据刘氏《正义》）子路恐孔子或竟不起，所以使其他的弟子，在寓中扮作家臣，撑撑场面。当孔子仍旧做大官的样子，家中有家臣使唤。故曰“子疾病，子路使门人为臣”也。

“病间”者，孔子的病，稍觉轻些也。这时候，孔子知道子路使门人为臣的事，不觉气了起来，便愤愤地说道：“久矣哉！由之行诈也。无臣而为有臣，吾谁欺？欺天乎？”意思是说“由做这种虚伪事情，已经长久了吧？我家本来没有家臣，现在忽然有了家臣。这种事情，去骗谁呢？骗高高在上、与人隔得很远的天吗？”盖以人无可欺，只可欺远隔的天也。

“且予与其死于臣之手也”至“予死于道路乎”一段，是孔子见了这种把戏以后,又把道理说给子路辈听也。"二三子"者,即弟子们,"与其死于臣之手也,无宁死于二三子之手乎?"就是说:"我若真要死了,我想与其死在这种假扮的家臣手里,还不如死在自己的弟子手里好吧?"意思是自己的弟子,都很是关切的;假扮的家臣,有什么意思呢?

"纵",虽然也。"大葬"者,用君臣之礼葬也。孔子有家臣,则孔子即用家君之葬礼,所谓场面也。"且予纵不得大葬,予死于道路乎!"就是说:"我虽然不得大葬;然有许多弟子在身边,自然会给我料理丧葬的事务,难道会像死在道路上,没人料理吗?"《正义》曰:"夫子言己虽未必复见用,以礼大葬;亦当得归鲁,不致死于道路。"此是"死于道路"四字的别解。

圣人之心,以"真"为做人的重要条件,最恶的是弄假骗人。子路的意思,假扮家臣,原想给孔子撑撑场面;但孔子的人格、孔子的声望,不以丧务上有无家臣为轻重的。怪不得他被孔子大大地训斥一番了!这种无意识撑空场面的事情,就是现在,还是满布于社会,大家看样,不以为耻,真是可叹!

子贡曰:"有美玉于斯,韫椟而藏诸?求善贾而沽诸?"子曰:"沽之哉!沽之哉!我待贾者也。"

"韫",藏的意思。"沽",售也。"贾",即今之价字。子贡曰:“有美玉于斯,韫椟而藏诸?求善贾而沽诸?”是子贡对孔子说:“有一块美玉在这里,是在盒子里藏起来呢?还是等着高的价钱卖掉呢?”子曰:“沽之哉!沽之哉!我待贾者也。”是孔子连声说:“自然要卖掉的!自然要卖掉的!不过我要等合适的价钱罢了!”刘氏《正义》谓“贾”常音古。“善贾”是贾人之善者。“待贾”亦为待贾人。说与通解异。又引《说文》段注曰:“贾者,凡贾卖之称也。引申之,凡卖者之所得,贾者之所出,皆曰贾;俗又别其字作价,别其音入祃韻,古无是也。”这是说即使作价钱讲,照古音亦当音古也。

此章一“求”字,一“待”字,读者最宜注意。子贡说求沽,孔子易求为待,直将生平不忘天下,而亦不拘天下之心,全盘托出了。盖孔子的心思,本以救世为主,自然想握得政权,行他的道。不过要等有相当的国君来聘请,不是可以屈就的。“待贾”者,就是要等相当的国君来聘请,然后始出仕也。此事如与汉末时之诸葛亮来比,高卧隆中,就是美玉藏在盒子里也;后来刘玄德三顾草庐,他就对刘玄德鞠躬尽瘁,死而后已,即等着了善贾而沽也。

子欲居九夷。或曰:“陋,如之何?”子曰:“君子居之,何陋之有?”

东方夷人有九种,故曰“九夷”。孔子因当时无明君,不得施行自己怀抱之大道，不如到九夷野蛮的地方去居住，故曰“子欲居九夷”。“或曰：‘陋，如之何’”者，“或”，是有个人。这个人说：“九夷的地方极僻陋，怎么办呢？”意思是僻陋之地，不可居也。“子曰：‘君子居之，何陋之有’”者，是孔子道：“这等地方，只要有君子居住下来，用道德感化那里的人，自然能变成一个有礼仪的社会，何尝会僻陋呢？”孔子以箕子居朝鲜，泰伯居吴，都能化俗，所以这样说。刘氏《正义》曰：“九夷”是指朝鲜；“君子”是指箕子，非孔子自称。孔子之意，是说朝鲜虽为外域，已有君子之化，所以并不僻陋。此说亦通。

子曰：“吾自卫反鲁，然后乐正，雅颂各得其所。”

此孔子自述删述六经之始也。鲁哀公十一年冬，孔子从卫国回到鲁国，知自己之道，终不能行，乃想把自己的怀抱，寄托在古人的典籍里面，先从古时流传下来的诗中精选三百篇，整理一番，把雅归入雅，颂归入颂，务使各得其所。于是把雅颂之诗奏入乐章，而乐也就正了。按“雅”为朝廷之乐。雅，正也，其音为周室西都之正音。“颂”为宗庙之乐。颂，容也，奏时并有舞容。或以为现在《诗经》中“雅”“颂”之外，还有“风”的一类，孔子何以不说到呢？不知雅归入雅，颂归入颂，则风自然不与雅颂相混，而亦得其所了。此无待说也。又本章正乐之说，昔人言之，颇不一律：有谓正诗之类者，即如上所解说的；有谓正诗之入乐部者；有谓正音者；有谓所正非一，于诗之类，诗之入乐部及音以外，并正舞容，正乐之用者。兹不缕述。

子曰："出则事公卿，入则事父兄，丧事不敢不勉，不为酒困，何有于我哉？"

此章记孔子自言其庸行，亦即教人最粗浅的做人道理也。"出则事公卿"者，言出门在官署中办事，以勤慎对付上司。"入则事父兄"者，言回到家里，以孝悌事自己的父兄。"丧事不敢不勉"者，言遇着丧事，不敢不勉力以遵从礼节。"不为酒困"者，言吃酒不吃醉，以致身体有损，事情废掉。"何有于我哉"，言我只有这些好处，此外的好处，则我无所有也。

旧解有多数说"何有于我哉"，是孔子的谦辞，即我何能行此诸事的意思，但上面有"丧事不敢不勉"句，如作此解，语气似不甚合。

子在川上曰："逝者如斯夫！不舍昼夜。"

"川"，是小河。"川上"，即小河旁的岸上，或桥上。孔子在川上，见水的流去，没有一刻停住，因感到光阴过去，也是如此。所谓过一日，少一日也。意思是勉人家要少年时努力，做人的日子有限，过了一昼夜，就少了一昼夜，不会增添的。“逝”者，去也。“逝者如斯夫！不舍昼夜。”就是说“水流去得这样快啊！昼夜不停地流去”。他的意思中，还有一句话，就是“光阴也是去得这样快啊！昼而复夜，夜而复昼”。不过没有说出来罢了。

此章意思，与魏武帝《短歌行》说：“对酒当歌，人生几何？譬如朝露，去日苦多！”同是感叹做人日子容易过去。不过魏武因对酒而感到人生；孔子见水流而感到人生罢了。宋儒于此章，说孔子讲道体。如程子曰：“此道体也。”朱子注曰：“天地之化，往者过，来者续，无一息之停，乃道体之本然也。”此种讲法，虽然精妙，但是推广出来的义理，却未必是孔子当日的意思。

子曰：“吾未见好德如好色者也。”

“色”是美人。“德”是有道德的人。孔子叹一般的人，好色者多，好德者少，故曰“吾未见好德如好色者也”。按孔子在卫，灵公与南子同车而过市，使孔子为次乘，孔子丑之，故说此话。事见《史记·孔子世家》。

子曰：“譬如为山，未成一篑，止，吾止也。譬如平地，虽覆一篑，进，吾往也。”

此章孔子劝人对于进德修业以及做种种事的譬喻也。“譬如为山,未成一篑,止,吾止也”者,言譬如筑一座山,只少了一土笼的土,把这一土笼的土加上去,山就成功了。但现在止住了不去加,这座山,就不成功。这个止住了不去加土,是我自己止住的。意思是劝人做事,已经将要做好,止住了不做,是很可惜的。但这个止住,是自己止住的;只要自己不止住,不久这件事就办妥了。

“譬如平地,虽覆一篑,进,吾往也”者,言譬如一块平地,我要去筑一座山,于是我去盖上了一土笼的土,这一土笼的土,是我自己要去加的;以后我也只要自己努力,天天把土盖上去,那么初起时,虽只盖得一土笼的土,积久了,自然也会成山的。意思是劝人做事,虽然一时只能做一小部分,但只要能自强不息,那么积少成多,总有一天会成功的。

子曰:“语之而不惰者,其回也与?”

回即颜渊。此仍是孔子称赞颜渊的话。孔子教人,要如何进德修业,别的学生,听了孔子的话,当初虽很勤勉地照着做;到后来日子久了,却未免懒惰不做。只有颜渊,对他说了一遍,他总是照话做去,不会懒惰,所以孔子这样称赞他。

《集解》曰:“颜渊解,故语之而不惰;余人不解,故有惰语之时。”此说明惰不惰之原因也。所谓“解”，即对于孔子所语者，能了解而悦之。

子谓颜渊曰：“惜乎吾见其进也；未见其止也！”

此章及上章，都是颜渊死后，孔子感叹之词。“谓”，是对他人说颜渊也。“吾见其进也”者，是“我见他的道德学问，日日有进步”。“未见其止也”者，是“我没有看见他息下来而不求进步”。“惜乎”者，言这样一个自强不息的人，死了真真可惜也。

子曰：“苗而不秀者有矣夫？秀而不实者有矣夫？”

稻始生的时候曰“苗”，到叶茂花开的时候称“秀”，结了谷则曰“实”。此章又是孔子痛惜颜渊之词。言“稻有苗而不秀的吧？也有秀而不实的吧？”，意思是一个人孜孜求学，而不幸早死，如颜渊者，有如稻之苗而不秀，秀而不实，深可惜也。

按汉唐人解本章，说皆如上。唯朱注则谓“学而不至于成有如此者，是以君子贵自勉也”。意思是一个人求学，学到一半就不学了，好像种了稻，不开花；将要学成，忽然把学丢掉了，好像开了花，不结谷：都是很可惜的。

子曰："后生可畏，焉知来者之不如今也？四十、五十而无闻焉，斯亦不足畏也已！"

"后生"，是年少的人。孔子言年少的人，是可惜的。因为他现在的德业，虽未见得怎样好；他能努力，安知他将来的德业不如我现在的德业呢？"焉"是副词，安也。俗语就是怎么。毛奇龄说："不如今，非言其人不若我之今日，乃言其人之将来，与今日不相同。"意思固然很对，但"不如今"，必要解为"不胜过现在"，语气才合，而就字面观察，"不如今"似断不能译为"不胜过现在"也，故毛说似尚可酌。"四十、五十而无闻焉，斯亦不足畏也已"者，言"人到了四十岁、五十岁，还没有闻望，那么这个人，也就如此完了，不足道了！"。此"焉"字为助词，与上一"焉"字不同。

子曰："法语之言，能无从乎？改之为贵！"

"法语之言"，就是正言，也就是质直的话。"能无从乎？"犹言能够不从他吗？盖正言，人所敬惮也。"改之为贵"者，合上二句，言我有做错的事，人家用正言来劝戒我，我能够不从他吗？但从他的话是无益的，还要能改过才好。

“巽与之言，能无说乎？绎之为贵！”

“巽与之言”，是委婉的话。“能无说乎？”“说”，即“悦”字。犹言能够不欢悦吗？“绎之为贵”，“绎”，是仔仔细细体察他。一说也是改的意思。本句合上两句，言“我有过失，人家用委婉的话来劝戒我，我能够不欢悦吗？但要仔仔细细体察他的话，想出自己过失之所在，立刻改去才好”。

“说而不绎，从而不改，吾末如之何也已矣！”

此总结上两节也。言听了人家委婉的话，欢悦了而不仔仔细细体察出自己的过失去改掉；听了质直的话，因敬惮而从之，但也不把过失改掉：这种人，我是没有法子使他成一个好人了！故曰“吾末如之何也已矣！”“末”就是“无”的意思。

子曰：“主忠信，毋友不如己者，过则勿惮改。”

此章已见《学而》篇，但少记了一节，讲见《学而》篇。邢疏曰:“记者异人,故重出之。”皇疏引范宁曰:“圣人应于物作教,一事时或再言,弟子重师之训,故又书而存焉。”

子曰:“三军可夺帅也;匹夫不可夺志也。”

“三军”,是一个军队。“帅”,是这个军队的元帅。元帅是要全队军士维护他的。如果军队中人心不一,或者遇了武艺高强的敌人,这元帅就会被人杀掉,或被人捉去。故曰“三军可夺帅也”。“匹夫”,是一个平民。一个平民,如果立定志向,你要改变他的志向,是不能够的。故曰“匹夫不可夺志也”。

子曰:“衣敝缊袍,与衣狐貉者立,而不耻者,其由也与?”

此章是孔子既称子路人格学识之高,而更望其进德也。“衣”,就是穿。“缊”,是乱麻。“衣敝缊袍”,是穿着一件破旧而以乱麻为主的袍子。“狐貉”,是狐皮袍子。由,是子路的名。本节译成白话文,就是:

孔子说:“穿了一件破旧而以粗麻为主的袍子,与穿狐皮袍子的人,共同立在一处,而不觉得羞耻的,就是子路这个人吧?”

因为一个人,若道德学识不如人,这是可羞耻的。至于衣裳穿得好,或穿得破旧,这是家里贫富所致。我没有钱财,不穿好的衣裳,这是没有什么可羞耻的。可是平常的人,因自己穿了破旧的衣裳,见人家穿了簇新的狐皮袍子,以为自己难看,不肯和人家并立并行,这是他没有学识的缘故。只有子路,却自己尽管穿了破旧衣裳,和穿狐皮袍子的人,立在一处,并不以为羞耻,故孔子特别称赞他也。

孔子称赞以后,又引《诗经》里的两句诗道:

"不忮不求,何用不臧?"子路终身诵之。子曰:"是道也,何足以臧?"

"不忮不求,何用不臧",是《诗经》里的两句诗。"忮",害也,即伤害人。但《韩诗外传》以害为己有祸患,不是伤害人;而不害则由于不求。"求",贪求也。但郑玄《诗笺》谓是"求备于一人"。"臧",善也。这两句,意思是说一个人能不忮不求,则有何不可称为善呢?孔子称赞子路后,又说了这两句诗,以为像子路这样的人,可当这两句诗的赞词也。"子路终身诵之"者,是孔子说了这两句诗,子路知道是称赞自己,所以终身诵念这两句诗。孔子听了子路不断地念着这两句诗,又对子路说:"是道也,何足以臧?"意思是说这不过是一件小道理,尚不足称大善也。

子曰："岁寒，然后知松柏之后凋也。"

此章是孔子以松柏比坚毅卓绝的君子。寻常草木，在春天、夏天和暖的时候，都枝叶茂盛，开花结果，一到冬天，经霜雪之后，就叶落枝枯，不见活气。只有松树、柏树，虽到寒冷的时节，仍旧不会凋枯，这是松柏能耐寒冷的缘故。人的处境，也是如此。寻常的人，在治世未始不能自修其身；一到乱世，则顿时改变了。这时只有君子是不改其节操的。孔子特赞松柏，意思就是称赞处乱世而不改其节操的君子。但岁寒，以喻处乱世固可以喻事难，喻势衰，亦无不可。

子曰："知者不惑，仁者不忧，勇者不惧。"

"知"，就是现在的"智"字。"知者不惑"，是知识充足的人，对于各种事物，都能看得透它的道理，要怎样办，便怎样办，不会有什么疑惑不决也。"仁者不忧"者，仁是待人如己，即己立立人，己达达人。我无损人之事，人亦决不来损害我，正如俗语说的："日间不做亏心事，夜半敲门不吃惊。"故曰"仁者不忧"也。"勇者"，是见义勇为的。就是见有应做的事情，虽赴汤蹈火，也是去做，如今人所说不怕牺牲的。不怕牺牲的人，当然无此畏惧。故曰"勇者不惧"也。这三件事，在《中庸》里称为"达德"，能如此，即是圣人。

子曰："可与共学，未可与适道；可与适道，未可与立；可与立，未可与权。"

"与"，刘氏《正义》谓即"以"也。"可与共学"者，言一个人要与人互相切磋，共同研究学问，当然是可以的。但与人共学，或自己并不努力，或误入歧途，就都不能至于道。所以与人共学了，未必即可以至于道。此即"可与共学，未可与适道"的意思。"适"，之也，亦即至也。"立"，有所建树也。"可与适道，未可与立"者，言学而至于道，但或守道不笃，行道不力，未必即能有所建树也。"权"，反常而合于道者也。"可与立，未可与权"者，言至于道而有所建树，但或精义未深，知常而不知变，则处变之时，未必就能反常而仍合于道也。此章是孔子说明"权"虽不是一定要行的；但处变之时，却不能不行权；而行权实比守常更难。要能行权，须逐步求之，由学，而适道，而立，更进一步，求精义透彻，知常而又知变才可！

"唐棣之华，偏其反而！岂不尔思？室是远而！"子曰："未之思也夫？何远之有？"

"唐棣之华"四句，是古时的诗。现在《诗经》里没有这四句，所以昔人都称为逸诗。

“唐棣”，是一种花的名称。“偏”，通“翩”。“反”同“翻”。“而”，语助词。“偏其反而”，形容花动摇之貌。朱注云：“此逸诗也。”于六义属兴，上两句无意义，但以起下两句之辞耳。其所谓尔，亦不知其所指也。我说，“尔”，指贤者也。诗人见唐棣花之美，而感想到贤人德之美也（《论语稽》亦谓“诗之大旨，盖求贤而感物起与者也”）。“岂不尔思？室是远而！”就是说不是不想贤人君子，不过贤人君子住得远，所以得不到也。孔子以为当世国君不能用贤人，皆由于不想用贤人耳。苟有用贤人的决心，贤人哪有寻不到的呢？所以他就一反诗人的意思，而说“未之思也夫？何远之有？”，“夫”字有“罢”字的语气。武亿《经读考异》谓“夫”属上读，有咏叹之趣。古人解诗之辞，多以“夫”字属句末。刘氏《正义》以为其说良然。今亦从之。

按此章，《注疏》及皇本，均与上章相合为一章（《正义》同）。朱注则另立一章。与上章合为一章，意思是说普通的花，皆先开后合；独有唐棣之花，初开反背，终乃合并，是反常的。诗人见反常的花，而想到反常的道——权；又以行权是很难的，所以说不是不想行权，无如权之道很深远，不易求到也。而孔子则以为一个人已经至于道，已经有所建树，只要能够由常道反转来一想，就可以得到权的道理，所以说是不想权，并不是权之达深远也。（《注疏》又说明逸诗下一“子曰”，是记述者恐与诗言相乱而加。）

乡党第十

孔子于乡党，恂恂如也，似不能言者。其在宗庙、朝廷，便便言，唯谨尔。

“乡党”，乡是举其大名，党是举其中所属之一。“恂恂”，恭敬而又温和也。“如也”，言像这个样子。“似不能言者”，是好像不能说话的样子。孔子是极能说话的人，在乡党中，因为父兄宗族之所在，不欲以贤知先人，故言语寡少，好像不能说话的样子。

“便便”，辩论也。“谨”，谨慎也。孔子在鲁国的祖庙，或鲁君的朝廷，说起话来，必遵礼、据理，一些也不肯随便塞责，好像和人辩论，故曰“便便言”。“唯谨尔”者，言虽然多说话，但仍旧极其谨慎，不肯说错。

按本节与下节，《正义》并为一节。今从朱注分之。

朝，与下大夫言，侃侃如也；与上大夫言，訚訚如也。君在，踧踖如也，与与如也。

“下大夫”，官位与孔子相并的。孔子仕鲁，为小司空、小司寇(依《正义》说),故亦为下大夫也。但官位低于小司空、小司寇,亦有可称下大夫的,故此处“下大夫”,又包括位在孔子以下的。“上大夫”,即卿,官位在孔子以上的。《集解》采孔曰:“侃侃”,和乐之貌。“訚訚”,中正之貌。言孔子和同等的官及下级官说话,和气而欢乐。同上级官说话,中理而正当。所谓对下不骄,对上不谄也。此真不愧为圣人立朝的态度。

《集解》又采马曰:“踧踖”,恭敬之貌。“与与”,威仪中适之貌。言孔子上朝,君主在前,态度恭敬,威仪中适也。“中适”,犹言不亢不卑,恰到好处。

君召使摈,色勃如也,足躩如也。揖所与立,左右手。衣前后,襜如也。趋进,翼如也。宾退,必复命曰:“宾不顾矣。”

《集解》郑曰:“君召使摈者,有宾使迎之。”是说君主使孔子为己副以迎接宾客也。古时宾主相见,宾副曰介,主副曰摈。“色勃如”,是另外变一种容色。“足躩如”,是速行而脚盘旋辟易。言君主使孔子去接宾客,孔子必变色起敬,疾行而不如平时的舒迟也。

“揖所与立,左右手”者,《集解》郑曰:“揖左人左其手,揖右人右其手”。是说见宾客时,揖左首的宾,把手移向左面;揖右首的宾，把手移向右面也。“襜”，朱注“整貌”。言对宾客作揖时，衣服的前后虽动，而仍端正不歪斜也。

接宾客入内时，走得快，故曰“趋进”。“翼如也”者，《集解》孔曰：“言端正也。”盖据凌曙《典故核》所说，疾趋，须身小折，而头直，手足正也。

宾辞，君主命摈送宾。宾退去以后，孔子为摈事毕，必回到君主前复命说“宾已去了”。凌廷湛《礼经释例》曰：“凡拜送之礼，送者拜，去者不答拜。”按不答拜，即不顾也。说宾已去，曰“宾不顾”者，大概就是这个意思。

入公门，鞠躬如也，如不容。立不中门，行不履阈。过位，色勃如也，足躩如也，其言似不足者。摄齐升堂，鞠躬如也，屏气似不息者。出，降一等，逞颜色，怡怡如也。没阶，趋进，翼如也。复其位，踧踖如也。

“入公门”者，入君主的门也。古时诸侯有三门，即库门、雉门、路门。最先入的外门为库门。“鞠躬”，是低着头进去，如鞠躬的样子。“如不容”，言公门虽高大，而自己低着头，好像公门低小，不能容己一般，这是敬之至也。

“立不中门”，是说不立在门的中央。“阈”是门限。“行不履阈”，是说走过门，不踏在门限上。

“位”是君主的坐位。进了库门，到外朝，（诸侯三朝之一，其余二朝为治朝、内朝。）就见君主不常御的坐位。但君虽不在此位，而走过君的虚位时，亦当起敬，故“色勃如，足躩如”也。“勃如”“躩如”见第三节。

“言似不足”，言走过外朝的君位以后，渐近君主，故虽和人说话，不敢放肆，像说不畅快的样子。

“摄”，撩也。“齐”，衣的下摆叫“齐”。“升堂”，内外朝入雉门，升君主常日听政的治朝之堂也。这时孔子走路，撩着衣的下摆，样子也像鞠躬一般。

“屏气”，就是屏着鼻气，“似不息”，就是像不呼吸的样子。意思是不大声呼吸。盖在治朝对着君主，大声呼吸，似不敬也。

“出”，退朝时走出治朝之堂也。“等”，阶级也。“降一等”者，走下堂阶一级也。“逞”，舒展也。“逞颜色”者，屏气已久，走下堂阶一级，就舒气解颜也。“怡怡如也”，是和悦的样子。

陆德明《经典释文》云：“没阶趋，一本作没阶趋进，误。”《集注》陆氏曰：“趋下本无‘进’字，俗本有之，误。”但臧琳《经义杂记》则曰：“《史记·世家》作没阶趋进。《聘礼》注引《论语》同。《曲礼·士相见礼疏》引，并有进字。趋进者，趋前之谓也。旧有此字，非误。”

“没阶”，阶走完也。“趋进，翼如也”者，走完阶沿，在平地上向前走，虽不像对君主时的恭敬，亦很端正也。

“复其位”者，出雉门，回到外朝，又经过君主的处位之前也。“踧踖如也”，见前第二节。

按本节，皇疏、邢疏、朱注都说是记趋朝之事；唯《正义》则谓记聘问之事，说与上述不同。

执圭，鞠躬如也，如不胜。上如揖，下如授。勃如战色，足蹜蹜如有循。享礼，有容色。私觌，愉愉如也。

《正义》以上节与本节同记聘问之事，皇疏、邢疏及朱注，则以本节始为聘问邻国的礼容。

“圭”是玉器，为君聘使邻国，须执持君之圭而往。“鞠躬如也，如不胜”者，言执了君之圭，曲敛其身，并像不能胜举的样子，这是谨慎之至也。

“上如揖”者，言授圭时，恭敬如作揖的样子。“下如授”者，言授了圭下来，仍旧如授与时，很恭敬也。

“勃如战色”者，言执了圭去授时，小心谨慎，唯恐失礼，容色和平时不同，有像战栗的样子。

“足蹜蹜如有循”者，言行步促狭，不敢开大步，并且像循着执道而行，亦表谨慎的意思也。

“享”，献也。“享礼”者，行聘后之礼也。聘是问的意思，即代国君问邻国君之安否。行聘时礼质敬，故只授圭以表至诚。至行享礼时，则所献之物多，一一罗列庭中。这时不复有战栗之色，容貌较先时从容，故曰“有容色”。

“私觌”者，行聘享公礼已毕，和邻国君主，以私人的资格相见时也。“愉愉”，是一种很和气的神情和相貌。

君子不以绀緅饰。红紫不以为亵服。当暑袗絺绤，必表而出之。缁衣羔裘，素衣麑裘，黄衣狐裘。亵裘长，短右袂。必有寝衣，长一身有半。狐貉之厚以居。去丧，无所不佩。非帷裳，必杀之。羔裘、玄冠不以吊。吉月，必朝服而朝。

“君子”，谓孔子也。此节记孔子穿衣的情形。“绀”，玄色。“緅”，浅绛色。“饰”，领缘。“不以绀緅饰”者，言不用玄色、浅绛色做领缘也。玄色是斋服；以玄为饰，则像斋服。浅绛色是用以饰三年之丧的练服的，今非丧服，而亦以浅绛色为饰，则类于丧服矣。故孔子缘领，不用此二色也。

“亵服”者，在家中私居时所穿的衣服。红紫是间色不是正色，当时人虽爱用之，但孔子虽家居的衣服，亦不用此二色，至于正服更无论了。

“袗”，单衣也。细麻布叫絺，粗麻布叫绤。“袗絺绤”者，麻布的单衫，就是现在的薄夏布衫；“当暑”者，当暑热的时候，穿薄的夏布单衫。“必表而出之”者，言薄夏布单衫，只可做衣裳的外表；着身尚须穿一件里衣，使身体的皮肉，不外露也。一说“表而出之”，谓有表衣出其上，即加上衣也。

“缁衣”，黑色的衣；“羔裘”，是黑羊皮。“素衣”，白色衣；“麑裘”，是白色的麑皮。“黄衣”，黄色的衣；“狐裘”，色黄。古人穿皮袄，以毛向外，而皮袄的外面更加一单衣，这单衣叫做“裼”。上所谓衣，即裼也。孔子要里外的衣服颜色相称，故裼与裘，必用一色。

“亵裘”，是家居时穿的皮袄；做得长，取其暖也。“短右袂”者，右手的衣袖短些，取其便于做事。说“右”，本作“又”，手也，非仅指右手而言。

“寝衣”，即现在的被子。“有”，古通又。言睡时盖的被子，比身子长一身半，使手脚不外露也。

“狐貉”，狐皮袄也，毛长而暖，家居的时候，衣服贵能适体，故孔子穿狐皮袄也。一说“居”有坐的意义，此说以狐貉为坐褥，非言家居的衣服。

平常时候，身边必带挂玉器。只有丧事时，则把玉去掉。故曰“去丧无所不佩”。“佩”，即带挂玉器也。

“帷裳”，是朝祭之服，像帷幔一般，用整幅布做，前三幅，后四幅，在裳的上畔，摄收使小，以称腰身，故襞积很多，如今之百褶裙。因为是要用整幅布做，所以并不斜杀其幅。所谓“杀”，即割削剪裁也。“非帷裳”，是帷裳以外的其他衣裳。这些衣裳，下畔倍于上畔的腰，必斜杀其幅以缝之。故曰“必杀之”也。大概当时人，于非朝祭的帷裳，亦有用整幅布做，而不斜杀其幅者，孔子则不然。故门弟子记之。

古人以白色为素服，玄色为吉服。“羔裘玄冠”，是吉服，故孔子不用以吊丧。

“吉月”，是月之初一日。古时，初一日君臣有至太庙视朔之礼。视朔之服，为皮弁、素衣、素裳。而平日视朔之服，则为玄冠、缁衣、素裳。此处所谓“朝服”，《集解》引孔曰：“皮弁服也”。按即视朔之服也。鲁自文公不视朔，而孔子独于是日，仍衣皮弁服而朝，亦我爱其礼之意也。一说（见毛氏《四书改错》）孔子在初一日，必先衣皮弁服入朝，至君不视朔，然后易朝服而朝于君。本来朝服而朝，可不必记；因其不先服，故记之也。又一说（见宦氏《论语稽》）谓鲁自季康子，朝取用素衣，即视朔之服；而孔子则虽在初一日，即视朔之日，亦避礼衣缁衣的朝服而朝，故特记之。但此说与孔注皮弁服不合。

按本节依《正义》至“齐必有明衣布”止，今从朱注至此止。

齐，必有明衣，布。齐必变食；居必迁坐。

此章记孔子斋时衣食居处之事。

“齐”,即斋字。凡祭祀必斋,斋必沐浴。“明衣”,皇疏谓“斋浴时所着之衣也。浴竟身未燥,未堪着好衣,又不可露肉。故用布为衣,如衫而长身也。着之以待身燥。”

“变食”者,《集解》引孔曰:“改常馔”。朱注云:“谓不饮酒,不茹荤。”“迁坐”者,《集解》引孔曰:“易常处”。朱注同。按变食、迁坐,亦无非求清洁也。

按本节言明衣,《正义》归入上面衣的一节,言食与居处,《正义》归入下面食的一节。今从朱注另为一节。

食不厌精,脍不厌细。食饐而餲,鱼馁而肉败,不食。色恶不食。臭恶不食。失饪不食。不时不食。割不正,不食。不得其酱,不食。肉虽多,不使胜食气。唯酒无量,不及乱。沽酒,市脯,不食。不撤姜食,不多食。祭于公,不宿肉。祭肉,不出三日;出三日,不食之矣。

此节记孔子日常饮食的事。

“食”,饭也。“脍”,牛、羊与鱼之切细的。“厌”,《正义》引《国语》韦注曰:“极也”。孔子淡泊而尚俭,故饭不极精,脍不极细。一说“厌”,嫌恶也,义适与训极相反。

“饐”者，饭煮得太烂。“餲”者，烂饭变了气味。孔子对于这种饭是不吃的。“鱼”坏曰“馁”，“肉”坏曰“败”。凡鱼与肉坏了的，孔子亦不吃也。此孔子讲究卫生之处。

吃的食物，颜色不好曰“色恶”，气味不好曰“臭恶”，都是就要坏了。“失饪”者，火头不足，没有煮熟。“不时”者，不是吃饭的时候。——如半夜、半上昼、半下昼，都不是吃饭的时候。孔子对食物，颜色不好，气味不好，没有煮熟以及不是应吃的时候，都不吃也。一说“不时不食”，谓生非其时，不吃。

“割”，割肉也，今人言切。“割不正”，皇疏及朱注均谓切不方正。邢疏谓析解牲体脊胁臂臑之属，不得其正；《正义》亦主之。割不正的肉，虽然无害卫生，但孔子亦不苟食也。

“酱”，种类不一，有烹时用的，有吃时加的。孔子对于食物，如无相宜之酱，不欲食之。

“肉”为下饭之菜，使肉佐饭，适得其当，最好。若只吃一些饭，而辅以许多肉，这便是吃肉不是吃饭了，是肉胜饭气了。孔子则不如此。

酒为宾主尽欢而饮。若多饮而醉，往往惹祸。故孔子饮酒虽无限量，但绝不至于乱。

“沽酒”，是市上买来的酒，里面多有杂质羼入。“市脯”，是市上买来的干肉，多不新鲜或不清洁。二者吃了喝了，有碍卫生，故孔子不吃不喝。

“姜”，即生姜。菜中用姜，能去腥秽，故不撤去。

“不多食”，即近人所谓“适可而止”，不贪心多吃也。一说此“不多食”，承上姜说。

“祭于公”者，公家的祭祀也。公祭的肉，待分到，或已过了三日。故孔子必当天就吃，不再过夜，使肉更不新鲜。故曰“不宿肉”也。夜里必宿，故言宿即言过夜也。“祭肉，不出三日；出三日，不食之矣。”译为俗语是：“自己家里祭祀的肉，孔子也不过了三日才吃；过了三日，这肉难免腐败，所以不吃它了。”

食不语，寝不言。

“食不语”者，吃饭的时候不说话。“寝不言”者，睡觉的时候不说话。皇疏“言是宜出己，语是答述也。食须加益，故许言而不许语；语则口可惜，亦不敬也。寝是眠卧。眠卧须静；若言则惊闹于人，故不言也”。朱注引范氏曰：“圣人存心不他，当食而食，当寝而寝，言语非其时也。”

虽疏食、菜羹、瓜祭，必齐如也。

“疏食”，是菜饭。“菜羹”，是以菜为羹。“瓜”，是供食的瓜类。“齐”，孔注“严敬貌”。

此言孔子祭祖先也。孔子到了祭祖先的日子，有时买不到鱼肉之类，就是用菜饭、菜羹或瓜类来祭。但祭品虽薄，他的容貌是很严敬的。

按“瓜”，鲁论作“必”。郑玄注主从古。孔安国注“三物虽薄，祭之必敬”。有“三物”二字，亦主作“瓜”也。朱注谓“虽薄物必祭”，则从鲁矣。

席不正不坐。

此记孔子所居必正也。古时席地而坐。设于地的席，如有移动偏斜，孔子不坐。

乡人饮酒，杖者出，斯出矣。乡人傩，朝服而立于阼阶。

“乡人饮酒”者，古时行乡饮酒礼也。“杖者”，年纪老的人拿杖，故称“杖者”。此说行乡饮酒礼时，孔子必等年纪老的人出去了，自己才出去。因老者本应敬重；此礼贵龄崇年，主于养老，更不可对老人失敬也。

“傩”，是古时一种逐疫的风俗，意思要把一乡里的疫鬼驱逐出去也。“阼阶”者，东面的阶上，古礼以此为主人所立之阶。“朝服”，即上朝时的礼服。孔子遇乡村里行逐疫的时候，必穿着朝服，去立在家庙的东阶之上。皇疏曰："孔子闻乡人逐鬼，恐见惊动宗庙，故着朝服而立于阼阶，以侍祖先，为孝之心也。"

本节两件事，一见孔子尊老，一见孔子孝祖先，而都是关于居乡之事也。

问人于他邦，再拜而送之。

按邢疏云："此记孔子遗人之礼也。'问'，犹遗也。问者，或自有事问人，或闻彼有事而问之，悉有物表其意。……此孔子凡以物问遗于他邦者，必再拜而送其使者，所以示敬也。"《正义》曰："皇疏以问为聘问，人为邻国之君，非也。"《论语稽》云："士相见当再拜，今拜使者，如拜所问之人。"合观诸种解释，本节的意思很明白了。就是说孔子遣使至外国访问朋友，同时以物送给朋友。当使者出国时，孔子再拜而送之，如送其所访问的朋友也。

康子馈药；拜而受之，曰："丘未达，不敢尝"。

康子，是鲁国的卿。他送药品给孔子，孔子拜而受之。接受大夫之馈而拜，礼也。但一拜而不再拜。"曰：'丘未达，不敢尝'"者，"达"，犹晓也。"尝"，《说文》："口味之也。"引申为饮食之义。就是孔子说:“我还不知道这药治什么病,所以不敢饮也。”《曲礼》曰:“医不三世,不服其药。”孔子不服康子的药,就是这个意思。

厩焚。子退朝曰:“伤人乎?”不问马。

“厩”者,马房也。孔子上朝之时,家中的马房被火烧毁;孔子退朝以后,只问伤没伤人,不问马如何。这是孔子贵人而贱畜也。

君赐食,必正席先尝之。君赐腥,必熟而荐之。君赐生,必畜之。侍食于君,君祭先饭。

此节记孔子受君赐食及侍食的事。

“君赐食”者,君以熟食赐孔子也。“必正席先尝之”者,接了君赐的熟食以后,必恭恭敬敬坐着,先自己来品尝,然后再以余者颁赐他人。盖敬君之惠,而又不留君之惠也。“君赐腥”者,“腥”是生的肉或鱼。为荣君之赐,必煮熟了,先祭一祭祖先,故曰“必熟而荐之”。至君赐熟食不荐者,恐为馂余也。“君赐生”者,“生”是活物;因系君赐,不忍即杀,所以养畜之,以待祭祀之用也。

“侍食于君”者,孔子侍坐于君的旁边,陪君吃饭也。“君祭先饭”者,“祭”是古礼之一,食时把种种食物,先取出少许,放在俎豆边地,以报先代造食之人也。“先饭”,即先尝食之,以饭赅其余的食物也。孔子侍食于君,在君祭时,自己遵礼先吃,如为君尝食一般,故曰“君祭先饭”也。

疾,君视之;东首,加朝服,拖绅。

此言孔子有病,君来看病,故曰“疾,君视之”。“东首”,是睡时头在东面;因君入室,必背西而向东,头在东面,则可面君也。一说东方主生,“东首”为受生气。但毛奇龄已驳之谓:“疾在平时,当受生气;曾面君而受生气乎?”“绅”,是大带;上朝时所用。孔子有病,不能起床,穿朝服见君,而又不敢以便服见君,所以君来看病,把朝服盖在身上,又把绅拖在朝服上面,以尽礼也。

君命召,不俟驾行矣!

“君命召”者,君有命令来叫孔子也。上呼下曰“召”。“驾”者,马车也。凡遇君召的命令,来不及等到马和车子扣好而坐车;因为立刻要去见君,等马车要好些时候,所以即时步行而去也。“不俟驾行矣!”译为白话文,就是“不等马车就走了”。

入太庙，每事问。

义见前《八佾》篇，按《论语稽》谓此篇"杂记圣人之事，入庙在所当记，非重出也"。

朋友死，无所归，曰："于我殡。"

此节记孔子交友以义也。"朋友死，无所归"者，孔子有个朋友，害病死了，没有家族来料理丧事也。"曰"，是孔子说。"于我殡"者，就是由我来殡殓他。当时大家都莫知所处，孔子因以殡殓之事自任，故说这话。

朋友之馈，虽车马，非祭肉不拜。

"馈"，是朋友们送东西。因为朋友有通财之义，所以虽把车马等贵重的东西来送，也视为平常的事情，而不拜也。只有朋友把祭祖先的肉来送，孔子因敬重朋友的祖先，则必拜而受之。

寝不尸，居不容。

"寝"是平日睡卧。"不尸"者,不像尸首一般直挺挺地卧在床上也。《正义》云:"夫子曲肱而枕,则侧卧可知,今养生家亦如此说。""居",是平日住在家里。"不容"者,不像上朝或祭祀时,有庄肃的容仪,这时的态度,十分自然活泼也。

按《经典释文》"容"作"客";《唐石经》亦作"客"。臧琳《经义杂记》驳邢疏"不为容仪"云:"夫君子物各有仪,岂以私居废乎?"又解孔注"为室家之敬难久"云:"谓因一家之人,难久以客礼敬己也。"

见齐衰者,虽狎必变。见冕者与瞽者,虽亵必以貌。

此节与《子罕》篇所说:"子见齐衰者,冕衣裳者,与瞽者,见之虽少必作,过之必趋"一段,大同小异。意思亦是哀有丧,尊在位,矜不成人也。但《子罕》篇所记,为对于齐衰、冕、瞽之不相识者,而此节则为对于相识之齐衰、冕、瞽者也。

"狎",与自己素来亲热也。"虽狎必变"者,孔子见穿丧服的人,虽是素所亲热的,亦必变了容色对他,异于常时也。"亵",常常相见也。"虽亵必以貌"者,孔子见在位的大夫及瞎子,虽是常常相见的,亦必以礼貌相待也。

凶服者式之。式负版者。

“凶服”者,死人的衣物也。“式”,即后世之“轼”,是车上一条横木,引申为把身体凭在式上以表敬意的意思。“版”者,古时无纸,国家的图籍,都是用竹板、木板写。“负版者”,捧国家图籍的人也。此节所记,是孔子在车子上,见有送死人的衣物者和捧国家图籍的人,必在式上凭着,以表敬意。孔子哀敬死者,故送死者衣物,亦敬之也。图籍是国家重要的物件,所以孔子敬重之。

有盛馔,必变色而作。

“盛馔”者,即丰富的酒席。“变色而作”者,《集解》引孔曰:“作,起也。敬主人之亲馈。”就是说主人亲馈丰富的酒席,孔子必变色而起,敬礼有加也。此节对于孔注“亲馈”二字,极要注意。因非亲馈,则虽为盛馔,孔子亦不若是重视也。

迅雷、风烈,必变。

忽然一声霹雳,叫作“迅雷”。忽然起了一阵大风,叫作“风烈”。“必变”者,敬重天意也。因古时都是信天在上司赏罚,忽然起了大雷大风,以为是天动怒,所以恭敬对天也。《礼记·玉藻》云:“若有疾风、迅雷、甚雨,则必变,虽夜必兴,衣服冠而坐。”义与此同。

按本节,《正义》与上节并为一节。兹因二事,性质并不相近,故分之。若因其变色相同,则见齐衰者亦变色,彼既不与此连为一节,此亦不必连也。

升车,必正立执绥。车中,不内顾,不疾言,不亲指。

此节记孔子乘车之礼。

“绥”者,是挽上车的一条绳索。孔子上车的时候,必正立而手执绥,表示不乱动,亦防倾跌也。

“内顾”者,回头看后面。“疾言”者,说话说得响而又快也。“亲指”者,把手指头指来指去也。《正义》曰:“亲字义不可解。《曲礼》云:‘车上不妄指。’亲疑即妄字之误。”孔子坐在车中,不回头看后面,说话不响而快,不把手指头指来指去,因恐失容,且恐惑人也。

色斯举矣,翔而后集。

此节记孔子审去就也。孔子见所处的地方,有人对他颜色不善,就像鸟飞去一般,离开这个地方,古曰“色斯举矣”。

“翔而后集”者，言孔子欲有所就时，必先观察可就与否，可就则就，好像鸟飞来飞去，看得有好停止的地方，然后再飞下去，停止在这里也。

曰：“山梁雌雉，时哉！时哉！”子路共之，三嗅而作。

此节记孔子感物而叹，并不苟食也。“梁”，桥也。“雉”，野鸡。“曰：‘山梁雌雉，时哉时哉’”者，就是孔子在山中溪上的石桥上走过，见雌雉之悠悠自得，因数人不得其时，而羡鸟之得时道：“这山梁雌雉，得其时哉！得其时哉！”

子路听了孔子的话，误以为孔子称赞雉鸡是时物，想吃雉鸡的肉，因此去把雉鸡抓来，做了菜请孔子吃。不知孔子之称赞雉鸡，是来比喻人不遇时的。今见子路把雉鸡给自己吃，心知子路误会，然又不好逆了子路的盛情，所以嗅了三嗅，立起来不吃。所谓“共”，即供给也。所谓“作”，即起来也。

学生敬重先生，见先生说雉鸡好，不细细想一想先生的称赞，究竟是不是要吃雉鸡，连忙去抓来请先生。子路的为人，我们于此节，亦可见之。

《论语》记孔子言动，像此种小事，都织悉备载，所以我们对于孔子的言行，求之《论语》已足，不必再求于他种书了，因为他种书记载孔子的言行，多有靠不住的。

按本节与上节，《正义》连为一节。今依邢疏分之。

先进第十一

子曰："先进于礼乐，野人也。后进于礼乐，君子也。如用之，则吾从先进。"

"先进""后进"者，犹今人言前辈、后辈也。"先进于礼乐，野人也"者，言前辈对于礼乐、文质得宜；但流俗不明白，以为是质朴的野人也。"后进于礼乐，君子也"者，言后辈对于礼乐，文过其质；但流俗亦不明白，以为是彬彬的君子也。这两句是说后辈不及前辈，而流俗对于野人、君子的辨别错误了。"如用之，则吾从先进"者，就是孔子自言："我如果要行起礼用起乐来，一定照前辈的文质得宜"也。

按此是依程朱之说（见《集注》）解释的。何解、邢疏以"先进"为前辈不因时损益礼乐而有古风的；"后进"为后辈因时损益礼乐而得时之中的。皇疏以"先进"为质朴的前辈；"后进"为文胜质的后辈。三者皆以孔子"从先进"，是要还淳返素的。刘氏《正义》的话又不同。他以为"先进于礼乐"是先习礼乐而后服官的；因其未服官时，没有爵禄，而为平民，故曰"野人"也。"后进于礼乐"是袭先世的爵禄，起先并没有学习礼乐，到了服官之后，才思为礼乐之事的；因其袭先世的爵禄，世代为卿大夫，故曰"君子"也。孔子反对当时世袭爵禄的制度，主张行古代的选举法，所以说如果有用我的，我必行先学而后服官的制度。

统观诸说，以《正义》为最合实际；程朱之说亦通。至何、邢、皇等诸说，与孔子平日贵时中、贵文质彬彬之义不符，《正义》已驳之。

子曰："从我于陈蔡者，皆不及门也。"

孔子在陈国蔡国路过的时候，吃过许多苦头，甚至饭都断绝过。这时已经出了陈蔡，但相从于患难中的弟子都不在门，孔子心里记念他们，所以说"从我在陈蔡受难的弟子，现在都不在门"。

按"不及门"训"不在门"，是朱子之说。何解引郑玄注及邢疏、皇疏均训"不及仕进之门"。皇疏言之较详，说"孔子言时世乱离，非唯我道不行；只我门徒，虽从我在陈蔡者，亦失于时，不复及仕进门也"。刘氏《正义》说："《孟子》云：'君子之厄于陈蔡之间，无上下之交也。'无上下之交，即此所云不及门也。"又说："夫子周游，亦赖群弟子仕进，得以维护之；今未有弟子仕陈蔡，故致此困厄也。"

德行：颜渊、闵子骞、冉伯牛、仲弓。言语：宰我、子贡。政事：冉有、季路。文学：子游、子夏。

此章(朱注与上章合为一章)是记述孔子的高足弟子。孔子弟子三千人,身通六艺者七十二;而此十人,尤为翘楚也。一说十人是从孔子于陈蔡者。

前言孔子所说的学,是学做人;学做人,所以“德行”列在第一。“言语”者,就是会说话。孔子时代,列国并立,做官的人,常要出国办外交,所以说话极其注重。“政事”者,就是能从政而有政治学识的人才。“文学”者,能读《诗》书,知典故的人。十人均称字,其名已见以前各篇,卷首的《孔门弟子述要》,亦可参阅。

子曰:“回也,非助我者也!于吾言无所不说。”

回,即颜渊。孔子呼颜渊之名而说道:“回这个人,并不是要帮助我,不过他听了我的话,无不欢喜。”此即可见颜渊佩服孔子,真而且深;孔子对他,遂有知己之感。一说“助我”是质疑问难,以启发孔子的施教,如孔子称子夏的“起予”就是。至于颜渊对于孔子的话,是默识心通、无所疑问的,所以不能为孔子启发也。旧解多作此说,唯皇疏引孙绰曰:“所以每说吾言,理自玄同耳,非为助我也。”与我上面的解说略同。

子曰："孝哉！闵子骞，人不间于其父母昆弟之言。"

闵子骞的德行，以孝为最可称。通行的《二十四孝》一书中，就有他这个人。"孝哉！闵子骞"，就是孔子说"闵子骞这个人，真是能孝父母的"。一说这句话是孔子述当时人称赞闵子骞的话；否则孔子不会称弟子以字也。但我在篇首已说过，《下论》的文体，颇有与《上论》互异的，这不过其杂乱的一点，其余还多着呢！我们似不必因记者文体的杂乱，而遂疑孔子的话。

"人不间于其父母昆弟之言"者，"不"作"无"字讲。"间"，是非毁皆议的意思。"昆弟"即兄弟。全句意义，就是"别人没有非毁他父母兄弟的话"。别人不非毁父母兄弟，何以就可称孝呢？因照世人所传：闵子骞之母死，其父又娶后妻。闵子骞的后母，待骞很不好，而待自己亲生的两个儿子很好。闵子骞很孝后母，并不怨恨后母和后母所生的两个弟弟。后来父亲知道后妻不好，要遣走她；骞又劝止父亲。后母和两个弟弟也都感动了。照上面所说，别人之不非毁父母兄弟，不是的确由于闵子骞的孝吗？刘氏《正义》曰："人无非间之言，不是无非间闵子之言，乃无非间其父母昆弟之言。"于本章意义，说得最明白了。

朱子《集注》，采胡氏之说曰："父母兄弟，称其孝友，人皆信之无异辞者，盖其孝友之实，有以积于中而著于外，故夫子叹而美之”。若照此讲，则“间”字作“异”字讲。即父母兄弟称闵子骞孝友，别人也称闵子骞孝友，而无异辞也。

南容三复《白圭》，孔子以其兄之子妻之。

南容，是孔子的弟子，孔子把侄女许给他为妻，这在前《公冶长》篇都已说过了。不过那篇的“子谓南容”章，说南容能“邦有道不废，邦无道免于刑戮”，此章则说他“三复《白圭》”。

“《白圭》”，是《诗经》里四句诗。诗是“白圭之玷，尚可磨也；斯言之玷，不可为也”。“白圭”，是白玉。“玷”，是疤点。“白圭之玷，尚可磨也”者，是说白玉上有一些疤点，尚可把它磨去也。“斯言之玷，不可为也”者，是说一个人说话说错，有了污点，被人听去，永久看不起他，故曰“不可为也”。这四句诗，是教人说话要谨慎，不可说错；若有一句说错，被人记得，终身免不掉这个疤点。“南容三复《白圭》”者，南容把这四句诗，每一天诵三遍也。

南容能一天诵三遍《白圭》的诗，那么他说话一定很谨慎了。说话谨慎，所以能邦有道不废、邦无道免于刑戮也。本章与《公冶长》篇的“子谓南容”章，义相贯通，即那章说其果，此章说其因。

季康子问："弟子孰为好学？"孔子对曰："有颜回者好学，不幸短命死矣！今也则亡。"

按本章与《雍也》篇"哀公问"章，大同小异。不过那章问者为鲁哀公；此章问者为鲁大夫季康子。又那章孔子答语，于"好学"下，多"不迁怒，不贰过"两句而已。崔述《洙泗考信录》，谓此未必果为两事。今因其义已见"哀公问"章，不复述。

颜渊死，颜路请子之车以为之椁。子曰："才不才，亦各言其子也。鲤也死，有棺而无椁。吾不徒行以为之椁；以吾从大夫之后，不可徒行也。"

此章是追记颜渊死时之事。颜路是颜渊之父，名无繇，少孔子六岁。孔子开始授徒时，他也是门人之一。颜路见孔子最爱颜渊，自己家又极贫，故有"请子之车以为之椁"之事也。

"椁"者，犹现在的石椁。"鲤"，是孔子的儿子，字伯鱼。"徒行"，就是步行。"从大夫之后，不可徒行也"者，是孔子自说我为鲁国的大夫；别的大夫都坐车子，我也只得坐车子，不便步行跟在人后也。实为大夫，而曰"从大夫之后"者，《集解》引孔曰:“谦辞也。”但刘氏《正义》则曰:“孔子初仕鲁为大夫;及去位,从士礼。其后鲁人以币召孔子归,自必复其爵而不居位,若大夫致仕者然,故但从大夫之后。”

此章译意,就是:

“颜渊死了,颜渊的父亲颜路,见孔子最爱颜渊,又为自己家贫,做不起石椁,所以请求孔子,把孔子的车子卖去,用这笔款,去做颜渊的石椁。孔子听了颜路的请求,对颜路说:‘回和鲤,固有才不才的分别;但这也不过各人说自己的儿子罢了。我的儿子鲤死的时候,也只有棺材而无石椁。我所以不把车子卖去,给儿子做石椁者,因为我常要跟在别的大夫之后议事,他们坐车子,我不便步行也。’”

颜渊死。子曰:“噫!天丧予!天丧予!”

此上下数章,皆记颜渊死时之事。“噫”,叹声,犹今人“唉”的叹一声。“天丧予”,意思是颜渊丧亡,我失辅佐,和天丧亡我自己一样;连说两句,痛悼之深也。

颜渊死,子哭之恸,从者曰:“子恸矣!”曰:“有恸乎?非夫人之为恸而谁为?”

“恸”者,悲伤过甚,哭不完的哭也。颜渊死的时候,孔子往颜渊家，悲伤过甚，哭不完的哭，故曰“颜渊死，子哭之恸”也。“从者”，是从孔子往颜渊家的门人，从者见孔子悲伤到这样地步，所以说“子恸矣！”。“有恸乎”者，是孔子不自知己之悲伤过甚，听见从者说，他就问道：“悲伤过甚吗？”“非夫人之为恸而谁为”者，是孔子接着又说道：“我不为这个人悲伤过甚，还为哪一个人这样悲伤呢？”“夫人”，就是“这个人”也。

颜渊死，门人欲厚葬之。子曰：“不可。”门人厚葬之。子曰：“回也，视予犹父也；予不得视犹子也。非我也，夫二三子也！”

古代阶级制度甚严。诸侯、大夫、士、庶人，都有一定的制度。死而祭葬，都有定礼。颜渊人品虽贤，但终是一个平民。平民，是不应用富厚的葬礼的。厚葬，就是违礼。“颜渊死，门人欲厚葬之，子曰‘不可’”者，门人因为仰慕颜渊之贤德，又以渊是孔子最爱的人，所以要厚葬他。孔子以厚葬为违礼，故曰“不可”也。

不料孔子虽如此说，门人不听孔子的话，竟把颜渊厚葬了。孔子知道了此事，因叹道：“回也，视予犹父也，予不得视犹子也。非我也，夫二三子也！”意思是说：“颜回这个人，他看我同父亲一样，我岂有不愿他厚葬呢？因为厚葬是违礼的，所以我以为不可。现在门人，竟把他厚葬了。若真是我的儿子，我可出主意，不使他们违礼厚葬。现在颜回，自有他父亲颜路；他喜欢听门人厚葬了，我虽爱颜回如子，然不便干涉的。这个违礼的举动，既非我的心思，是弟子们的主意，所以颜回视我犹父，我不能视回犹子，不是我的薄情，是弟子们使我这样的。”

季路问事鬼神。子曰：“未能事人，焉能事鬼？”曰：“敢问死。”曰：“未知生，焉知死？”

季路，即子路。古时“季”字与“子”字通用，故此处称季路。“季路问事鬼神”者，就是子路问对于鬼神，应如何敬重，如何奉事也。“子曰：‘未能事人，焉能事鬼’”者，孔子告子路“你不能尽事人的道理，却讲什么事鬼”也。刘氏《正义》说：“事人，若子事父、臣事君是也。焉能事鬼，言鬼则神可知；或以事鬼下脱神字，非也。”“曰：‘敢问死’”者，子路见孔子不答他问事鬼的话，心中由鬼而联想到死，就再问孔子“一个人对死，应该怎样”也。“曰：‘未知生，焉知死’”者，孔子的话，就是俗语说的“一个人活都管不来，还管死呢”的意思。

闵子侍侧，訚訚如也。子路，行行如也。冉有、子贡，侃侃如也。子乐。“若由也，不得其死然！”

“侍侧”，伺候在孔子旁边也。“訚訚”者，恭恭敬敬的相貌。“行行”者，刚强的相貌。“侃侃”者，很和气欢乐的相貌。宋翔凤《过庭录》，引《说文》解本章，说“行行”应作“侃侃”；而下“侃侃”，应作“衎衎”。（《乡党》篇“侃侃”亦应作“衎衎”。音同侃。）因“侃侃”训刚强，而“衎衎”训和乐也。至“行行”二字，想是涉下文“衎衎”而误。孔子见伺候在身边的四个门人：闵子的相貌，是恭恭敬敬的；子路的相貌，是刚强不怕死的；冉有、子贡的相貌，是很和气而欢乐的：都有真性情流露出来，所以很欢喜。“子乐”，即谓孔子很欢喜。但孙奕《示儿编》说“子乐”应作“子曰”，属下。因见子路不得其死然，有何可乐呢？

“若由也，不得其死然”，是孔子说的话。照孙奕说，这句是孔子说的话，固很明了；而照皇本，“若”上亦有“曰”字。这句话的意思，就是说“由的相貌，像要不得好死一般”。特戒子路，亦欲全其乐育也。按后来子路在卫国做官，果然死于乱事，可见孔子观察得不错。

鲁人为长府。闵子骞曰：“仍旧贯，如之何？何必改作？”子曰：“夫人不言，言必有中。”

“长府”者,藏货财的府库也。“长”,是这府库之名。“仍”,因也。“贯”,事也。“中”,中理也。本章译成白话文,就是:

“鲁国的君臣,就原有藏钱财的库房,改造新式的库房,取名叫‘长府’。闵子骞因此种举动,徒然劳民伤财,于实际是并无益处的,所以对鲁国的执政者说:‘旧库房未尝不可藏钱财,现在因仍旧事,只把旧库房略加修理,你看怎么样?就我看来,略加修理,也很好了,何必改造呢?’孔子听见闵子骞的话,称赞他道:‘这个人除非不说话;说起话来,一定是合于理的。’”

子曰:“由之瑟,奚为于丘之门?”门人不敬子路。子曰:“由也升堂矣!未入于室也。”

“瑟”是一种乐器。鼓瑟的声音,要和而能使人优游自得才好。“由”是子路。子路好勇喜斗,所以他鼓瑟变成一种杀伐的声音。孔子不以为然,就对门弟子说:“由之瑟,奚为于丘之门?”就是说:“由的这种鼓瑟,怎么鼓到我(丘)的门里来了?”门弟子听了孔子说子路的错处,就看不起子路,不敬重他,故曰“门人不敬子路”也。孔子知道门人不敬子路的原因,于是又对门人解释道:“由也升堂矣,未入于室也。”就是说“由的人品学问,已经是好的了;不过没到顶好的地步罢了!

譬如一个人,已经走到堂上,还没有走进室内罢了!”

子贡问:“师与商也孰贤?”子曰:“师也过,商也不及。”曰:“然则师愈与?”子曰:“过犹不及。”

“师”是子张的名。“商”是子夏的名。弟子对师,都应称名,所以尊师也。“孰贤”者,犹谁好也。子贡问孔子:“子张与子夏两个人,哪个好些?”“子曰:‘师也过,商也不及’”者,是孔子答子贡说:“子张办事,往往过头;子夏则往往不到吧。”意思是说两个人都不能适中,都有短处也。子贡误以为过头好些,故又问:“然则师愈与?”就是说:“那么子张好些吗?”“子曰:‘过犹不及’”者,就是孔子说:“过头与不到,是一样的。意思是一样有短处也。”

季氏富于周公,而求也,为之聚敛而附益之。子曰:“非吾徒也!小子鸣鼓而攻之,可也。”

周公为武王之弟,成王之叔。他做周朝的宰相,又封于鲁,所以是应该富于其他的臣子的。今季氏不过鲁国一个贵族,他的财产,竟比周公还要富,已经是不应该了。不料冉有(求)还要帮他搜刮钱财,增加季氏的富,故曰“而求也,为之聚敛而附益之”。“聚敛”者，即搜刮各地方的财产而聚集之也。“附益”者，附在旧有的财产上面，使它益加多也。

孔子见冉有帮季氏搜刮小民的财产，深恶痛绝，故曰：“非吾徒也！”犹言这种人，不是我的学生也。“小子”者，叫别个学生也。“鸣鼓而攻之”者，犹言如战场上，捶起鼓来，杀伐敌人。是叫别个学生，对冉有声罪致讨的意思。

柴也愚，参也鲁，师也辟，由也喭。

这四句，是孔子时常所说的话，不过记者未加“子曰”二字罢了。《正义》谓“不署‘子曰’，与前四科同”。按四科十人都称字，似非孔子的话；否则又是记者文体误也。“柴”，是孔子弟子，姓高，字子羔，名柴。“愚”，即俗语说的憨直。“参”，是曾参。“鲁”，是迟钝而不灵敏。“师”，是子张。“辟”，是注意仪容，而诚朴不足。“由”，是子路。“喭”，是过于刚直，而涵养有亏。这四个人，每人都有一种短处，故孔子时常说起，想他们改过也。

按《注疏》本及皇本，皆以本章与下章相连。朱注分之，今从朱注。

子曰：“回也其庶乎！屡空。赐不受命而货殖焉，亿则屡中。”

前章是孔子说近于狷的子羔、子舆，近于狂的子张、子路；此章是孔子说颜渊和子贡也。“庶”，庶几也。“回也其庶乎”，就是说：“颜渊庶几是个完人了吧！”“屡空”者，他家里的衣食，屡次空而没有也。意思是说颜渊能够安贫乐道。

“不受命”者，不肯听天任命，安贫乐道也。“货殖”，是唯财货是殖的意思，就是做生意。“亿”者，猜测也。“屡中”者，每每猜着也。子贡会做生意，如现在的买贱卖贵。子贡猜得着这货物，将来要涨价，在便宜的时候，买了进来；到价涨了卖出去。所以说“亿则屡中”也。孔子之意，是子贡不能安贫乐道，因不及颜渊；但其才识过人，用以求道，亦能有成。当时继颜渊而说子贡，是要子贡加以勉励也。

子张问善人之道。子曰：“不践迹，亦不入于室。”

“善人”，质美而未学者也。“子张问善人之道”者，子张问孔子，善人常怎样以自处也。“践迹”，就是这前言往行以成其德。“入于室”，即德成也。“不践迹亦不入于室”者，言质美的人，不照前言往行去做，德也不会成的。譬如入室，不照别人由堂户进来的一条路走，总也不会走进室内也。

按上解是从刘氏《正义》的。《集解》引孔曰：“践，循也。言善人不但循追旧迹而已；亦多少能创业。然亦不能入于圣人之奥室也。”（皇、邢均依此疏解）《集注》引程子曰：“善人虽不必践旧迹；而自不为恶。然亦不能入圣人之室也。”此说与上稍不同。

子曰：“论笃是与？君子者乎？色庄者乎？”

按此与上节相连，同为一章。邢疏说：“此亦善人之道也，故同为一章。当是异时之语，故别言‘子曰’也。”此节意思，就是言论厚重，是善人；没有鄙行的君子，是善人；颜色不恶而严，使小人畏他的，也是善人。孔子作疑问的口气者，谦不正言也（见邢疏）。疑问词或作“与”，或作“乎”者，文法的变化也（见《正义》）。一说上三种之为善人，有时有似是而非的，故孔子为疑词也（亦见《正义》）。

朱子《集注》以此节自为一章。其解亦不相同。他说这是不可以言貌取人的意思。照他的解释，译成白话文，就是“只看人言论笃实，就称许（与）他，是靠不住的。这个人究竟真是君子呢？还是只不过脸上规矩呢？我说是不能决定的”。

子路问：“闻斯行诸？”子曰：“有父兄在，如之何其闻斯行之？”

“闻斯行诸”，就是“听见了一件事体，当即去做吗？”这是子路问的话。"子曰:'有父兄在,如之何其闻斯行之'者",是孔子说:"有父兄在的时候,应该请示于父兄,然后去做,哪里好一听见就去做呢?"

冉有问:"闻斯行诸?"子曰:"闻斯行之!"

冉有也来问:"听见一件事体,就去做吗?"孔子答道:"听见了,就去做吧!"

公西华曰:"由也问:'闻斯行诸?'子曰:'有父兄在。'求也问:'闻斯行诸?'子曰:'闻斯行之。'赤也惑,敢问。"

公西华以为子路和冉有,问的是一句说话,乃孔子答的,两人不同。故曰"赤也惑,敢问"。赤,是公西华的名。他自己称名,对孔子道:"我实在疑惑,敢来问问是什么道理?"

子曰:"求也退,故进之。由也兼人,故退之。"

这是孔子把答两人不同之意,告诉公西华也。"求也退,故进之。"就是说"冉有做事,有些畏畏缩缩,不肯向前,所以告他‘一听见事体，就去做’，教他上紧一些”。“由也兼人，故退之。”就是说“子路的性质，一些不顾利害，遇事勇往直前就去做。往往人家要两个人才能做的事，子路则凭自己的勇，要一个人去做两个人的事体。这种行动，是很危险。故告以‘要先请示于父兄’，教他退一步做事”。

照此章意思看来，可见孔子答弟子的问仁、问孝、问礼、问君子，都是看问的人，有哪一种缺点，就告以补救哪一种缺点的方法的。这是孔子教人之道。

子畏于匡，颜渊后。子曰：“吾以女为死矣！”曰：“子在，回何敢死？”

“子畏于匡”，前已讲过。“颜渊后”者，孔子被匡人包围，从围中逃出，弟子失散，后来渐渐复集，颜渊后到也。孔子见了颜渊，对他说道：“吾以女为死矣！”就是“我以为你已经死了”。“曰：‘子在，回何敢死？’”者，颜渊对孔子说也。意思是：“你夫子并未死，还在这里，我何敢死呢？”

季子然问：“仲由、冉求，可谓大臣与？”

季子然，是季氏的子弟。他问孔子：“仲由、冉求，可谓大臣与？”就是问：“像子路（仲由）、冉有（冉求）这两个人，可算大臣吗?”

子曰:“吾以子为异之问,曾由与求之问!所谓大臣者,以道事君,不可则止。今由与求也,可谓具臣矣!”

此孔子答季子然之语也。“吾以子为异之问,曾由与求之问”者,就是说:“我以为你有非常的事情来问我,原来你是不过问问由与求两个人罢了!”“曾”,朱注与刘氏《正义》皆谓“犹,乃也”。但《正义》谓“异”是异人,像颜渊、仲弓之类。邢疏训“曾”为“则”,而“异”亦谓“异事”,即非常的事。至于皇疏虽亦谓“异”为“异事”,但意思完全与邢、朱不同。他说这两句的意思,是“我以你所问的异事也。何以是异事呢?则因由与求非大臣甚明,而你还问由与求可谓大臣与否,故为异事也”。“所谓大臣者,以道事君,不可则止;今由与求也,可谓具臣矣”者,孔子接续告子然也。意思是“做大臣的行为,必有一种道理,去事君上。君上不听他的道理,就辞官不做。今像由与求两个人,未必能以道事君,不可则止,故只可说是备数目的臣子”。所谓“具臣”者,就是备数目的臣子也。

曰:“然则从之者与?”子曰:“弑父与君,亦不从也。"

"曰"者,季子然又说也。"然则从之者与?"意思是:"既然是备数目的臣子,那么凡事都听从上司去做吗?""子曰:'弑父与君,亦不从也'"者,孔子又答季子然也,意思是"做具臣的人,自然只听上司的命令;上司要他做什么,便做什么。不过像由与求两个人,也不是寻常碌碌之徒。他们深明大义,若上司命他们去做弑君弑父的事情,他两个死也不肯从的"。按当时季氏已有无君之心,故孔子答之如此。

子路使子羔为费宰。子曰:"贼夫人之子。"

此时季氏信任子路,子路又使子羔去做费县的官,大约如今之县长。孔子知道了,对子路道:"贼夫人之子!"犹言"害了这个人了"。何以使子羔去做县官,孔子反说害他呢?因为子羔年纪尚轻,学问没有成功,阅历也很浅薄,官做得不好,反害了他的名誉,故孔子不以为然也。

子路曰:"有民人焉,有社稷焉。何必读书,然后为学?"子曰:"是故恶夫佞者!"

子路听了孔子的话，未尝不知自己是错的，但还强辩道："有民人焉，有社稷焉，何必读书然后为学？"就是说："只要有百姓，有地方，叫他去办事，这也是求学问。何必只有关在书房里读书，才算是求学问呢？"孔子听了子路强辩而不肯认错的话，更气了起来，所以就斥子路道："是故恶夫佞者！""佞"，是有口才会说，其实是强词夺理。这句话译意就是："你自以为会说话，强词夺理，所以我憎恶有口才会强辩的这一种人！"

子路、曾皙、冉有、公西华侍坐。子曰："以吾一日长乎尔，毋吾以也！居则曰，'不吾知也'。如或知尔，则何以哉？"

子路、冉有、公西华三人，已见前。曾皙是曾参的父亲，名点。有一天，子路、曾皙、冉有、公西华四人侍坐在孔子身边，孔子对他们说道："以吾一日长乎尔，毋吾以也！"意思是"你们以我的年纪，比你们大一些吧？但你们不要以我年纪大些，就在我面前，不敢把心里的话，爽爽快快地说"。正面的意思，就是要说的话，尽管说出来也。"居则曰，'不吾知也'。如或知尔，则何以哉？"意思是："你们平常住在家里，常说'没有人晓得我'。如或有人晓得你们，用你们，那么，你们将怎样用世呢？"

子路率尔而对曰："千乘之国，摄乎大国之间，加之以师旅，因之以饥馑，由也为之，比及三年可使有勇，且知方也。"夫子哂之。

"率尔"，是莽莽撞撞的神气。"子路率尔而对曰"，是子路听了孔子的话，就莽莽撞撞对孔子说也。"千乘之国，摄乎大国之间"者，"千乘"，是有一千辆车子的中等国家。"摄"，是夹在中间。全句意义，是说这个中等国家，夹在别个强大的国家中间也。"加之以师旅，因之以饥馑"者，"师旅"是军队，二千五百人为"师"，五百人为"旅"，言军队即言战事。"饥馑"是灾荒。这句意思是这个夹在大国中间的中等国家，遇着了战事，又因此而遇着荒年也。"由也为之，比及三年，可使有勇，且知方也"者，言"像上面所说的这种国家，使我子路（由也）治理起来，将近（比及）三年工夫，就可使百姓都有武勇，且能够晓得应该做的事情，（方，是义方。）才去做"也。"夫子哂之"者，孔子听了子路的话，微微地笑了一笑。

"求，尔何如？"对曰："方六七十，如五六十，求也为之，比及三年，可使足民。如其礼乐，以俟君子。"

"求,尔何如"者,孔子问"冉有,你怎样"也。"对曰",冉有答孔子问也。"方六七十,如五六十"者,面积六七十里或五六十里见方的小国也。"求也为之,比及三年,可使足民"者,冉有说"如果我去治这种小国,将近三年,就可使这个国里的百姓,都很富足"也。"如其礼乐,以俟君子"者,百姓既已富足,就当教以礼乐,所谓"衣食足而后知荣辱"也。但冉有自谦,说"教民礼乐的事,我恐怕办不来,只好把这事等有君子出来再做"也。冉有本是谦逊的,他见子路见哂,所以愈加谦逊。

"赤尔何如?"对曰:"非曰能之,愿学焉。宗庙之事,如会同,端章甫,愿为小相焉。"

"赤尔何如"者,孔子问了冉有以后,又问公西华也。"非曰能之,愿学焉"者,是公西华未说志愿,先说谦虚话也。意思是"我不敢说能这样干,情愿来练习练习"也。以下便是他说的志愿。

"宗庙之事",是说在宗庙里祭祀的事体。"如会同"者,"如"训"与","会同",诸侯相会见也。"端章甫"者,诸侯穿了玄色整幅的衣裳,戴了叫"章甫"的玄冠,去朝见天子也。"小相"者,诸侯祭祀、会同、朝见。都有相礼的臣,公西华自谦不敢为大相,而愿在诸侯行此三礼时,做一小相也。一说"会同"即朝聘;宗庙之事非一,而会同是其中之一。故"如"字是指点词，非更端词。一说“宗庙之事”是朝聘；“合同”，是许多诸侯相聚会，其聚会在坛坫而不在宗庙。此说“如”字亦作“与”字讲，为更端词。又这二说解“端章甫”三字，都说是自己穿了玄端之服，戴了章甫之冠，非言诸侯穿此服，戴此冠。

“点，尔何如？”鼓瑟希，铿尔，舍瑟而作，对曰：“异乎三子者之撰。”

孔子又问曾皙也。“鼓瑟希，铿尔，舍瑟而作”者，曾皙这时候，刚在弹瑟，听见孔子问自己，弹瑟手迟而声音稀疏也。“铿尔”者，是“铿”的一声，瑟停住不弹也。“舍瑟而作”者，“作”，作“起”字讲，就是推开不弹的瑟，而站起来也。“对曰：‘异乎三子者之撰’”者，“撰”作“具”字讲，是曾皙对答孔子说“我和他们三个人所具的志愿不同”也。

子曰：“何伤乎？亦各言其志也。”

孔子听曾皙说，与前三子的志趣不同，恐怕他因为说起来，有伤碍前三子的意思，不肯直说，所以对他说道：“何伤乎？”犹言“有何伤碍呢？”。“亦各言其志也”者，是说“也不过各人自己说说自己的志趣而已”。

曰："莫春者，春服既成，冠者五六人，童子六七人，浴乎沂，风乎舞雩，咏而归。"夫子喟然叹曰："吾与点也！"

"曰"者，又是曾皙回对也。"莫"，今之暮字。"暮春"，即夏历三月已暖之时也。"春服既成"者，单衣夹衣，都做成也。"冠者"，是二十岁以外的人。古时，一个人到了二十岁，算为成人，要行冠礼。"童子"，是未冠的人。"浴"，是洗浴。"沂"，是水名，在鲁城南。"浴乎沂"者，到沂水里去洗浴也。"风"，是乘凉也。"舞雩"，是天旱时的求雨坛；坛上多种树木，故有荫可乘凉。"咏"者，吟诗。"归"，是归来。这一段，是曾皙说自己的志趣，喜欢"在暮春的时候，单夹的春衣都做成了，同二十岁以外的人五六个，二十岁以内的人六七个，到沂水里洗个浴，再到舞雩的地方，去乘一会凉；然后一路上，吟吟诗，大家高高兴兴地归来"也。

"夫子喟然叹曰：'吾与点也！'"者，孔子听了曾皙的话，微微地叹了一声道："我与点，倒是一样的心想也。"

三子者出，曾皙后。曾皙曰："夫三子者之言何如？"子曰："亦各言其志也已矣！"

“三子者出”，是子路、冉有、公西华走出去也。“曾皙后”，是曾皙在后未去也。“曾皙曰：‘夫三子者之言何如’”者，是曾皙问孔子：“他们三个人所说的话怎样”也。“子曰：‘亦各言其志也已矣’”者，就是孔子答：“也不过各人自己说说自己的志趣而已！”

曰：“夫子何哂由也？”曰：“为国以礼，其言不让，是故哂之。”

“曰”者，曾皙又问也。“夫子何哂由也”者，是曾皙问孔子，“为什么笑子路的说话”也。第二个“曰”字，孔子答也。“为国以礼，其言不让，是故哂之”者，说“治理一个国家，是要用礼的。礼贵谦让，今子路率尔而对，说话毫不谦让，所以我笑他”也。

“唯求则非邦也与？”“安见方六七十，如五六十，而非邦也者？”

此节与下节，朱注皆以为是曾皙问，孔子答也。但皇疏、邢疏都说是孔子接上去说的话，刘氏《正义》从皇疏、邢疏，今亦从之。“唯求则非邦也与”者，是孔子说话，自己作问的口气也。就是说:“求所讲的志愿,不是治邦国吗?”意思是:“我笑子路,不是笑他志在治邦国,而是笑他说话的态度太不谦逊。若说笑他志在治邦国,那么求所说的,不是治邦国吗?”自己问了一句,随即自己答道:“安见方六七十,如五六十,而非邦也者?”就是说:“面积六七十里或五六十里见方的,有什么不是邦国呢?”意思是求也是志在治邦国,而我并不笑他,足见我笑子路,非为其志,而为其说话的态度也。

“唯赤则非邦也与?宗庙会同,非诸侯而何?赤也为之小,孰能为之大?”

此节与上节同,也是先设问,而后下断语的。“唯赤则非邦也与?”就是说:“赤所讲的,不是治邦国的事吗?”此设问也。“宗庙会同,非诸侯而何?”就是说:“宗庙会同之事,不是诸侯的事,而是谁的事?”意思是宗庙会同,也是邦国的事也。此为断语。至于“赤也为之小,孰能为之大”二句,是说:“赤言‘愿为小相’,但赤只能为小相,谁能为大相呢?”意思是以能为大相的人,而自说愿为小相,这是谦逊也。一谦逊,一不谦逊,所以一不笑之,一笑之耳。

总而言之,此章是记子路、冉有、公西华、曾皙四个人的志愿。子路、冉有、公西华三人说的,都是想治邦国,就是想做官,而使邦国治安。只有曾皙,能明白那时候的局势,不想做官,毫无名利思想,所以孔子特地称赞他,说“吾与点也”。

孔子未尝绝对不做官,不过孔子的做官,是想行道救民;如做官而仍不能行道救民,是绝对不肯为了自己的富贵去做官的。此能否行道救民的局势,孔子能观察明白,曾皙也能观察到,故孔子所谓“吾与点”,即吾与点有同样的意思。

颜渊第十二

颜渊问仁。子曰："克己复礼为仁。一日克己复礼，天下归仁焉！为仁由己，而由人乎哉？"

孔子对各个弟子问仁的话，各个不同，这是因为某人做人，有某一种缺点，所以教他，把这一点去补足，或纠正也。至于颜渊，他的品行学识，已经近了完人，所谓"具体而微"者也。所以孔子于颜渊的问仁，就把仁的全体大用告诉他。

"克己"者，是制住自己，约束自己也。"复"者，反也，亦即归也。"克己复礼为仁"者，言约束自己，使件件事归于礼，件件事遵礼而行，就是行仁之道也。"一日克己复礼，天下归仁焉"者，言一个人只要有一日约束自己，在礼上面行动，天下就都以仁之名归他，大家称他为仁人了。刘氏《正义》曰："言天下者，大之也。"

"为仁由己，而由人乎哉？"就是说："一个人要行仁，只要自己努力，难道要靠别人的吗？"意思是行仁在己，不在人也。

颜渊曰："请问其目。"子曰："非礼勿视，非礼勿听，非礼勿言，非礼勿动。"颜渊曰："回虽不敏，请事斯语矣!”

颜渊听了孔子所答的话,大旨是已经明白了。但知“复礼”一定有细节目;这细节目如何,他还不知道,所以又对孔子说“请问其目”也。“子曰,非礼勿……”云云者,言一个人的活动,不外眼睛看,耳朵听,嘴里说,心里想着做,所以复礼的细节目,也就只有四个:一是非礼之事接于我的眼睛,我不要看;二是非礼之事接于我的耳朵,我不要听;三是非礼之事,我不要嘴上说;四是非礼之事,我不要心里想着做。

颜渊听了此话,于孔子的意思,完全明白了;所以说:“回也不敏,请事斯语矣!”意思是“我颜回虽然不聪明(敏),却要日日照着这话去做了”。

“复礼”何以是行仁之道呢?这一问题,我想人人有的。现在我再来大略说一说吧。孔子曰:“能以礼让为国乎?”此“礼让”二字,何以能相连呢?因为礼是以让为原则的。又有子曰:“礼之用,和为贵。”这是说礼的效用。礼既以让为原则,所以能大家和睦亲善也。一国中的人,都和睦亲善,就成了一个“仁”的社会了,故复礼是行仁之道也。

仲弓问仁。子曰:“出门如见大宾,使民如承大祭。己所不欲,勿施于人。在邦无怨,在家无恕。”仲弓曰:“雍虽不敏,请事斯语矣!”

“仲弓问仁”,亦问行仁之道也。

“大宾”,是贵重的宾客。“大祭”,是重要的祭祀。“子曰:‘出门如见大宾,使民如承大祭’”者,孔子告仲弓行仁之道,首须敬也。怎样敬呢?例如见了别人时,要像见了贵重的宾客;使人民工作时,要像举行重要的祭祀。总说一句,就是待人办事,都要规规矩矩、恭恭敬敬、不可随便轻率也。

“己所不欲,勿施于人”者,就是己立立人、己达达人的反面意思。立人达人,是说自己要好,使人家也要好。“己所不欲,勿施于人”者,是说这件事,若是我自己所不愿意受的,也不要加到他人的身上去。这推己及人之道,无论为正面,为反面,都叫做“恕”。此孔子告仲弓,行仁之道,又须恕也。

“在邦无怨,在家无怨”者,是说一个人,能敬以待人,人亦自然敬他;能恕以待人,人亦自然爱他。无论仕于诸侯的邦国,或仕于卿大夫的家,自然无怨恨他的人也。此孔子告仲弓敬与恕之效,亦即行仁之效。

雍,是仲弓的名。仲弓听了孔子的教训,也同颜渊一样的说道:“雍虽不聪明,却要日日照这话去做了”。

司马牛问仁。子曰:“仁者,其言也讱。”

司马牛，孔子弟子，就是宋桓魋之弟。《史记·仲尼弟子列传》，说他名耕，字子牛，但《集解》引孔注说他名犁。

“讱”者，忍也。司马牛问仁，孔子告以“仁者，其言也讱”者，就是说“能仁的人，他有难言之事，亦必忍而言之”。盖忍而言，正所以达其不忍之情也。当时牛之兄魋为恶，孔子以牛应涕泣而道，故告他行仁之道如此。

曰：“其言也讱，斯谓之仁矣乎？”

这个“曰”字，是司马牛重问也。司马牛听了孔子的话，不明白忍而言，正所以达其不忍之情，以为仁者必有不忍之心，忍而言，怎么可说是仁呢？所以又问：“其言也讱，斯谓之仁矣乎？”就是说：“一个人说话能忍，这可以说是仁吗？”

子曰：“为之难；言之，得无讱乎？”

这是孔子又重答司马牛也。“为之难”者，是说“我看他人为恶，等他身败名裂，要救助他，是很难了”。“言之，得无讱乎？”就是说“待后救助很难，故当趁早劝阻。既欲趁早劝阻，说话可以怕伤感情而不忍吗？”孔子这话，已把忍而言，正所以达其不忍之情的意义，很明白地表示出了。

司马牛问君子。子曰:“君子不忧不惧。”曰:“不忧不惧,斯谓之君子矣乎?”子曰:“内省不疚,夫何忧何惧?”

此章事实,比上章稍后,大约是桓魋为恶,司马牛听了夫子的话,对魋劝告,而魋不听,魋已将身败名裂之时也。这时司马牛忧惧特甚,所以他问君子是怎样的,孔子要解除他的忧惧,特对他说“君子不忧不惧”。“不忧”者,不担忧也。“不惧”者,无所畏也。

“曰”,司马牛又问也。司马牛听了孔子的话,以为不忧不惧,怎么就可以算为君子呢?所以又问:“不忧不惧,斯谓之君子矣乎?”就是说:“不担忧,不畏惧,这样就可算君子吗?”

“子曰:‘内省不疚,夫何忧何惧’”者,孔子又重答司马牛也。“疚”,病也,即遇恶之意。孔子的话就是:“君子是不做恶事,不做对不住人的事的。既然自己肚子里想想,没有做过这些事,那么还担什么忧,还怕什么呢?”孔子之意,是以为牛既没有助兄为恶,又曾对兄涕泣而道,并无对不住兄之事,故可不忧不惧也。

司马牛忧曰:“人皆有兄弟,我独亡!”子夏曰:“商闻之矣:‘死生由命,富贵在天。君子敬而无失，与人恭而有礼，四海之内，皆兄弟也！’君子何患乎无兄弟也？”

此章事实，比上章更后，是桓魋叛事已发，且已奔卫奔齐之时也。司马牛兄弟本有多人；长于魋者，尚有向巢，幼于魋者，尚有子颀、子车。此章首言“司马牛忧曰：‘人皆有兄弟，我独亡’”者，司马牛以魋为恶，就要丧亡；子颀、子车皆党恶；向巢伐魋不克，不得入国；虽有兄弟，如无兄弟也。

“子夏曰：‘商闻之矣……’”云云者，是子夏解其同学司马牛之忧也。“商”是子夏自称其名。“死生有命”等句，都是子贡平日所闻的成语，所以以“商闻之矣”四字冠之。“死生有命”者，一个人死和活由命注定的意思。“富贵在天”者，一个人的富贵不可以人力求的意思。子夏引此二句，盖因司马牛既以兄弟的死生为忧，而又虑及已家之失世禄也。“君子敬而无失，与人恭而有礼，四海之内，皆兄弟也”者，意思是“君子敬以持己，而没有过失，又恭以待人，而事事遵礼，自然四海之内的人，都愿和他亲近，都可算是他的兄弟”也。“君子何患乎无兄弟也”者，子夏引成语后，自己加以按语也。意思是“一个人只要能做君子，不怕没有兄弟的”。

按本章和上二章的解释，是本皇疏、邢疏及刘氏《正义》而略参己意的，与朱注多不同。“问仁”章，与皇疏、邢疏亦完全不同。

子张问明。子曰："浸润之谮，肤受之诉，不行焉，可谓明也已矣！浸润之谮，肤受之诉，不行焉，可谓远也已矣！"

"明"，是明亮。"子张问明"者，子张问孔子，做人如何好算明亮也。"浸润之谮"者，"浸润"，一件东西浸在水里，水渐渐把这件东西浸透也。"谮"，是说人家坏话，例如有个人对你说某甲怎样不好，怎样不好。第一天说过，第二天又说。其实是这人说某甲坏话，某甲未必果如此也。但这个人说而又说，好像一件东西，浸在水里，水总润进去，要把这件东西浸透的。你听了人说某甲的坏话，好像浸在水里，一天一天的下去，不觉相信他；如此他的"谮"，就像水润进这件东西里去了！

"肤受之诉"者，"肤"，是皮肤。皮肤一天一天受了尘埃，必定渐渐积成污垢。"诉"，也是说人坏话。一天一天说人坏话，结果使听的人相信，这像皮肤一天一天受了尘埃，日久积成污垢也。

"不行焉，可谓明也已矣"者，是说这个人天天到你面前来说某甲的坏话，好像水的润了进来、尘的积了上去，你能辨其真伪，使坏话不行，你就可算是明亮了！

"远"者，是明透的意思。"……可谓远也已矣"者，这人说某甲的坏话，有如水之浸物、尘之积肤，不断地向你来说，你终于不被他骗上,这是明亮透了也。孔子答子张之问,已说“明”,又说“远”,相类似的话,特地重说之是要使子张知不听谮诉之言为难能可贵的意思。朱注训“远”为“明之至”,即明亮透。《集解》引马注则训为“德行高远”,意思是不但可称明亮,其德行高远,亦为人所不及也。

子贡问政。子曰:“足食,足兵,民信之矣。”

“政”,就是政治。“子贡问政”者,子贡问孔子,政治要如何办理也。“子曰:‘足食,足兵,民信之矣’”者,孔子答子贡之问也。“足食”,是人民,食物,要把它备足。“足兵”,是预备外国来侵,所以兵也要备足。“兵”,兼言军器和徒卒也。“民信之”,是使人民相信。

子贡曰:“必不得已而去,于斯三者何先?”曰:“去兵。”

子贡又问:“万一这三件事做不到,哪一件可以暂时不办?”孔子答道:“去兵。”言这三件事,万一一时办不到,只得把“足兵”一件事先缓办也。

子贡曰："必不得已而去，于斯二者何先？"曰："去食。自古皆有死，民无信不立！"

子贡又问："万一'足食'和'民信之'两件事还办不到，那么，把哪一件且暂时不办呢？"孔子又答道："去食。"言万一真有为难，宁可把"足食"一件事先缓办。足食的事缓办，不将有饿死的人吗？故按下去曰："自古皆有死，民无信不立。"是说死是从古以来，没有一个人能免的，而对于人民没有信用国就立不住了。盖为政者失信于民，兵和食虽充足，民亦将叛之。"民为邦本"，民叛之，国能立吗？反之，兵和食皆不足，而民信之，即使民有死亡，而未死之民，待其上如手足之卫身，国可不亡也。即使君亦至于死亡，而君德无可讥，民心不忘故君，在君则虽死之日，犹生之年；即国亦可不亡也。且"去兵""去食"，是说暂时不办"足兵""足食"的事，国内的情形，不过兵不足、食不足而已，并不是完全没有兵、没有食，是君民未必即至于死也。刘氏《正义》谓"去兵"是去力役之征；"去食"是赋税皆蠲除，又发仓廪以赈贫穷。此是指国有灾荒的时候而言。

棘子成曰："君子质而已矣，何以文为？"子贡曰："惜乎夫子之说君子也！驷不及舌。文，犹质也；质，犹文也。虎豹之鞟，犹犬羊之鞟。"

棘子成,卫国大夫。“质”是朴实,“文”是文采。棘子成的意思,以为做君子者,只要朴实好了,何必要文采呢?故曰:“君子质而已矣,何以文为?”子贡听了棘子成这句话,以为不然。故对棘子成说道:“惜乎夫子之说君子也!驷不及舌。”就是说“可惜你夫子这句说君子的话说错了!一个人说错话,就是立刻要想改变,也不成功的。说句譬喻的话,就是用四匹马拉的马车,如飞地追去,也追不回来的”。一说“惜乎夫子之说君子也!驷不及舌”,是言“子成之言乃君子之意。然言出于舌,则驷马不能追之,又惜其失言也”。(见朱注)

“鞟”,是去掉了毛的皮。虎豹去毛之皮,和犬羊去毛之皮,分不出什么来。子贡的意思,以为文与质一样重要,一样是不可少的。故曰“质犹文也,文犹质也”。若君子去了文,只存质,必与小人不易分别,如虎豹之鞟,与犬羊之鞟,无所分别了。故曰“虎豹之鞟,犹犬羊之鞟”。一说“鞟为革,凡去毛不去毛,皆得称之。……虎豹之鞟喻文,犬羊之鞟喻质。虎豹犬羊,其皮各有所用,如文质二者,不宜偏有废置也”。(见《正义》)

此章棘子成和子贡的意思,都不大妥。故朱子评之曰:“棘子成矫当时之弊,固失之过;而子贡矫子成之弊,又无本末轻重之差,胥失之矣。”

哀公问于有若曰:“年饥,用不足,如之何?”

有若对曰："盍彻乎？"曰："二，吾犹不足，如之何其彻也？"对曰："百姓足，君孰与不足？百姓不足，君孰与足？"

此章看来极浅，然有经济学上极深的意义在里面，兹详说之如下：

哀公是鲁哀公，他问孔子弟子有若道："年年饥荒，国家的用度，不足支出，如何是好呢？"

"盍"，即"何不"二字的急读。"彻"者，古时的田税，以十取一，叫作"彻"。哀公因用度不足，问有若。有若对道："何不行十分取一之税呢？"故曰："盍彻乎？"

这时候鲁国的田税，已经十分取二，故哀公道："二，吾犹不足，如之何其彻也？"犹言"我现在取十分之二的税，还不够用，如何叫我取十分之一呢？"。

有若又对曰"百姓足，君孰与不足？百姓不足，君孰与足"者，"孰"，犹谁也。"与"，如取与之与。有若的话是说百姓与国君犹一家人家。百姓有财自能供君之用，如此，则君哪里会不足呢？若百姓穷苦了无财以供君之用，君哪里会足呢？

此章虽只如上说几句，但实有大道理在内。当春秋时代，中国还是地广人少，不开垦的土地甚多。哀公因国内不够用，只管把钱粮增加，所以把从前十分取一的税，加到十分取二。不知这样一来，百姓因为要出重税，害得自己生活难以维持；

到这地步,只得舍田不耕,去另谋生活,或往别国谋生。于是种田的人,越发少了。种田的人一少,钱粮自然也越少,这是一定的道理。你若把钱粮减轻,使种田的人,少出租税,得以温饱,或有赢余,则种田的人,自然多起来了。种田的人一多,钱粮自然也越多,用度也自然不会不足了。所以有若对哀公曰:"盍彻乎?"犹言何不行取十之一制也。此事在春秋时,确是实在情形。即如孔子论为治之道,也说"近者悦,远者来"。近者悦,就是说近在身边的百姓,大家安居乐业。百姓都安居乐业,就有大多数人种田,国家钱粮,自然有着落了。远方的人,得知这国钱粮甚轻,也都情愿跑到这国来种田,如此则国家钱粮的收入,自然越多了。这是有一定的道理,愚暗的国君,只知增收钱粮,弄得种田的人,日少一日,所以越穷越没有办法也。

春秋时的秦国,本来并不富强,后来秦孝公任用商鞅,商鞅招徕三晋(三晋,是韩、魏、赵三国。因晋国分为韩、魏、赵,故称"三晋"。)之人,叫他们在秦国垦地种田,因此国富兵强,终至并吞天下。这就是招徕他国人之效。

上面所言,是关于国家经济的,至关于商业上的经济,我现在也来说一说。今譬如有两家营造商,在同一路上,造同样的房屋出租。甲商顾到市民的生活程度,每月每间只收房租十元,而乙商要多获利,每月每间定房租为二十元。结果:甲商的房屋完全租出,乙商的房屋都空起来。于是甲商不想多获利，却获利不少；乙商想多获利，不但不能获利，反亏了本。此最浅显的事实也。

子张问崇德、辨惑。子曰："主忠信，徙义，崇德也。爱之欲其生，恶之欲其死，既欲其生，又欲其死，是惑也。'诚不以富，亦只以异。'"

"崇德"者，一个人对于道德的尊重也。"辨惑"者，辨别怎样是迷惑，使自己不至迷惑也。子张问此二事于孔子，孔子告之。

"主忠信"者，一个人打定主意，对人要忠信也。"徙义"者，遇应该做的事，赶着去做也。孔子说"主忠信""徙义"，就是"崇德"之道。

一个人对相与来往的人，某人是好人，某人是坏人，要有一定的眼力看准他。好人就和他亲近，坏人就和他疏远。但一般人对人，往往不以好坏为准，而随爱憎为心，如此，即惑也。何谓随爱憎为心呢？即我所爱的人，要他活着；我所恶的人，要他死去。或者我所爱的人，忽然厌恶他，又要他死去；我所恶的人，忽然见爱于我了，我因此又要他活着。这都是对人不以好人、坏人为标准，而以我爱、我恶为转移的一种迷惑也。孔子告子张怎样是惑，即告他辨惑之道。

"诚不以富，亦只以异"者，《诗经·小雅》"我行其野"的诗句也。孔子引《诗》之意,旧解多不甚明了,故程子以为“此错简。当在第十六篇‘齐景公有马千驷’之上”。但宦氏《论语稽》有很明白的解释,其言曰:“引《诗》者,断章取义。‘富’如‘富哉言乎’之富,以富于闻见言;‘异’如‘异乎三子者之撰’之异,以异于庸俗言。言欲崇德辨惑,岂在富于见闻哉?亦只求存养省察之精,有以异于庸俗而已。”

齐景公问政于孔子。孔子对曰:“君君,臣臣,父父,子子。”公曰:“善哉!信如君不君,臣不臣,父不父,子不子,虽有粟,吾得而食诸?”

这是孔子游历齐国,齐的国君景公,问孔子政治要如何办法也。孔子对他,只不过“君君,臣臣,父父,子子”八个字。但这八个字,就把政治的大纲,都已举括在内了。这八个字怎样讲呢?就是为君者,要尽君道;为臣者,要尽臣道;为父者,要尽父道;为子者,要尽子道。一个国内的人,无非是君、臣、父、子四种;这四种人,各能尽自己为人的道理,岂不平安康乐呢?所以景公听了,也称赞道:“善哉!”又自己声明道:“信如君不君,臣不臣,父不父,子不子,虽有粟,吾得而食诸?”意思是:“一国之内,如果真是做君的不尽君道,做臣的不尽臣道,做父的不尽父道,做子的不尽子道,如此,则必大家争夺扰乱。到这时候,虽有饭,我还能安安稳稳地吃吗?”

朱子《集注》曰："是时景公失政，而大夫陈氏厚施于国，景公又多内嬖，而不立太子，其君臣父子之间，皆失其道，故夫子告之以此。"又曰："景公善孔子之官而不能用，其后果以继嗣不定，启陈氏弑君篡国之祸。"按就事实观察，是孔子确有先见之明也。

子曰："片言可以折狱者，其由也与？"子路无宿诺。

"片言"，《集解》引孔曰："片犹偏也。听讼必须两辞以定是非，偏信一言，以折狱者，唯子路可。"照此解释，是"片言"即单辞，亦即一面之辞也。"折狱"，就是判断官司。由，是子路。"子曰：'片言可以折狱者，其由也与？'"就是孔子说："审官司的时候，只听了一面之辞，就可以把这件官司判决的，只有由这个人能够吧？"

照常理，判断官司，必须先听两边的供辞。子路何以只要听一面的话呢？这问题，我想大家会有的。所以记者记了孔子称赞子路的话，又在下面补记一句子路平日的行为也。"子路无宿诺"者，即子路平日行为的一斑。何谓"无宿诺"呢？就是平日不轻易允许人家所请求于我的事。如果看情形可以允许而允许了，那应我一定当即照他所请求的去做，不隔了一天或数天去做；至于说说空话，永远不把人家所请求的事办好,那是更不会的。子路平日的行为如此,所以大家都说他有信用。别人受他的感化,也以信待他,不敢在他面前说句谎话了。人既不在他的面前说谎话,他自然可以片言折狱也。

按朱注谓“子路忠信明决,故言出而人信服之,不待其辞之毕也”。此训“片言”为半句话,义似不及孔说为长。

子曰:“听讼,吾犹人也。必也,使无讼乎?”

“听讼”,就是审案。“吾犹人也”,是说“我也和人一样的”。“必也,使无讼乎”者,是说“我为政时,必要使人不涉讼”,也这是他表示与人不同之点。

孔子之意,以为为政者能以礼教化民,人人皆以让以和为贵,则争夺扰乱之事不生;争夺扰乱之事不生,则人自不涉讼也。其曰“必也,使无讼乎”,并非自夸之词,是自信确有把握的。

子张问政。子曰:“居之无倦,行之以忠。”

“居之无倦”者,言居在官的衙门里,坐在官的位子上,办理政事,要始终如一,不可始勤终怠也。“行之以忠”者,言把政令施行于民间,要切切实实,求其确于人民有益,不可专图表面上好看也。

子曰："博学于文，约之以礼，亦可以弗畔矣夫？"

此章重出，已见《雍也》篇。但《雍也》篇有"君子"二字，或谓此记者各记所闻，互有详略也。（按皇本在本篇亦有"君子"二字。）

子曰："君子成人之美，不成人之恶。小人反是。"

人家做好的事情，我去帮助他成功，这是"成人之美"。人家做不好的事情，我不去帮助他，使他做不成，这叫"不成人之恶"。孔子说，君子的行为，是如此的。"小人反是"者，小人刚巧和君子相反，小人自己为恶，自然是不喜欢人家为善，所以他成人之恶，而不成人之美。

季康子问政于孔子。孔子对曰："政者，正也。子帅以正，孰敢不正？"

季康子，鲁国大夫，他问政于孔子，孔子即解"政"字的意义以答之，故曰“政者，正也”。犹言“政”训中正之正，为政无非求上下皆归中正也。但欲在下者归于中正，必先在上者自己先中正才行。故又曰：“子帅以正，孰敢不正？”“子”，就是指季康子。“帅”，如今作“率”，《说文》“先道也”。言像你居上位的人，自己先行中正之道，那么在下的哪个敢不归于中正呢？

朱注引胡氏曰：“鲁自中叶，政由大夫。家臣效尤，据邑背叛。不正甚矣！故孔子以是告之。”

季康子患盗，问于孔子。孔子对曰：“苟子之不欲，虽赏之不窃。”

季康子因鲁国多盗，问于孔子，想如何使之没有盗也。“孔子对曰：‘苟子之不欲，虽赏之不窃’”者，孔子的话，仍是上章“子帅以正，孰敢不正”的意思也。译成白话文，就是“如果你自己不贪财聚货，人民都能被你感化，就是赏他们去为盗，他们也自知羞耻而不肯为盗了”。儒家之道，以身作则，以德感化人民，故《大学》中也说：“尧舜率天下以仁，而民众之。桀纣率天下以暴，而民从之。”

季康子问政于孔子曰：“如杀无道，以就有

道，何如？”孔子对曰：“子为政，焉用杀？子欲善，而民善矣！君子之德风，小人之德草，草上之风，必偃。”

季康子又以关于政治的事问于孔子道：“如把无道的坏人杀掉，把有道的好人用起来，如此为政，你以为怎样？”“孔子对曰”云云者，仍旧教以用德感化人心，使人民自然都变为好人也。其曰“子为政，焉用杀”者，犹言“只要你政事办得好，何必要杀人呢？”。

“子欲善而民善矣”者，就是说“你自己想为善，并且确实为善，那么，人民自然都看你的榜样，也去为善了”。“君子之德风，小人之德草，草上之风，必偃”者，“君子”指在上位者，“小人”指在草野者。言“在上位的君子好像风，在草野的小人好像草。你只要先自为善，好像风吹在草上；那么在草野的小人，一定会跟着你为善，好像草被风吹着，跟着风，倒来倒去的”。

按《论语》前十篇，记君、大夫之问，皆但言“曰”（后十篇之《先进》《子路》二篇亦然）；此章和上二章，及齐景公问政章，则称“问于孔子”。又前十篇记孔子答君之问，始称“孔子对曰”，以示尊君之意；至答大夫之问，则但称“子曰”。此章和上二章答康子之问，亦称“孔子对曰”（《先进》篇答康子弟子好学之问同），这都是文体和前十篇相违反的。

子张问:“士,何如斯可谓之达矣?”子曰:“何哉尔所谓达者?”

子张问孔子:“一个士人,要怎样就可叫作达呢?”孔子反问他:“何哉尔所谓达者?”意思是说:“你所说的达是怎样的呢?”

子张对曰:“在邦必闻,在家必闻。”子曰:“是闻也,非达也!

子张因孔子反问“何哉尔所谓达者?”,因此回对道:“在邦必闻,在家必闻。”就是说:“我所谓达,是在邦国里做一个大夫,必人人都晓得他。在大夫的家里做一个家臣,也必人人都晓得他。”孔子听了,又对他道:“是闻也,非达也!”就是说“这是人人都晓得他罢了,不能算是达”。盖孔子之意,以为“达”是人人都信服他,而所行没有窒碍也。

夫达也者,质直而好义,察言而观色,虑以下人。在邦必达,在家必达。

孔子告子张以“是闻也非达也”以后，乃正式把如何可以“达”的道理告子张道：“夫达也者，质直而好义，察言而观色，虑以下人，在邦必达，在家必达。”意思是一个人能够使人人信服，而所行没有窒碍，到所谓“达”的地步，必定是质朴，正直而好义理；对人家，能体察他的言语，观察他的神色，又自己思虑谦逊。不与人争在上面的。因为这样，才能够仕于邦国，或仕于大夫之家，一定到“达”的地步。

夫闻也者，色取仁而行违，居之不疑，在邦必闻，在家必闻。”

孔子把做到“达”的道理，告诉了子张，又把求“闻”者的行为，告诉子张道：“夫闻也者，色取仁而行违，居之不疑，在邦必闻，在家必闻。”意思是一个人只要声名求人家晓得，做到“闻”的地步，他的脸色是装得像仁人一般的，而行出来的事体，则都和仁相违背，并且像煞有介事，自以为是一个仁人（居之），好像一些没有疑惑的样子。因为虚誉浮名，是不难幸致的，所以这种假装的仁人，仕于邦国，或仕于大夫之家，能使人人都晓得。不过与使人人信服他，而所行没有窒碍，是办不到的。

樊迟从游于舞雩之下，曰：“敢问崇德、修慝、辨惑。”

“舞雩”是求雨的坛,已见前《先进》篇。一日,樊迟从孔子游于舞雩的下面,对孔子道:“敢问崇德、修慝、辨惑。”“崇德”“辨惑”已见前。“慝”,恶之匿于心者也;“修慝”者,治匿于心之恶而去之也。

子曰:“善哉问! 先事后得,非崇德与? 攻其恶,无攻人之恶,非修慝与? 一朝之忿,忘其身以及其亲,非惑与?”

此孔子答樊迟之问也。“善哉问”者,称樊迟问得好也。“先事后得,非崇德与?”就是孔子告樊迟:“先劳力做事,然后取得报酬,这不是崇德吗?”

“攻其恶,无攻人之恶,非修慝与”者,孔子又告樊迟:“攻去自己的恶行为,不去攻击人家的恶行为,这不是修慝吗?”

“一朝之忿,忘其身以及其亲,非惑与”者,孔子最后告樊迟:“一个人在一日里,偶然碰着一件小事情,忿怒起来,甚至与人打架涉讼,不顾自己的性命,更不顾父母,这就是惑;明白这就是惑,就是辨惑也。”

樊迟问仁。子曰："爱人。"问知。子曰："知人。"

樊迟问："如何可以称为仁？"孔子告他道："爱人始可称为仁。"又问："如何可以称为知（智）？"孔子告他道："知人始可称为知。"

樊迟未达。子曰："举直错诸枉，能使枉者直。"

樊迟听了孔子的话，不懂里面的意思，故曰"未达"也。"举直错诸枉"者，举正直的人，而罢邪曲的人也。"能使枉者直"者，用了正直的人在上面，那在下面虽有邪曲的人，也自然会化为正直也。此孔子所说举正直的人，就是知人的事；使邪曲的人，化为正直，就是爱人的事。

樊迟退，见子夏曰："乡也吾见于夫子而问知，子曰'举直错诸枉，能使枉者直'，何谓也？"

樊迟听了孔子第二次告他的话，以为自己问的是"仁"和"知"，孔子却告以"举直错诸枉，能使枉者直"，似乎答非所问，所以愈加不懂；但他不敢再问，只得退了下去，去见子夏。“乡也”者，犹言刚才也。樊迟见了子夏问道：“刚才我去见夫子，问仁和知。夫子说‘举直错诸枉，能使枉者直’，这话是什么意思呢？”

子夏曰：“富哉言乎！舜有天下，选于众，举皋陶，不仁者远矣！汤有天下，选于众，举伊尹，不仁者远矣！”

此一节，就是子夏以孔子所说的意思，告诉樊迟也。他在说明意思之前，先赞美孔子的话道：“富哉言乎！”就是说这句话里头，意思包括得很丰富也。他赞美孔子的话以后，随即就把孔子的意思，详细解释给樊迟听，大意是：“你虽然问的是仁和知，夫子告你‘举直错诸枉，能使枉者直’者，盖举直错枉，必先能辨别直与枉，能辨别直与枉，不就是知人吗？不就是‘知’吗？使枉者直，即使坏人变成好人，这不是爱人吗？不就是‘仁’吗？如要用事实来证明：则如舜有天下的时候，在众人中，举用了一个仁人皋陶。不久，那不仁的人，都变为仁人，所以好像不仁的人远远地避去了。又如汤有天下的时候，在众人中，举用了一个仁人伊尹。不久，那不仁的人，也都变为仁人，好像不仁的人远远地避去了。舜与汤之举皋陶、伊尹，是‘知’也；其使不仁的人都变为仁人，即‘仁’也。”

子贡问友，子曰："忠告而善道之；不可则止，毋自辱焉！"

子贡问交朋友的道理，故曰"子贡问友"。孔子告以"忠告而善道之"者，是说"交朋友的道理，如果朋友有过处，要尽我的心去劝告他（忠告），并且要委委婉婉地说（善道）"也。"不可则止，毋自辱焉"者，是说"他若不听你的话，就也不必多说；多说了，他反以你为不是，是自己要好，反取了耻辱"也。

曾子曰："君子以文会友，以友辅仁。"

此章记曾子所说的话。"君子以文会友"者，譬如一个正经人，想求几个正经人，做做朋友，用什么方法去求呢？曾子说："最好用文词的方法，去求朋友。"例如现在有人要立一个会，征求会员，必须做了宣言，订了规则，使人家看了，如合意，自然会来入会，做个会员。这样，就有了会友。古时候也是一样。如《诗经》中，有"嘤其鸣矣，求其友声"的句子，也是说若要朋友，先须自己如鸟地鸣起来。那么，别树枝上的鸟，听得了这个声音，自然会自己寻拢来，和你做队伙的。人也是如此，君子若要朋友，须先发布了文章，使别地方的君子见了，觉得志同道合，就会自己寻拢来，和你做朋友了。这是"君子以文会友”的详细解释。至于“以友辅仁”，就是有了朋友，就成“二人偶”（二个人相偶，便是仁字，意思已见纲领中）。到了这时节，须大家互助，我帮着你，你帮着我，就成了“仁”，所以说“辅仁”。因此“辅仁”的意思，就是做了朋友，必须彼此互动的。

按“以文会友”，《集解》引孔曰：“友以文德合。”皇疏、邢疏均依此为解。朱注则解为“讲学以会友”。刘氏《正义》曰：“以文会友，谓共处一学者也。”又解孔注曰：“文德者，言所学文，皆在德也。”诸说均与上不同。

子路第十三

子路问政。子曰："先之，劳之。"请益，曰："无倦。"

子路问政治之道于孔子。"子曰：'先之劳之'"者，孔子以为国家有事，为政的人，常自己先去做，然后再使百姓去做也。"请益"者，子路以为为政之道，当不仅"先之劳之"，所以请孔子再说得完备些也。孔子答以"无倦"者，意思是身先百姓去做，不可倦怠也。朱注引吴氏曰："勇者（按指子路）喜于有为，而不能持久。故以此告之。"

仲弓为季氏宰，问政。子曰："先有司，赦小过，举贤才。"曰："焉知贤才而举之？"曰："举尔所知。尔所不知，人其舍诸？"

"仲弓为季氏宰，问政"者，皇疏曰："仲弓将往费，为季氏采邑之宰，故先问孔子，求为政之法也。""有司"，宰下面所有的属官也。"先有司"者，《论语稽》曰"以身率之也"。旧解不一，此义最长。"赦小过"者，有司偶有失误，其大者或于事情有碍，不得不惩；小者则当宽宥他，原谅他也。“举贤才”者，有德的人曰贤，有能的人曰才，举而用之，使有司得人，事无不举也。孔子答仲弓为政之法，就是这三项。

“曰：‘焉知贤才而举之’”者，仲弓又问也。意思是：“哪里知道某人是贤，某人是才，去举用他呢？”“曰：‘举尔所知’”云云者，又孔子所答也。是说“只要把你所知道的举他出来；你所不知道的，他们肯放弃机会而不使你知道吗？意思是众人见在上者以举贤才为务，则大家都争自琢磨，会想了法子使你知道也”。

子路曰：“卫君待子而为政，子将奚先？”子曰：“必也正名乎？”子路曰：“有是哉！子之迂也。奚其正？”

鲁哀公六年，（朱注云十年，误。）孔子从楚国到卫国。这时，子路已仕于卫，卫国的君主出公蒯辄，又有用孔子的意思，所以子路来问孔子说：“卫君待子而为政，子将奚先？”就是说：“卫国的君主，等你夫子去为政；夫子如果去，打算先做哪一件事体呢？”“子曰：‘必也正名乎？’”就是孔子说：“一定是正名这件事吧？”子路听了，以为正名的事，太迂远而不切于当时的需要，所以说“有是哉！子之迂也”。就是说：“夫子怎么这样迂呢？”接着又说：“奚其正？”就是说：“名如何可正呢？”

子曰："野哉！由也。君子于其所不知，盖阙如也。名不正则言不顺，言不顺则事不成，事不成则礼乐不兴，礼乐不兴则刑罚不中，刑罚不中则民无所措手足。故君子名之必可言也，言之必可行也。君子于其言，无所苟而已矣！"

孔子听子路说自己是迂，以为名无从正，所以把正名的意思，详详细细地告诉子路。

此节须分上下两节讲。上节，孔子听子路说自己是迂，于是申斥子路道："野哉！由也。"是说："由啊！你这个人真粗鄙啊！""君子于其所不知，盖阙如也"者，言君子对于自己所不知的道理，只有阙之而不说，不强以为知而硬说也。盖子路不知正名的重要，正名之于当时卫国，尤为重要，而自以为知，妄说孔子是迂，又说正名办不到，所以孔子先这样把他申斥一番。这是上半节。

自"名不正"至"无所苟而已矣"，为下半节。"正名"二字，近人称为孔子特倡的"正名主义"。一部《春秋》向来以为都是为"正名"而下笔削的。"正名"云者，求名当其实也。毛奇龄曰："……当时卫人群以拒聩为能事（按聩为蒯聩，灵公之子。因欲杀其母南子，不果而出奔）。其拒聩也。并不曰'为辄拒父'(按辄为聩之子),而曰'为灵拒逆'。虽圣门弟子皆以为然。子贡使吴,子路结缨,恬不为怪。故子路、子贡并有为卫君之问。唯夫子隐以为非,在为卫君章,则风其退让;在此章则示以正名。所谓'正名'者,正欲辨其受命之名拒父之名也。何也?盖辄固未尝受命于灵公也。据《春秋》,灵死之岁,曾谓子郢曰'将立汝',郢不对。他日,又谓之郢曰:'郢不足以辱社稷!君其改图。'及灵卒,而夫人(按即南子)曰:'君命郢为太子。'郢不受,曰:'君没于吾手,若有命,郢必闻之。'是灵虽命郢,终是私命,故郢直得以不闻命辞之。既不命郢则更无他命又可知。于是郢以己意让聩,又曰:'亡人之子辄在。'然后立辄。则辄之立,非受之王父(按即祖父);而其出师,谓之拒父与?其不谓之拒父与?此皆夫子所急欲正之,而不敢明言者。按孔子及弟子子路等,当时都身在卫国,君上的恶行,自然不便直说,所以他对子路,就只从理论的系统上,详说一番。"

"名不正则言不顺"者,在上者对于事的名义不正,则你把这事说出去,人民将不来听你也。"言不顺则事不成"者,你发布的号令,人民不来听你,则这事办不成也。"事不成则礼乐不兴"者,礼以敬为主,乐以和为主,人民对于在上者要办的事,不遵令而行,使事不成,则是下民无敬上之心矣,上下不能和矣,故礼乐不兴也。"礼乐不兴则刑罚不中"者,上下不和,下民无敬上之心,则在上者势必滥施刑罚而不能使刑罚得当也。“刑罚不中则民无所措手足”者，人民畏刑罚之道，所以蹋天踏地，不能自安，像手足无所安置也。

孔子既把大道理的因果关系，说给子路听了，又总结几句道：“故君子名之必可言也，言之必可行也。君子于其言，无所苟而已矣！”就是说：“君子对于事的名义，一定求其正，而可以见于号令。既发布号令了，一定可以使人民遵行。君子为政，并没有别的大道理，就是发号施令，不苟且罢了！”

樊迟请学稼。子曰：“吾不如老农。”请学为圃。曰：“吾不如老圃。”樊迟出。子曰：“小人哉！樊须也。上好礼，则民莫敢不敬。上好义，则民莫敢不服。上好信，则民莫敢不用情。夫如是，则四方之民，襁负其子而至矣！焉用稼？”

“樊迟请学稼”，就是樊迟到孔子面前，请孔子教他学种五谷的事也。樊迟的意思，大概是当时种田的人少，所以他以为士人也可学种田，那么种田的人可以多起来了。“子曰‘吾不如老农’”者，孔子说“种五谷的事，我不如老于农耕的人来得内行”也。孔子对于种五谷的事，固是外行；但他的意思，倒并不在外行不外行，实在是不以士人学种田为然也。樊迟既请学稼不许，又请学种菜。“请学为圃”者，即请学种菜也。“子曰‘吾不如老圃’”者，孔子说“种菜的事，我也不如老于种菜的人，来得内行”也。孔子之意仍和不许学稼同。

樊迟请学稼学圃，都不为师所许，于是只得走出去了！故曰“樊迟出”也。“子曰：‘小人哉！樊须也’”云云者，须是樊迟的名，师呼弟子，叫他的名也。“小人”，指种五谷种菜的人民。孔子这话，是说樊迟只晓得种五谷种菜等小人做的事情也。“上好礼则民莫敢不敬”者，孔子以为在上位的人，能够好礼，那么，在下的百姓，没有一个敢不来敬事你了。皇疏曰：“礼主敬故也。”“上好义则民莫敢不服”者，在上位的人，能够裁断得宜，那么，百姓没有一个敢不来服从你了。皇疏曰：“义者，宜也。”“上好信则民莫敢不用情”者，在上位的人，不失信用，那么，百姓没有一个敢不尽忠于你了。皇疏引李充曰：“用情犹尽忠也。”“夫如是，则四方之民，襁负其子而至矣，焉用稼”者，就是说：“只要在上位的人，能够如此，则四方的百姓，都用布裹着儿女，背着到这个国里来了！到那时种田的人自多，何必要士人去种田呢？”

此章意思，与前篇哀公问有若章相似。有若对哀公说，只要钱粮征得轻，别地方的人民，都到这国里来种田，钱粮自然会多起来。此章孔子答樊迟，说只要在上位者，待人民好！四方的人！都会带着儿女到这国里来种田，不必要士人动手去种田。二章皆言富国之道也。

子曰："诵《诗》三百，授之以政，不达；使于四方，不能专对；虽多，亦奚以为？"

"《诗》三百"，即现在的《诗经》三百十一篇。"诵"，读也。朱注曰："诗本人情，该物理，可以验风俗之盛衰，见政治之得失，失其言温厚和平，长于风论故诵之者必达于政而能言也"。孔子此言是说："一个人读过了三百篇《诗经》，应该懂得人情物理了。若叫这人去办国家的政事，他不明白（不达）怎样办，使他到邻国去，又不能独自（专）对付他人的问话，这人，虽然读了许多的诗，有什么用呢？"按"专"训独，《集解》与《集注》同。胡炳文《四书通》曰："古者遣使，有正有介。正使自能致辞，不假众介之助，是谓能专对。"阎若璩非之谓："果尔则先王遣聘，只使者一人足矣；胡为而从以上介及众介也？'专'，擅也。即《公羊传》：'聘礼，大夫受命，不受辞出竟，有可以安社稷利国家者，则专之可也。'"

子曰："其身正，不令而行；其身不正，虽令不从。"

此章也是言为政当以身先也。与前篇"子帅以正，孰敢不正？""苟子之不欲，虽赏之不窃！""子欲善，而民善矣"等，用

意相似。译成今语,就是:

“在上位的人,(其)自身正直,属下受了感化,也自然正直,不等你下令叫他们正直,而早已正直了。在上位的人,自身不正直,属下效尤,也不正直。虽然你下令叫他们正直,他们也不会来听从你了。”

子曰:“鲁卫之政,兄弟也。”

鲁是武王弟周公的封国,卫是武王弟康叔的封国。周公、康叔,兄弟最睦,所以两国的政治也多相同,像兄弟一样。汉晋诸儒,解本章孔子的话,都是如此的。朱注则就衰世言,谓两国衰乱,政亦相似,故孔子有此慨叹的话。

子谓卫公子荆善居室。“始有,曰:‘苟合矣!’少有,曰:‘苟完矣!’富有,曰:‘苟美矣!’”

公子荆,卫国大夫。因鲁国也有公子荆,所以加“卫”以分别之。“子谓卫公子荆”者,孔子说卫国公子荆这个人也。“善居室”者,言公子荆居家,俭而不奢侈也,常时世卿之家,多尚奢侈,公子荆独不然,所以孔子善之。“始有,曰:‘苟合矣’”者,言公子荆家里初置办些器物,其实还很简陋,他就说:“已经合于礼了!”“少有,曰:‘苟完矣’”者,后来器物又多办些了，其实还并不完足，他就说："已经完足了！"再后来，器物添置得多了，但其实也还不能算为美备，他就说："已经美备了！"总之，他是很知足、很俭省的。三"苟"字，刘氏《正义》谓"诚也，信也"。

子适卫，冉有仆。子曰："庶矣哉！"冉有曰："既庶矣，又何加焉？"曰："富之！"曰："既富矣，又何加焉？"曰："教之！"

此章亦是孔子论政治的重要言语。"子适卫"者，孔子到卫国境内也。"冉有仆"者，这时冉有御车也。驾车者，本为仆。"子曰'庶矣哉'"者，孔子看见卫国人民之众多（庶），而叹美之也。"冉有曰：'既庶矣，又何加焉'"者，冉有听孔子叹美卫国人民之众多，进而问孔子，人民既已众多了，要用什么方法，使国家更有进步也。"子曰：'富之'"者，言人民虽众，但穷苦的居多，也不是好景象；所以要想法子，使人民都富了起来。冉有又问："既富矣，又何加焉？"言倘若人民既已富了，又用什么法子，使国家更好些也。孔子答以人民果能富了，应该教以道理，使他们个个都成为有才德的君子。故曰："教之！"

子曰："苟有用我者，期月而已可也，三年

有成。”

一年曰“期”。“期月”者，周一年之岁月也。孔子自说：“苟有用我者，期月而已可也。”言“苟或有人用我去治国，一年的岁月，就可把这个国治得好”。“三年有成”者，是说“到了三年，种种政事，都可成功”。

按据《史记·孔子世家》孔子这话，是在卫国时所说。这时灵公说自己老，不能用孔子，所以孔子自说这话。

子曰：“‘善人为邦百年，亦可以胜残去杀矣。’诚哉是言也！”

“为邦百年”者，言相继治理邦国，到百年之久也。“胜残”者，政教理胜，使残暴凶恶的人，都化为善也。“去杀”者，人都化善；杀人之事可去掉也。意思是使善人治国，相继至百年之久，则残暴凶恶的人，都化为良善，可以不用杀人也。这是前人传下来的老话，孔子以为不错，故曰：“诚哉是言也！”犹言“这句话，真是不错的”。

子曰：“如有王者，必世而后仁。”

“如有王者”，言如有一个圣人，出来做天子也。三十年曰一“世”。“仁”，即人人相爱相助，成一仁的社会。言圣人做天子后，满了三十年，一定可使天下的人，都相爱相助，成为仁的社会。

按皇疏曰：“圣人化速。”此对上章言也。上章言善人须百年乃可胜残去杀。此则言圣人只须三十年，而社会即成为仁的社会。故言圣人化速也。

子曰：“苟正其身矣，于从政乎何有？不能正其身，如正人何？”

此章是说一个人，只要把自身做得正经了，去办理政治，是并不难的。因为人家都会看他的样子，也去做正经人也。“何有”者，即何难之有的意思。“不能正其身，如正人何”者，就是说：“自身还不能正，如何可以去正人家呢？”孔子的话，仍是为政当以身先之意。

冉子退朝。子曰：“何晏也？”对曰：“有政。”子曰：“其事也？如有政，虽不吾以，吾其与闻之。”

冉子,即冉有,此时为季氏宰。“退朝”者,从季氏的私朝退出来也。“子曰:‘何晏也’”者,是孔子问他“今天退朝,何以这样迟”也。“对曰:‘有政’”者,是冉子对道:“有国政讨论”也。“子曰:‘其事也’”者,是孔子故作疑问的口气说:“不过是季氏的家事吧?”“如有政,虽不吾以,吾其与闻之”者,孔子又说“如不是季氏的家事,而确是有政事,那么我虽然不见用,我犹当与闻”也。

按照礼,大夫虽不治事,犹得与闻国政。孔子曾为大夫,故对冉有说“吾其与闻之”的话。又季氏专鲁,对于国政,往往不与同列议于公明,而独与家臣谋于私室。孔子非不知冉有“有政”的话为实情也,特欲正名分,抑季氏,所以故意这样说耳。

定公问:“一言而可以兴邦,有诸?”孔子对曰:“言不可以若是,其几也。人之言曰:‘为君难,为臣不易。’如知为君之难也,不几乎一言而兴邦乎?”

定公是鲁君,鲁定公也。他问孔子:“一言而可以兴邦,有诸?”就是说:“有没有因一句话,就把一个国兴了起来的?”“几”,是近的意思。“孔子对曰:‘言不可以若是,其几也’”者,是孔子对答定公说:“一句话,不能有这样的效力的。不过说一句话，近于可以兴邦，却是有的。”“人之言曰：‘为君难，为臣不易’”者，孔子引当时人常说的两句话也。孔子引了这两句话，又接着说道：“如知为君之难也，不几乎一言而兴邦乎？”就是说：“如果为君的，真能听了‘为君难’的一句话，而知道做国君的困难，那么他一定能够战战兢兢，做一个贤君了。这样，‘为君难’一句话，不就是近于可以兴邦吗？”

曰：“一言而丧邦，有诸？”孔子对曰：“言不可以若是，其几也。人之言曰：‘予无乐乎为君，唯其言而莫予违也！’如其善而莫之违也，不亦善乎？如不善而莫之违也，不几乎一言而丧邦乎？”

定公又问：“因一句话而丧邦有吗？”孔子又对道：“也没有这样容易的。不过一句话，近于丧邦，却是有的。”“予无乐乎为君，唯其言而莫予违也”者，也是当时人常说的话，意思是“我以为做了君，并没有什么快乐。不过做了君，没有人敢违背我的话，却是可乐的”。孔子引了这两句话，又申说道：“如其善而莫之违也，不亦善乎？如不善而莫之违也，不几乎一言而丧邦乎？”意思是：“君所说的话，如果是善的，人家不去违反它，固然很好；君所说的话，如果是不善的，人家也不去违反它，那么国事败坏，或者竟会弄到亡国的。这样，‘莫之违’一句话，不就是近乎丧邦吗？”

按读此章，当明心知其难，便敬，敬便是兴盛之机；心恃其乐，便放肆，放肆便是丧亡之机。不但人君如此也。

叶公问政。子曰："近者说，远者来。"

叶公，是楚国大夫，见前《述而》篇。孔子到楚国时，叶公向孔子问政。孔子对答他道："近者说，远者来。""说"，即悦。是说使近地方的人民，能够安居乐业而欢悦；远地方的人民，听得这地方安乐，自然大家都要来做他的人民也。

子夏为莒父宰，问政。子曰："无欲速，无见小利。欲速则不达，见小利则大事不成。"

莒父，是鲁国的一个小邑。当子夏做莒父的县官时，曾向孔子问政。孔子告以"无欲速，无见小利"。又伸说"欲速"和"见小利"之害道："欲速则不达，见小利则大事不成。""无欲速""欲速则不达"者，办事有一定的次序，有必需的时间，不能求速。若想把这件事早些办成，而不照次序，缩短时间，反弄得这事办不成功。故曰"欲速则不达"也。"无见小利""见小利则大事不成"者，亦是言办事。办事要从大处落墨，只要事体成功。平常遇些小小损失，是不能顾及的。若是因为遇了些小好处，贪便宜，不肯舍掉，往往弄得大事反不能成。故曰“见小利则大事不成”也。

程子曰：“子张问政，子曰：‘居之无倦，行之以忠。’子夏问政，子曰：‘无欲速，无见小利。’子张常过高而未仁，子夏之病常在近小，故各以切己之事告之。”

叶公语孔子曰：“吾党有直躬者，其父攘羊，而子证之。”孔子曰：“吾党之直者异于是！父为子隐，子为父隐，直在其中矣。”

“叶公语孔子曰”者，叶公对孔子说也。“吾党”者，犹言我们的家乡人也。“直躬”者，是说其人行事，正直而不偏曲。好像身子笔直也（一说，“躬”是人名，因其人有直行，故称直躬。）。“攘”者，偷也。“证”者，做证人也。叶公对孔子说：“我们家乡人中，有个很正直的人，他的父亲偷了一只羊来。他给失羊的人家，去做证人，直说这羊是他父亲偷的。”叶公之意，以为像这样连父亲都不偏护的人，是最正直的人也。“孔子曰：‘吾党之直者异于是！父为子隐，子为父隐，直在其中矣’”者，是孔子说：“我们一队中的人讲直的，有异于你所说的直。儿子有错处，父亲替他隐瞒；父亲有错处，儿子替他隐瞒。如此，父子相隐，是天理人情之至，所以不求为直，而直在其中了。”

朱注引谢氏曰："顺理为直。父不为子隐，子不为父隐，于理顺邪？"程瑶田《论学小记》曰："'父为子隐，子为父隐，直在其中'，皆言以私行其公，是天理人情之至。……如其不私，则所谓公者，必不出于其心之诚，然不诚，则私焉而已矣。"这些，都足以阐发孔子的话。

樊迟问仁。子曰："居处恭，执事敬，与人忠。虽之夷狄，不可弃也。"

"仁"者，即纲领中说，犹言做人也。"居处恭"者，言一个人住在一处地方，不可放肆也。"执事敬"者，言一个人办着事体，不可懈怠也。"与人忠"者，言与人交际，须以忠心相待也。"虽之夷狄，不可弃也"者，言如上面所说的三项，虽到野蛮地方去做人，也是不可弃掉的。

按樊迟问仁，见于《论语》者，此已为第三次。但问的先后，朱注采胡氏说，以为此最先，"先难而后获"次之，"爱人"又次之。

子贡问曰："何如斯可谓之士矣？"子曰："行己有耻，使于四方，不辱君命，可谓士矣。"

子贡问:“怎样的人可以说他是个士人呢?”“子曰:‘行己有耻,使于四方,不辱君命,可谓士矣’”者,就是孔子说:“一个人自己行事,能够知道羞耻,而有所不为;当国君使他到别国去的时候,他能够将事体办妥,不失国君的面子:这样,可以说他是个士人了。”《集注》曰:“此其志有所不为,而其材足以有为者也。”

曰:“敢问其次。”曰:“宗族称孝焉,乡党称弟焉。”

“曰:‘敢问其次’”者,子贡又问也。子贡以为如前所说的士,未免稍难。故问此前所说稍下一等的。第二个“曰”,是孔子答也。孔子答的话是:“同宗的族人,称他是孝;邻舍及同乡村的人称他是悌,也可以算次一等的士了!”《集注》曰:“此本立而材不足者,故为其次。”

曰:“敢问其次。”曰:“言必信,行必果,硁硁然小人哉!抑亦可以为次矣。”

子贡又问再次一等的士。“曰:‘言必信,行必果,硁硁然小人哉!抑亦可以为次矣’”者,孔子又答也。“言必信”者,是说话不失信;“行必果”者,是做一件事,必定去做到也。“硁硁”,《集解》采郑曰:“小人之貌也。”《集注》曰:“硁,小石之坚确者。”按必信,必果,亦坚确也。故“硁硁”是以小石坚确之状,喻小人必信必果之貌也。“小人”,是识量浅狭的人,“抑”,语助词。合起来,就是说:“一个人说话不失信,做事一定做到,这样坚确,是一个识量浅狭的人,不过也可以算他是更次一等的士了!”《集注》曰:“此其本末皆无足观,然亦不害其为自守也。故圣人犹有取焉。”刘氏《正义》引孟子《离娄》篇文而为之说。曰:“‘大人者,言不必信,行不必果,唯义所在。’明大人言行皆视乎义:义所在,则言必信,行必果;义所不在,则言不必信,行不必果。反是者为小人。”

曰:“今之从政者何如?”子曰:“噫! 斗筲之人,何足算也!”

子贡连问三次如何可称士,孔子也连答三次可称为士的人。末了,子贡又问:“现在一班做官的人怎样呢?”意思是现在一班做官的人,如季氏、太宰嚭等,可称为士否也。“子曰:‘噫! 斗筲之人,何足算也’”者,“噫”,是叹一声,犹现在叹一声“唉”也。“斗筲”者,“斗”容十升;“筲”,竹器,容一斗二升。“斗筲之人”,言这种人的识量,不过像只能容十升或一斗二升米的斗筲一般也,又言其但事聚敛也。“何足算也”者,这样鄙细的人，哪里可以算为士呢？《正义》又据《汉书·公孙贺传》赞，引此文作"选"，谓"选""算"一声之转，音近通用。

子曰："不得中行而与之，必也狂狷乎！狂者进取；狷者有所不为也。"

"中行"者，做人不过与不及也，遇事应做则做；做事又适得其中，故曰"中行"。"狂"者，有志者也。志大言大，一味向前进取；但所言的，有时往往不能做到。"狷"者，有气节者也。卑污的事，他不屑做。"与之"，是相与论道。孔子说："现在找不到中行的人，和他论道。不得已，只得退一步求其次了，所以我想一定找狂者、狷者的两种人吧。为什么要找这两种人呢？因为狂者能够向前进取，是有志的；狷者能够有所不为，是有气节的。"孔子之意，是以为这两种人虽有过与不及的缺点，但因其有志有节，还可裁抑之，激励之，使进于道也。

子曰："南人有言曰：'人而无恒，不可以作巫医。'善夫！"

"南人"者，南方的人。"恒"者，常也。"巫"者，古时候一种接事鬼神的人。"医"是医生。孔子说："南方人有一句成语道:‘一个人而没有长久的心,如今日学这样,明日学那样,就是无恒心。就是巫医等的事业,也是学不成功的。’”他述了南方人的成语,又称赞这句话道:“善夫!”就是说:“这句话,真是不错呀!”

“不恒其德,或承之羞。”子曰:“不占而已矣!”

“不恒其德,或承之羞”两句,是“易经”“恒卦”九三的爻辞。意思是说:“一个人的德行,不能有恒,常常(“常常”,即句中“或”字的意思,见皇疏。)会使人格堕落,事业不成,遭遇着羞耻的事情的。”这两句,也是勉人要有恒心才好也。

孔子引了《易经》的爻辞,又接着说道:“不占而已矣!”意思是如果细细的研索《易经》上的爻辞(占),一定知道无恒之害,而改为有恒了。今竟有无恒者,是由于不研索爻辞也。按“不占而已矣”,旧解颇多,此从《集注》所采杨氏之说。又“不占”上的“子曰”二字,朱子以为分别《易》文与孔子的话而加上的。

子曰:“君子和而不同,小人同而不和。”

此章的“君子”,是说好人;“小人”,是说坏人。孔子言

“君子和而不同”者，君子做事，都能和衷共济，而所见不必相同也。又言“小人同而不和”者，小人好利之心相同，因此大家争利，而不能和和气气也。按何解及皇疏、邢疏均解如上。朱子解“和”为“无乖戾之心”，与上略同；唯解“同”为“有阿比之意”，则与上异。

子贡问曰：“乡人皆好之，何如？”子曰：“未可也！”“乡人皆恶之，何如？”子曰：“未可也！不如乡人之善者好之，其不善者恶之。”

子贡问孔子：“一个乡村里的人，我都同他要好亲近，夫子以为怎样？”子曰：“未可也！”是说不可这样的。子贡又问：“那么，一个乡村里的人，我都厌恶他，疏远他。夫子又以为怎样？”子曰：“未可也！”是说也不可这样的。孔子又接着告子贡道：“不如乡人之善者好之，其不善者恶之。”意思是不如拣得乡人里面的善人，我才好他；又拣得乡人里面的不善人，我才恶他。因为一乡的人，不是个个都是好人，也不是个个都是坏人；就不应该好则个个好他、恶则个个恶他也。

按本章共有三种解释。以上是一种，见于皇疏还有一种，亦见于皇疏并见于郑注，依此解释，译为白话文如下：

“子贡问孔子道：‘假使有一个人，一乡的人都爱好他，夫子以为这个怎样?'孔子说:'不能就视为好人的。'(皇疏曰:"设一乡皆恶,而此人为恶,与物同党,故为众人共见称美,故未可信也。"郑注曰:"乡人皆好,或者行与众同,或朋党矣。")子贡又问道:'假使有一个人,一乡的人都厌恶他,夫子以为这个怎样?'孔子说:'不能就视为恶人的。(皇疏曰:"设一乡皆恶,而此人独为善,不与众同,故为群恶所疾,故未可信也。"郑注曰:"乡人皆恶,或者行与众异,或孤独矣。")我们要辨别好人,不如以乡村里的好人都爱好他,乡村里的恶人都厌恶他,来做标准,可以没有错误。'"

更有一种,见于邢疏及朱注。此种与上述第二种大致相同。不过第一个"未可",解为未可就视为好人;(邢疏曰:"未可也者,言未可为善。或一乡皆恶,此人与之同党,故为众所称,是以未可。"朱注曰:"善者好之,而恶者不恶,则必其有苟合之行。")而第二个"未可",仍解为未可,就视为好人,(邢疏曰:'未可也者,言亦未可为善。或一乡皆善,此人独恶,故为众所嫉,是以未可。'朱注曰:"恶者恶之,而善者不好,则必其无可好之实。")这是不同的。

子曰:"君子易事而难说也。说之不以道,不说也;及其使人也,器之。小人难事而易说也。说之虽不以道,说也;及其使人也,求备焉。"

此章所说的“君子”“小人”，都是在位者。“事”，办事也。“说”，即悦，欢喜也，投其所好也。“器之”，随其材器而使之也。“求备”，求全责备也。本章译成白话文，就是：

“孔子说：‘在位者是君子，你要在他手下做事，是容易的；不过要投其所好，却是难的。为什么难投其所好呢？因为不用正当的道理，去投其所好，他是不会欢喜的。为什么做事容易呢？因为他是随你的材器而使你做事的。在位者是小人，你要在他手下做事是难的。不过要投其所好，却是容易的。为什么容易投其所好呢？因为不用正当的道理，去投其所好，他也会欢喜的。为什么做事难呢？因为他对于你的做事，是求全责备的。’”

子曰：“君子泰而不骄。小人骄而不泰。”

“泰”是安舒。“骄”是矜肆。孔子说：“君子态度安舒，看起来像矜肆，而实在并不矜肆。小人态度矜肆，看起来也像安舒，而实在并不安舒。”他的意思，是君子循理，心中无挂无碍，所以能安舒。小人逞欲，心中常常不足，所以永不安舒。

按《大学》以“骄泰”为“忠信”之对。因为连文则“泰”作泰侈解，对文则“泰”作安舒解。

子曰：“刚、毅、木、讷，近仁。”

一个人,硬直公正叫作"刚"。做事到底,不肯退缩,叫作"毅"。朴实质直叫作"木"。说话迟钝,而不多说,叫作"讷"。孔子说人有此四种性质,就近乎仁人。《集注》采杨氏曰:"刚毅则不屈于物欲,木讷则不至于外骄,故近仁。"按"木讷"与"巧言令色"相对,"刚毅"亦无取巧的习气,孔子曾言"巧言令色,鲜矣仁",故又言相对的刚毅木讷为近仁也。

子路问曰:"何如斯可谓之士矣?"子曰:"切切偲偲,怡怡如也,可谓士矣!朋友切切偲偲,兄弟怡怡。"

子路也像子贡一般,问如何可称为士?孔子说:"切切偲偲,怡怡如也,可谓士矣!""切切偲偲",是相切磋勉励之貌。"怡怡",和顺也。孔子的话,就是说:"与人相处,能够互相切磋勉励,能够大家和顺,便可称为士了!"他恐子路混于所施,又随即说明道:"朋友切切偲偲,兄弟怡怡。"意思是"对于朋友,要能切磋勉励;对于兄弟,要能和顺"。但孔子之意,又并不是说兄弟可以无须切磋勉励,朋友可以无须和顺。不过以为朋友主于义,兄弟主于恩;朋友不可有善柔之损,兄弟不可有贼恩之祸耳。一说孔子的话,止于"如也",以下为记者释之,即所谓七十子之大义也。(见刘氏《正义》)

按孔子答子路的问士，与答子贡的问士不同，此亦因人施教也。

子曰："善人教民七年，亦可以即戎矣！"

"即"是"就"的意思。"戎"，就是兵戎。"即戎"者，去打仗也。孔子说："善人把百姓教训了七年工夫，这百姓也可以去打仗了。"

按古时，十年生聚，十年教训。此只言"教民"，必是已经生聚也。又言"七年"，而不言十年，《论语稽》曰："善人教之有法，故速也。""可以"上加一"亦"字，是仅可而犹有所未尽的语气。至于所教之事，战术以外，朱子以为尚有孝弟忠信之行，务农之法。盖民知亲其上，死其长，始能力战也。古时寓兵于农，有事之时为兵，无事之时为农，务农之法，自亦不可不教也。

子曰："以不教民战，是谓弃之。"

此章意思，与上章相连，是孔子说："如果叫没有教训过的百姓去打仗，这可以说和丢掉百姓一样。"叫没有受过教训的百姓去打仗，何以像丢掉他们呢？因为这种百姓，毫无能力，一与敌国交锋，未有不失败而死的，所以和丢掉他们一样也。春秋时用兵，常驱田里之民而置之死地，所以孔子说这话。

宪问第十四

宪问耻。子曰:“邦有道,谷;邦无道,谷,耻也。”

“宪”是原宪,此章或是宪自记,故不称姓。宪问孔子:“什么是可羞耻的事?”孔子告他道:“邦有道,谷;邦无道,谷,耻也。”古时候做官的俸禄,都是给谷米的,所以这里的“谷”,就是指俸禄。全句的意思,是“一个邦国有道的时候,做官吃俸禄,是应该的。如果一个邦国无道的时候,也是做官吃俸禄,这便是可羞耻的事”。按如俗语说的:“笑骂由他笑骂,好官我自为之。”这种人,就是不知耻。

“克、伐、怨、欲不行焉,可以为仁矣?”

此是原宪继续问的话。“克”,好胜;事事要比人争在前面也。“伐”,自以为能干也。“怨”,一些小事,对人结怨。“欲”,嗜欲也。原宪问:“一个人能够不行克、伐、怨、欲四件事,可算是仁吗?”

子曰："可以为难矣！仁则吾不知也。"

孔子对他道："可以为难矣！仁则吾不知也。"意思是"一个人能够不行克、伐、怨、欲四件事，可以算是难得的了！至于可算仁，不可算仁，我是不晓得的。"孔子何以说不晓得呢？他意思是不行克、伐、怨、欲，仅能无损于人，还不能有益于人，仅能注意于消极方面，还不能注意于积极方面；亦即是仅能行仁的一面，而不能得仁之全也。故不说是仁不是仁，而只说我不晓得，使原宪自思之；亦希望原宪于不行克、伐、怨、欲之后，更求进步。

按朱注"克、伐、怨、欲"以下，另为一章，今从《注疏》及皇本合之。又朱注解首节曰："邦有道，不能有为；邦无道，不能独善：而但知食禄，皆可耻也！"亦与皇疏、邢疏略异。上说是从皇疏、邢疏的。

子曰："士而怀居，不足以为士矣！"

"士"即子贡、子路所问的士。"怀居"谓想过度的享乐。"居"字所包甚广，凡宫室之华、口礼之奉、声色货利之陷溺，都在其内。孔子道"士而怀居，不足以为士矣"者，是说"一个号称为士的人，而专想过度的享乐，这个人，实在不能称为士了"。孔子的意思，是以为既名为士，则顾名思义，当有无穷责任、无穷事业，怎么可以专图享乐呢？如果真图享乐，是还不如农工商贾，能执一技以自养了。故曰“不足以为士”也。

子曰：“邦有道，危言危行。邦无道，危行言孙。”

“危言”者，不顾什么，据理直言也。“危行”者，也不顾什么，据理行动也。在有道的邦国里，可以据理直言、据理行动的。“言孙”者，“孙”，即今“逊”字，谦逊也。遇无道的邦国，自己行动，仍旧不可失理；只是说话要谦逊些，免遭横祸。故曰“危行言孙”也。

子曰：“有德者必有言，有言者不必有德；仁者必有勇，勇者不必有仁。”

“有德者必有言”者，是说有道德的人，和顺积中，而英华发外，必定会说话也。“有言者不必有德”者，是说会说话的人，或为便佞口给，所以未必有道德也。“仁者必有勇”者，如孔子言“志士仁人，无求生以害仁，有杀身以成仁”，一个人连死都不怕，他自然见义敢为了。故曰“仁者必有勇”也。“勇者不必有仁”者，一个人虽什么都不怕，但或为血气用事，未必有爱人利人的心。故曰“勇者不必有仁”也。

南宫适问于孔子曰：“羿善射，奡荡舟，俱不得其死然。禹、稷躬稼而有天下。”夫子不答。南宫适出，子曰：“君子哉若人！尚德哉若人！”

南宫适，即孔子弟子南容也，非鲁大夫南宫敬叔。“羿善射”者，羿是夏朝一个会射箭的人，曾拒太康而代夏政，“奡荡舟”者，奡也是夏朝人，力大，曾伐斟鄩氏，左右冲杀，而覆其船（此解据顾炎武。旧解“荡舟”为陆地行舟，不妥。）。“俱不得其死然”者，谓羿为其臣寒浞所杀，而奡为少康所杀也。南宫适问孔子：“羿惯会射箭，奡曾冲杀敌人，覆敌人的船，这两个人，一个有如此技艺，一个有如此气力，但后来都被人所杀，不得好死。禹和稷一个亲自治水，一个教民种田，后来一个自己做天子，一个到后代也有天下。这大概是前两个人恃其技能、力气而不修德，后两个人能修德而为民吧？”他问的意思，实在是以当时的权臣比羿、奡，而以孔子比禹、稷，不过他是慎言的，不明言罢了。

“夫子不答。南宫适出，子曰：‘君子哉若人！尚德哉若人’”者，南宫适说了这几句话，孔子早明白他的意思，不过并不对答他。后来南宫适走出去了，孔子对别人说也。“君子”“尚德”，都是赞美南宫适，意思是说：“像这个人，真是君子啊！像这个人，真是崇尚道德的啊！”

子曰：“君子而不仁者有矣夫！未有小人而仁者也。”

“仁”是做人的完全美德。虽然是个君子，未免有时候缺少了仁，故曰“君子而不仁者有矣夫！”“未有小人而仁者也”者，小人存心，只知利己，总不会爱人利人，故可以知道小人是绝对没有仁心的。

子曰：“爱之，能勿劳乎？忠焉，能勿诲乎？”

此章是说人对人的态度和心理。“爱之，能勿劳乎”者，言“你既爱了某人，能勿使其人勤劳吗？”；“忠焉，能勿诲乎”者，言“你既忠心于某人，能勿教诲他吗？”。孔子之意，是以为口上说“我爱某人”，而并不令某人勤劳，听其逸乐，结果某人必不获益而受到苦，所谓“晏安鸩毒”也。所以这样并不能算真爱人，不过如《集注》所谓“禽犊之爱”而已。又若口上说“我忠于某人”，而当某人有错误的时候，并不教诲他，只是纵容他，结果某人也一定受到苦处。所以这也并不能算为真忠于某人，不过如《集注》所谓“妇竖之忠”而已。

子曰："为命，裨谌草创之，世叔讨论之，行人子羽修饰之，东里子产润色之。"

"为命"者，是言为政治的命令，或列国的盟辞，犹现在的办公文也。"裨谌""世叔"（即游吉）、"子羽"（即公孙挥）、"子产"，是当时郑国的四个官。"行人"，派到国外的使者。"东里"，是地名，即子产所住的地方。

"草创"者，起草稿也；"讨论"者，就草稿加以审议也；"修饰"者，把公文整齐增损也；"润色"者，把公文加上文采，使成好的文章也。此章孔子说："办公文，要有裨谌这样的人起草稿；再请世叔这样的人来共同审议；又由子羽这样的人，来增损整齐；再由子产这样的人，加以文采。如此，成为一篇极好的公文了。"

或问子产。子曰："惠人也。"问子西。曰："彼哉？彼哉？"问管仲。曰："人也。夺伯氏骈邑三百，饭疏食，没齿无怨言。"

"或问子产"者，有个人问孔子，子产是如何人也？"子曰'惠人也'"者，孔子答以是个仁惠的人也。"问子西。曰：'彼哉彼哉'"者，子西即楚公子申，他把君位让给昭王，又修明楚国的政治，也是一个贤大夫。不过他不能革楚国僭王之号，所以或人问子西，孔子外之，不要说子西这个人，只答道：“他吗？他吗？”《集注》又举子西阻止昭王用孔子一事，为孔子外之的原因，此不可从，盖圣人不若是之隘也。“问管仲。曰：‘人也’”者，或人又问管仲，孔子答以是个仁人也。“人”训“仁”，即为“仁者人也”之倒训。伯氏，齐国大夫。骈邑，地名。此地方共有三百户人家，本是伯氏的食邑。桓公以伯氏有罪，把伯氏的骈邑夺来，给予管仲。后来伯氏穷了，只能够吃口菜饭。但他一直到牙齿都没有了，没有一句话怨管仲。孔子称管仲为仁人后，即说伯氏骈邑被夺而不怨者，以此为管仲之仁的证明也。

子曰：“贫而无怨，难；富而无骄，易。”

贫苦的人，要愁穿愁吃，所以要他没有怨言，是很难的。富贵的人，衣食无虞，只要他不对人骄傲，这还容易的。一个人若能贫而无怨，就是乐道的君子；富而无骄，就是好礼的君子。孔子说此，是要人勉为其难，而亦不忽于其易也。

子曰：“孟公绰为赵、魏老则优，不可以为滕、薛大夫。”

孟公绰，是鲁国的大夫。赵、魏是晋国两个大夫的姓。“老”是大夫的家臣之称。滕、薛是两个小国。此说孟公绰这个人，廉静寡欲，而短于才。这时赵、魏二家，势将篡晋；滕、薛小国，就要灭亡。如叫寡欲的孟公绰，去做赵、魏二家的家臣，因为不会附益二家之势，所以是很好的。但如叫他去做滕、薛的大夫，因为他才短，必不能救二国之衰，所以是不可以的。孔子说此，盖伤列国大势，非仅为公绰一人言也。

子路问成人。子曰：“若臧武仲之知、公绰之不欲、卞庄子之勇、冉求之艺，文之以礼乐，亦可以为成人矣！”

“成人”者，犹现在说人格完全的人也。子路问：“要如何能够做到人格完全的人呢？”孔子告以“若……文之以礼乐，亦可以为成人矣”者：臧武仲，为鲁大夫臧孙纥，是当时知识丰富的人。公绰，即孟公绰，“不欲”，是不贪财也。卞庄子亦鲁大夫（郑玄以为秦大夫，误），是一个勇士，他力能刺虎。冉求，即冉有，他是有技艺的。孔子之意，是像能把四个人的长处，合为一人，又能够节之以礼，和之以乐。如此，虽不及践形尽性的圣人，也可以算为完人也。

曰："今之成人者何必然？见利思义，见危授命，久要不忘平生之言，亦可以为成人矣！"

这个"曰"，仍旧是孔子说也。孔子说了上节的话以后，又说道："今之成人者何必然？"就是说："现在所谓完人，何必如此呢？"意思是上节所说的完人，不易见到，所以退一步，又另说较次的一种完人也。"见利思义"者，看见有利益可得，想想这利益，是应该不应该得的。"见危授命"者，既担任一件责任。假若危难的时候，我仍旧以责任为重，就是性命，我也不管也。"久要不忘平生之言"者，平时期约，虽过得长久了，仍旧不忘记也。孔子之意，是现在能这样忠信做人，虽比上节所说的完人，犹觉不如，但也可以算一个完人也。一说此节是子路所说，非孔子的话。见朱注引胡氏说。

子问公叔文子于公明贾。曰："信乎？夫子不言、不笑、不取乎？"

公叔文子，是卫国的大夫，姓公孙，名拔（朱注作"枝"，误），文是他的谥。公明贾，亦卫国人，姓公明，名贾。此章记孔子去问公明贾道："文子这个人，真的是不言、不笑、不取的吗？""夫子"者，称文子。因文子是卫国的大夫，所以称夫子以示尊敬。“不言”者，是不说话。“不笑”者，是没有笑的时候，“不取”者，人家送他财物，他不收也。孔子初到卫国，听见人家说公叔文子有此三项德行，自己不能相信，所以来问公明贾也。

公明贾对曰：“以告者过也。夫子时，然后言，人不厌其言。乐，然后笑，人不厌其笑。义，然后取，人不厌其取。”子曰：“其然？岂其然乎？”

“公明贾对曰”者，公明贾答孔子的话也。“以告者过也”者，是说不言、不笑、不取，是来告诉你的人，话说得过甚也。“夫子时，然后言，人不厌其言”者，是说文子这个人，他在好说话的时候，然后说话，所以人家不讨厌他所说的话也。“乐然后笑，人不厌其笑”者，是说文子在欢乐的时候，才有笑脸，所以人家不讨厌他的笑也。“义然后取，人不厌其取”者，又说文子对于财物，应该取得始肯取，所以人家不讨厌他的取也。

“子曰：‘其然岂其然乎’”者，就是孔子说：“是真的吗？难道真的这样吗？”公明贾说文子的德行，竟无异圣人，孔子不大相信；不过对公明贾当面，不便直说，所以说出这两句疑惑的话。

子曰:“臧武仲以防,求为后于鲁,虽曰不要君,吾不信也!”

“臧武仲以防,求为后于鲁”,是当时的一件事实。这时候,臧武仲得了罪,逃到邾国,又到防的地方。防本来是臧武仲的食邑。不过这时他已得罪逃到国外,这防的地方当然不是他的了。但臧武仲却占据这个地方,一面使人到鲁国君主处,请求立他的儿子为以守先祀。“虽曰不要君,吾不信也”两句,是孔子既说过臧武仲的事体,又加以评语也。意思是臧武仲卑辞请立其后,面子上虽不像对于君,有所要挟;但他占据防的地方而请求,明明是不允其请,将据防以叛了。所以说“人家虽然说他不是对君要挟,我是不相信的”。

子曰:“晋文公谲而不正。齐桓公正而不谲。”

晋文公,名重耳,齐桓公,名小白,二人都曾为诸侯盟主,让夷狄以尊周室。但桓公之尊周室,不敢逾越名分;而文公则暗中已有僭窃之心。又桓公之于诸侯,不失信义;而文公则以报恩怨为快。所以孔子说:“晋文公谲而不正,齐桓公正而不谲。”“谲”,诈也。“正”,直也。

子路曰："桓公杀公子纠，召忽死之，管仲不死。"曰："未仁乎？"

春秋时齐襄公被弑，襄公之子，一曰纠，一曰小白，君位为小白所夺。纠有二臣，一曰召忽，一曰管仲。小白既为齐君，杀了纠。召忽死而管仲不死。小白又请管仲做相，成了齐国的霸业。小白，即齐桓公也。子路因这件事去问孔子："管仲这个人，是算不来仁人的吧？"先记"子路曰"者，是子路说明桓公杀公子纠，召忽死而管仲不死。又加一个"曰"字，是子路问孔子也。

子曰："桓公九合诸侯，不以兵车，管仲之力也。如其仁！如其仁！"

"九"，春秋传作"纠"，古时二字通用。"九合诸侯"，是说把各国的诸侯纠合拢来。"不以兵车"者，春秋时都用车战，桓公之把诸侯纠合拢来，是不用兵力的，是用了管仲的谋策的，故曰"管仲之力也"。"如其仁如其仁"者，"如"训"乃"，就是说："这就是他的仁！这就是他的仁！"《论语稽》曰："死纠之难者，杀身以成一己之仁也。合诸侯不以兵车者，天下之民皆被其仁也。孔子置死纠事不答，而唯以'不以兵车'为管仲之仁,盖以保民为重,即民生主义也。然则孔子已视民生主义重于君臣之义矣。孟子曰:‘民为贵,社稷次之,君为轻。’即此意也。”

子贡曰:“管仲非仁者与?桓公杀公子纠,不能死,又相之。”

子贡听孔子说管仲是个仁人,心里也不以为然,因说:“桓公杀公子纠,管仲既不能死节,又去给桓公做相。就这种行为看来,我想管仲不能算个仁人吧?”

子曰:“管仲相桓公,霸诸侯,一匡天下,民到于今受其赐!微管仲,吾其被发左衽矣!岂若匹夫匹妇之为谅也,自经于沟渎而莫之知也?”

子贡也疑心管仲不能算是个仁人,故孔子详细解释管仲之作为,给子贡听也。“管仲相桓公,霸诸侯,一匡天下,民到于今受其赐”者,管仲做了桓公的宰相,能够成了霸业,使天下的诸侯,都走上正经(“匡”,即“正”的意思)的道路。中国的土地、人民,不至被夷狄夺去,人民到现在还能够做有文化的中国人,这都是受管仲之赐也。“微管仲,吾其被发左衽矣”

者,那时候,夷狄的人都是不梳头,披着发,故曰“被发”。中国人衣服的大襟向右扣;夷狄的衣服,大襟是向左扣的,故曰“左衽”。衽,即衣襟。“微”,犹言“不是”也。这句话的意思,就是说“不是管仲,我们都要做披着头发,衣襟向左扣的夷狄了!”

“岂若匹夫匹妇之为谅也,自经于沟渎而莫之知也”者,是孔子又说明管仲所以不跟着召忽同死公子纠之难的缘故也。“匹夫匹妇”,是寻常的小百姓。寻常的小百姓,是重小信的。“谅”,即小信也。如夫死了他的妇,自己在水里寻死,或妇死了她的夫,自己在水里寻死是也。“沟渎”,即水也。孔子的话是说:“管仲难道像寻常小百姓只重小信,在夫死时自尽于水里,或在妇死时自尽于水里,一点没有功绩,为人所知吗?”

《论语稽》曰:“孔子以死纠比于匹夫匹妇之谅,而曰‘民今受赐’,盖以保民为重,而为民生主义;又曰:‘微仲,吾其被发左衽。’则又以保种族为重,而更为民族主义矣。”

按春秋时候的夷狄,确是很厉害的。如卫国即曾被夷狄灭亡,后由管仲助着桓公,把夷狄赶走,才重新建设了一个卫国。又如那时候楚国,称为荆蛮,不服王化。管仲助桓公,纠合中国许多诸侯,去征伐楚国,楚国不敢反抗,从此年年向周天子进贡。这就是孔子称赞管仲的缘故。

公叔文子之臣大夫僎，与文子同升诸公。子闻之曰："可以为文矣！"

公叔文子是个大官，他的家臣中之大夫（刘氏《正义》曰："家臣之中，爵秩不同：尊者为大夫，次亦为士。故此别之云'大夫僎'，明僎为家臣中之为大夫者也。"）叫僎的，文子荐他，也做了大官，和自己并列于公朝。孔子听了这件事情，称赞文子道："可以为文矣！"因为文子谥文，今观其肯把手下人荐起来和自己同等做官，他的称"文子"，确是名副其实也。钱坫《论语后录》曰："周书谥法，'文'有六等，即经天纬地、道德博厚、勤学好问、慈惠爱民、愍民惠礼、锡民爵位，并无修制交邻、不辱社稷等例。《檀弓》公叔文子卒，其子戍请谥于君（灵公）。君曰，夫子（公叔文子）听卫国之政，修其班制以与四邻交，卫国之社稷不辱，不亦文乎？灵公之论，不本典制，故孔子举同升佚事以合之。"

子言卫灵公之无道也。康子曰："夫如是，奚而不丧？"孔子曰："仲叔圉治宾客，祝鮀治宗庙，王孙贾治军旅。夫如是，奚其丧？"

卫灵公是孔子同时代人，是个无道的君主。"子言"者，孔子与康子言及灵公之无道也。康子听了孔子所说,因问道:“夫如是,奚而不丧?”犹言“无道到这样,怎么能不失国呢?”。“仲叔圉治宾客”者,是邻国有使臣来的时候,灵公令仲叔圉去对付,而他能对付得不错,使邻国和卫相亲也。“祝鮀治宗庙”者,是关于宗庙祭祀之事,灵公令祝鮀去办,他办得不错,而国人心服,因此反对国君的人少也。“王孙贾治军旅”者,是关于军队的事,灵公令王孙贾去办。他治军得法,兵士服从,外国不敢侵犯也。孔子对康子道:“卫灵公虽然无道,但他使仲叔圉治宾客,祝鮀治宗庙,王孙贾治军旅,这三个人,都能负责办事。这样,灵公哪里会丧失他的国呢?”按仲叔圉,即孔子文。仲叔圉等三人,未必是贤者,孔子不过称其才,又称灵公用之各当其才而已。

子曰:“其言之不怍,则为之也难。”

“言之不怍”,即今人所说的“大言不惭”也。专说大话的人,若叫他真真实实做起事体来,是一定做不到的。故曰“则为之也难”也。

陈成子弑简公,孔子沐浴而朝,告于哀公曰:“陈恒弑其君,请讨之!”

陈成子，姓田，名恒，是齐国的大夫；因封于陈，故也称陈恒。简公，齐君，名壬。臣杀君，称“弑”。这时陈恒，把简公杀死，故曰“陈成子弑简公”。“孔子沐浴而朝”者，孔子沐浴一番，然后上朝也，此为表示尊敬的意思。哀公，鲁哀公也。孔子到上朝的时候，便规规矩矩，对鲁哀公说：“陈恒弑其君，请讨之！”

公曰：“告夫三子。”孔子曰：“以吾从大夫之后，不敢不告也。君曰：‘告夫三子者。’”之三子告，不可。孔子曰：“以吾从大夫之后，不敢不告也。”

“公曰‘告夫三子’”者，此时鲁国政权，也在季孙、孟孙、叔孙三人手里。故鲁哀公叫孔子去告三子也。孔子退而自言道：“以吾从大夫之后，不敢不告也。君曰：‘告夫三子者。’”此时孔子虽由鲁君召他回国，并未做官，不过他见齐国的陈成子以臣弑君，大义所在，不可不讨，所以特地沐浴而朝。告于哀公；而哀公叫孔子去告三子。孔子心中，实在不以为然，因此退而这样自说也。他的意思，就是“这不是我多事；因为我从前也做过官，从过大夫之后，现在遇了如此大事，所以不敢不告君。不料君竟不能自己做主，而使我去告三子”也。

“之三子告，不可”者，孔子因奉君命，叫他去告三子，不得不去，故就至三子处，告以此事。三子果然不许去讨齐国弑君之贼也。孔子此时，就把退朝时自说的两句话，对了三子说：“以吾从大夫之后，不敢不告也。”

齐国的臣子，弑了君，鲁国的君主，应该名正言顺，下令去讨齐国的乱臣。无奈此时，鲁国的政权，也全在臣下手里。三子者，也和陈恒一样，都想弑君而自为国主，所以不肯出兵去讨。孔子虽明明知哀公这事是做不到的，不过因大义所在，不应默而不言，故特地斋戒沐浴，郑重其事，去告哀公。所谓义所当为，不得不如此也。

按此时鲁是弱国，齐国又大又强，似乎鲁国不能去讨齐国，然据《左传》所载，鲁国苟能出兵讨齐，孔子自有胜算。何以呢？因为陈恒弑了齐君，齐国的人民，必都不服，只要鲁能出兵去讨，齐民必能响应于内；内外夹攻，故孔子实操有胜算，不如空言的儒生，只能说，不能行。孔子对于兵战之事，是和斋、疾一样谨慎的，是要“临事而惧好谋而成”的，故知此事，孔子非全无把握者！

子路问事君。子曰：“勿欺也，而犯之。”

“欺”，是欺瞒。“犯”，《集解》引孔曰：“犯颜谏诤。”子路问孔子：“为臣下者，事君之道应如何？”孔子告以“事君之道，不应该欺瞒君上。譬如君上有不好的行动,就当违犯君上的意思,竭力去谏止”。孔子之意,盖以君上有过,不明言谏止,即为欺瞒君上也。刘氏《正义》曰:“子路仕季氏,夫子恐其为具臣,又季氏伐颛臾,子路力未能谏止。故此告子路以勿欺;而又嫌其意不明,故更云:‘而犯之。’”

子曰:“君子上达,小人下达。”

“上达”,力求上进,即朱子所谓“日进乎高明”也。“下达”,日趋于下流,即朱子所谓“日究乎污下”也。人无生而为君子者,亦无生而为小人者;到后来有的求上进,有的趋下流,于是有君子、小人之分了。孔子所谓“君子上达,小人下达”,就是这个意思。何解:“本为上,末为下。”皇疏:“上达者,达于仁义也;下达谓达于财利。”按《大学》曰:“德者,本也;财者,末也。”故何、皇二说,是相通的。总之:行仁义,就是务本,就是朱子所谓“循天理”,也就是力求上进,日进乎高明的方法;谋财利,就是舍本就末,就是朱子所谓“徇人欲”,也就是日趋于下流、日究乎污下的原因。

子曰:“古之学者为己,今之学者为人。”

“为己”者,使知识道德,日日加益在自己身上。“古之学者”，其时风俗淳朴，故只知为己。“今之学者为人”，是人人皆以好名为心，于学不求实益，只务虚名以夸于人也。

蘧伯玉使人于孔子。孔子与之坐而问焉，曰：“夫子何为？”对曰：“夫子欲寡其过而未能也。”使者出，子曰：“使乎！使乎！”

蘧伯玉，名瑗，是卫国的贤大夫。孔子在卫国的时候，蘧伯玉派使者来望孔子，孔子和他同坐，而问他道：“夫子何为？”夫子，是指蘧伯玉。使者，是蘧伯玉所派，孔子又是客居，称夫子，是谦虚之词。“何为”者，问蘧伯玉近来做何事也。这也是普通宾主间的口头问答。那使者听了孔子的问，回答道：“夫子欲寡其过而未能也。”意思是说蘧伯玉想少做错些事体而不能够也。刘氏《正义》曰：“……《淮南子·原道训》：‘蘧伯玉年五十而知四十九年非。’观此，是伯玉欲寡过而常若未能无过，亦是实语。其平居修省，不自满假之意可见。使者直对以实，能尊其主，非只为谦辞。”按使者这句话，确是不亢不卑，很得体的。孔子听了这句话，着实佩服他，故等使者出门以后，称赞他道：“使乎！使乎！”就是说：“这真个称得起使者了！这真个称得起使者了！”连说两句，佩服之至的意思。

子曰:“不在其位,不谋其政。”曾子曰:“君子思不出其位。”

此章朱子分为两章,以“子曰:……”一章为重出;但《注疏》及皇本并不分为两章,今从之。“君子思不出其位”者,是《易经·艮卦》的象辞。《论语稽》曰:“此因夫子有是言,而曾子引《易》象辞以伸之也。”按孔子的话,解已见前《泰伯》篇,兹不复述。“思不出其位”,是说考虑事情也不超出自己的职位也。职位以外的事,想都不去想,说自然更不去说,做也自然更不去做了。人能思不出其位者,不但无侵权违法的事;而且因专心的缘故,其职位内的事,一定能够做得很好,没有错误。

子曰:“君子耻其言而过其行。”

“君子耻其言而过其行”者,君子以言过其行为羞耻也。怎样叫言过其行呢?话说得天花乱坠,结果做得并不高明,甚至连做都没有做也。“君子耻其言而过其行”的反面,就是“小人大言不惭”也。朱注“耻者,不敢尽之意,过者,欲有余之辞。”字面的解释不同,而大意则同。

子曰："君子道者三，我无能焉！仁者不忧，知者不惑，勇者不惧。"子贡曰："夫子自道也。"

仁、知、勇三种德行，在《中庸》称为"达德"。有此达德，就是君子，也就是圣人。"仁"者，以立人达人为心，我既要人家好，人家必不至来损害我，故可"不忧"。"知"，即智字。知识充足的人，即使遇疑难之事，总看得出它的原因结果；既然明白了它的原因、结果，要怎么办，便怎么办，不至疑惑无措，故曰"不惑"。"勇"者，遇着应该做的事，就勇往直前去做，不惧危险，不顾生死，孔子所谓"成仁"，孟子所谓"取义"，都是天下之大勇，所以没有什么惧怕，故曰"不惧"。孔子说了君子的这三种德行，又自己谦逊道："这三种美德，我是不能有的（我无能焉）。"子贡听了孔子的话，知道孔子是谦逊，不肯自己承认有这三种美德，故说明道："夫子自道也。"意思是"仁者""知者""勇者"孔子就是说自己也。

子贡方人。子曰："赐也贤乎哉？夫我则不暇。"

"方"即"谤"字，因声近而通借。郑玄注曰："言人之过恶。"按言人过恶，即谤的意义也。此章言子贡喜欢讲别人的过恶，孔子对他说："赐也贤乎哉？夫我则不暇。"就是说："赐啊！你自己的行为，种种都好吗？为什么要讲别人的过恶呢？至于我，是自治还来不及，没有闲工夫讲别人的过恶的。"

按旧解除郑注及刘氏《正义》等以外，如孔注、皇疏、邢疏、朱注都把"方人"解为"比方人"，此恐不合原意。孔子曾问，子贡与回孰愈，又子贡问，子张、子夏孰愈，孔子也没有说他不当问，而且正取其能比方人；这时，怎么会反责子贡呢？

子曰："不患人之不己知，患其不能也。"

"不患人之不己知"，就是说做人要自己做。我只要自己有道德，自己有学问，就是人家不晓得我，于我有什么损害呢？故曰"不患人之不己知"也。"患其不能也"者，就是我只患自己不能有道德学问也。

按《学而》篇云："不患人之不己知，患不知人也。"《里仁》篇云："不患莫己知，求焉可知也。"又下面《卫灵公》篇云："君子病无能焉，不病人之不己知也。"意义均与本章大致相同，而文小异。朱注云："圣人于此一事，盖屡言之；其叮咛之意，亦可见矣。"

子曰："不逆诈，不亿不信。抑亦先觉者，是贤乎？"

邢疏曰："此章戒人不可逆料人之诈，不可亿度人之不信也。"按"逆"即逆料之逆，朱注所谓"未至而迎之"也。"亿"，同"臆"，朱注所谓"未见而意之"也。朱注又谓："诈，谓人欺己；不信，谓人疑己。"把本章译成白话文，就是：

"孔子说：'一个人不可逆料别人的诈，不可亿度别人的不信。逆料别人的诈，亿度别人的不信，有时虽能先察觉别人的虚伪，也可以称为先觉者；但有时反致冤了别人，这可以算是贤者吗？'"

《集解》引孔曰："先觉人情者，是宁能为贤乎？或时反怨人。"怨与冤通也。又皇疏引李充曰："物有似真而伪，亦有似伪而真者。……宁信诈，则为教之道宏也。"又曰："……闲邪存诚，不在善察。若见失信于前，必亿其无信于后，则容长之风亏，而改过之路塞矣。"此最能写出孔子之意。

朱注解"抑亦先觉者，是贤乎？"与上述根据孔注及皇疏、邢疏者不同。朱注曰："言虽不逆不亿，而于人之情伪，自然先觉，乃为贤也。"又引杨氏曰："君子一于诚而已，然未有诚而不明者，故虽不逆诈，不亿不信，而当先觉也。若夫不逆不亿，而卒为小人所罔焉，斯亦不足观也已。"

微生亩谓孔子曰:“丘何为是栖栖者与? 无乃为佞乎?”孔子曰:“非敢为佞也,疾固也。”

微生是姓,亩是名。微生亩,大约是孔子的前辈,所以直呼孔子之名。“栖栖”,邢疏曰:“犹皇皇也。”《文选》《班固答宾戏》曰:“栖栖遑遑,孔席不暖。”李善注:“栖遑,不安居之意也。”微生亩见孔子总是周流四方,不安其居,所至陈说人主,疑孔子但为口才以悦时君。所以对孔子道:“丘何为是栖栖者与? 无乃为佞乎?”就是说:“丘,你为什么这样不安居呢? 得无专以口才,取悦时君吗?”

“固”,固陋也,刘氏《正义》曰:“昧于仁义之道,将以习非胜是也。”“疾固”,是以固陋为病也。“孔子曰:‘非敢为佞也,疾固也’”者,就是孔子回答微生亩说“我不是敢以口才取悦时君;我是以世人固陋为病,要行仁义之道以医治之”也。

子曰:“骥不称其力,称其德也。”

“骥”者,善良的马也。善良的马,不但气力大,跑路快,而且有调良(训善)之德。故孔子说:“我们称赞骥,不是称赞它的气力大,而是称赞它的道德好。”皇疏曰:“于时轻德重力,故孔子引譬抑之也。”

或曰："以德报怨，何如？"子曰："何以报德？以直报怨，以德报德。"

"或曰"，是一个人说也，他说"以德报怨"，是譬如有个人，结怨于我，我报以恩德也。"何如"者，犹言怎样也。或人之意，以为人有怨于我，我报以恩德，这是最好没有的了！不料孔子却反驳他的话道："何以报德？"意思是人家有怨于我，我报以恩德；那么人家有恩德于我，我用什么去报他呢？"以直报怨，以德报德"者，孔子驳了或人的话，继续说明报答人之道也。意思是人家有怨于我，我以直道报他；人家有恩德于我，我也用恩德报他。所谓"直道"者，朱注曰"爱憎取舍，一以至公无私"。刘氏《正义》曰："凡直之道非一，视吾心何如耳。吾心不能忘怨，报之，直也。既报，则可以忘矣。苟能忘怨而不报之，亦直也。虽不报，固非有所匿矣。怨期于忘之。……其心不能忘怨，而以理胜之者亦直，以其心之能自胜也。"皇疏又说明所以不以德报怨的缘故道："若行怨而德报者，则天下皆行怨以要德报之。如此者，是取怨之道也。"

子曰："莫我知也夫？"子贡曰："何为其莫知子也？"子曰："不怨天，不尤人，下学而上达，知我者其天乎？"

"子曰:'莫我知也夫'"者,就是孔子说:"没有人知道我了吧?"这是孔子叹自己的怀抱智德,没有人知道他的底细也。"子贡曰'何为其莫知子也'"者,就是子贡听了孔子的话,问孔子道:"为什么没有人知道夫子呢?""子曰:'不怨天,不尤人'"者,时局黑暗,我不怨天,人不用我,我不责人也。"下学而上达"者,学和一般人一样的学,叫"下学"。和一般人一样的学,我独能知道学问道德的精要,叫"上达"。孔子自言这种功夫,知道的只有天,故曰:"知我者其天乎?"

公伯寮诉子路于季孙。子服景伯以告曰:"夫子固有惑志于公伯寮,吾力犹能肆诸市朝。"子曰:"道之将行也与,命也。道之将废也与,命也。公伯寮其如命何?"

公伯寮,鲁人。"诉"者,讲坏话也。此时子路做季孙的家臣,公伯寮因在季孙面前,讲子路的坏话也。子服景伯,是鲁大夫。子服是氏,景伯是谥,名叫何。子服景伯晓得子路是正经人,公伯寮的话是假的,所以来对孔子说:"夫子(按指季孙)听了公伯寮讲子路的坏话,对于子路,固有所疑。但在别人,或者有豪势,我无力处置他;至于公伯寮,我的力量是还能够使季孙不听他的话,而杀他,并且再把他的尸体陈于市朝上的。”按既杀，又陈其尸叫“肆”。大夫陈于朝，士陈于市，若公伯寮，本来应只说“肆诸市”，今说“肆诸市朝”者，“朝”是连带说到的。孔子听了景伯的话，对景伯道：“道之将行也与，命也。道之将废也与，命也。公伯寮其如命何?”意思是子路的做官，是为行道，道之行不行，是关于命运的。在命运上如果是能行的，公伯寮虽有坏话，季孙自然不会听他。在命运上如果是不能行的，虽没有公伯寮说坏话，季孙也不能行道。总之，与公伯寮说坏话，是没有关系的。公伯寮是不能左右命运的。

子曰：“贤者辟世，其次辟地，其次辟色，其次辟言。”

“辟”，就是现在的避字，皇本即作“避”。“贤者辟世”者，孔子说贤哲之士，在举世混乱、大家不分是非善恶的时候，就避而隐居，不做官也。“其次辟地”者，言如果自己所处的是乱国，而同时还有治邦可以仕而行道，那么就避居治邦，以行其道也。“其次辟色”者，是说自己所在之邦，还可以仕，也就仕而行道；但到主上不以礼貌相待时，则必避去也。“其次辟言”者，是说为行道计。即使竭力容忍，在主上不以礼貌相待时，仍不避去；但到了主上有恶言的时候，则无论如何，必避去矣。

子曰："作者七人矣！"

此章意思，与上章相连。《注疏》及皇本，并与上章相合为一章，朱注始分之。七人之姓名。孔子没有说出，我们现在也不必一定说是某人某人的。"作者"，就是起而隐去的人。孔子说："起而隐去的人，已经有七个了。"

按此章意思，也有说不与上章相连的。谓"作者七人"是指尧、舜、禹、汤、文、武、周公等七个圣人。孔子说作者已有七人，所以自己可述而不更作也（见《论语稽》附注）。

子路宿于石门。晨门曰："奚自？"子路曰："自孔氏。"曰："是知其不可而为之者与？"

"石门"，郑玄注曰："鲁城外门也"。"宿"者，到石门已晚，因宿于石门外也。"晨门"，是晨起管开城门的人。子路宿在石门外，次日早起，即入城内。这时管城门的人，问子路道："奚自？"就是说从哪里来也。"子路曰：'自孔氏'"者，子路答他，从姓孔的人那边来也。"曰：'是知其不可而为之者与？'"言管城门的人听得姓孔的人，知道是孔子，即对子路说："就是明知道不能行，而仍是奔波劳苦想行道的那个人吗？"盖这个管城门的人，也是有道之士，避居不仕，自隐姓名者也。他也知道孔子跑来跑去，是想行道，以治国平天下的；又明白孔子知道不行而仍想行道的苦衷的，所以对子路说了这样的一句话。

《论语稽》曰：“‘孔子出处大节，知不可而为’一语，足以明之。”

子击磬于卫，有荷蒉而过孔氏之门者，曰：“有心哉！击磬乎。”既而曰：“鄙哉！硁硁乎！莫己知也，斯已而已矣！深则厉，浅则揭。”

“磬”，是一种乐器。孔子居卫国的时候，有一日，击磬以消遣，故曰“子击磬于卫”也。“荷”者，采担也。“蒉”者，草制的器具也。这日，有个挑了一担草器的人走过，听了击磬的声音，知道这击磬的是个有心人，故即赞了一句道：“有心哉！击磬乎。”

“既而曰”者，过一会又说也。“鄙哉！硁硁乎！莫己知也”者：“鄙”，狭也。“硁”，说文云“古文磬”。《释名》云“磬，罄也。其击罄罄然坚致也”。故“硁”与“磬”“罄”均通。“硁硁”，是磬的声音。荷蒉者的话，是说硁硁的声音，狭而不舒；听罄音，而察击磬者的心理，似乎是以人家不晓得自己为憾的。“莫己知也，斯己而已矣”者，是荷蒉者接续说“既然知道人家不晓得自己，不能用自己，那么就独善其身，为己不为人好了”也。“深则厉，浅则揭”者，是《诗经·卫风》的诗句，意思是说渡河时，碰着水深。衣裳撩起，也是要湿的，所以就不撩衣而涉；遇着水浅，撩起衣裳，就可不湿，所以便撩衣而渡。荷蒉者引此诗句，是表明君子于道，可则行，不可则止；当如渡水者深则厉，浅则揭，适深浅之宜也。

子曰：“果哉！末之难矣。”

“果”，是果然。“末之难矣”，犹言“没有什么困难”也。这两句，是孔子听了荷蒉者，讥笑自己而说的话。就是“我知道不可为而为，所以感到困难，果然照你这样说法，不可为，就不为，也没有什么困难了”。

按荷蒉者，也是个隐君子。看他闻磬声而知人心，又引《诗经》以比喻，可知也。但只知贤人隐见之道，而还不知圣人栖栖皇皇之意耳。

子张曰：“《书》云：‘高宗谅阴，三年不言。’何谓也？”

“《书》”，《尚书》也。高宗，是商朝一个皇帝，就是武丁。“谅阴”，是皇帝居丧的名称，有信默之义。子张问孔子道：“《尚书》里有‘高宗谅阴，三年不言’二句话，是什么道理？”

子曰:“何必高宗?古之人皆然。君薨,百官总己,以听于冢宰,三年。”

“子曰:‘何必高宗?古之人皆然’”者,孔子告诉子张,说古时候皇帝居丧,都是这样;不但高宗三年不言也(按高宗之前,殷道稍衰,皇帝居丧,或不能守不言之礼,高宗又守此礼,故《尚书》记载以深美之)。“君薨,百官总己以听于冢宰,三年”者,孔子又说明君居丧时的政治也。意思是君死(薨)了,三年之内,新君居丧,重哀,所以连话都不说,由宰相代行天子职务。这时,大小百官,都聚束(总)自己的职事,以听宰相调度。“冢宰”,即宰相也。

子曰:“上好礼,则民易使也。”

此章仍是教化为政治之本的意思。礼是以敬为主的。在上位者,事事遵礼而行,则在下的人民,自然也没有敢不敬的了。敬则自然听从使命,而不违抗也。

子路问君子。子曰:“修己以敬。”曰:“如斯而已乎?”曰:“修己以安人。”曰:“如斯而已乎?”

曰:“修己以安百姓。修己以安百姓,尧、舜其犹病诸!”

此章子路所问,是在上位的君子,应如何做法也。孔子答以“修己以敬”者,修自己的身子,要恭恭敬敬,不可失礼怠忽也。子路的意思,以在上位者只恭恭敬敬为未足,因此又问:“如斯而已乎?”犹言“像这个样子,就够了吗?”。孔子又答以“修己以安人”。这个“人”,是指左右及上下百官而言。“安人”,使这班人,都有安稳饭吃,自然不至于取意外之财,使政治混浊也。子路听了,还以为不够,故又问:“如斯而已乎?”孔子又答以“修己以安百姓”;是言自己修身以外,次则要使大小官吏,都有安稳饭吃;再进一步则使全国百姓,都有安稳饭吃也。然而要使全国百姓,都有安稳饭吃,这是很不容易的事情,虽使尧、舜在位,也有做不到这个地步的样子。故又曰:“修己以安百姓,尧、舜,其犹病诸!”“病”,犹难也。“诸”,之也,代名词。“病诸”者,就是以此事为难的意思。

原壤夷俟。子曰:“幼而不孙弟,长而无述焉,老而不死是为贼!”以杖叩其胫。

原壤,是鲁人,与孔子早年相识。“夷”,箕踞也;伸两脚,其形如箕也;“俟”,待也。原壤一日接见孔子,他以两腿叉开前伸坐着等待孔子,态度很骄傲,表示看不起孔子。孔子当时就骂他道:“幼而不孙弟。”“孙”,即谦逊的“逊”字。“弟”,即孝悌的“悌”字。原壤母死,不哭而歌,故孔子骂他年幼的时候,不知谦逊孝悌也。“长而无述焉”者,是年纪大了,一点没有可称述的善事也。这一种人,早可以死了,现在到老而还不死,是徒然败常害俗的。故曰“老而不死是为贼”也。孔子说到这里,就把手里拿的拐杖,在原壤的脚胫上敲(叩)了一下。孔子对于原壤,所以既骂之,又以杖敲之者,为维持礼教也。

阙党童子将命,或问之曰:“益者与?”子曰:“吾见其居于位也,见其与先生并行也,非求益者也,欲速成者也。”

“阙党”,党名,犹今称某坊、某巷、某里也。“童子”,二十岁以前,没有加冠的称呼。“将命”者,孔子叫这个阙党的童子,跑进跑出,传主客的话也。“或问之曰:‘益者与?’”是有个人问孔子道:“你叫这个童子将命,是因他学问有进益吗?”

礼,童子只有角落头地方可坐,在房屋中间,没有座位的。孔子答或人曰:“吾见其居于位也。”就是说:“我看见这个童子,初来时坐在室中的座位上。”又礼,童子走路,应该让年纪长的先生们在前,童子只应跟在后面。孔子又曰:“见其与先生并行也。”就是说“我看见这个童子走路,初来时竟和先生并排走去”。阙党童子有这两件事体,孔子知道他是想早些学成人之礼,而不要由童子之礼,进而习成人之礼,一步一步求进益的,故对或人说:“非求益者也,欲速成者也。”按学礼,是要逐渐求进益的。所以阙党童子要求速成,孔子却叫他做传达主客言语的使役,使他可观少长之序,习揖逊之容,仍要他循序渐进也。

卫灵公第十五

卫灵公问陈于孔子。孔子对曰："俎豆之事，则尝闻之矣！军旅之事，未之学也。"

"陈"，即今"阵"字。"卫灵公问陈于孔子"者，卫灵公以战阵之事问于孔子也。"孔子对曰：'俎豆之事，则尝闻之矣'"者，孔子对卫灵公道"关于祭祀的事，我倒听见过"也。"俎豆"，即祭祀用的礼器。"军旅之事，未之学也"者："军"，万二千五百人；"旅"，五百人。孔子坦陈"至于练兵摆阵打仗的事体，我是没有学过"也。意思是你问我关于祭祀等的礼，我倒可以对答你；你问我军旅之事，我不能对答你也。

明日遂行。在陈绝粮，从者病，莫能兴。

春秋、战国时的大祸，莫甚于兵事，故如孔子、墨子、孟子都反对兵争，竭力排斥善战的人。孔子既不以卫灵公所问为然。而答以所闻的，只有"俎豆之事"，是明明有反对卫灵公的意思。如此，自然不能再在卫国居住，故次日即离去卫国也。"在陈绝粮，从者病，莫能兴"者，言孔子离去卫国，经过陈国的时候，粮食断绝了！从孔子的人，因饭没得吃，也生病了！也不能走路了！“兴”者，起也。“莫能兴”者，言不能够走起来也。

子路愠见曰：“君子亦有穷乎？”子曰：“君子固穷，小人穷，斯滥矣！”

“愠见”者，一种怨恨的神色，见于脸上也。子路随着孔子，这时弄得饭都没得吃了，故恨恨地说道：“君子亦有穷乎？”就是说：“做君子的，也有穷的时候吗？”“君子固穷，小人穷斯滥矣”者，孔子听了子路的话，对子路说也。他说的话，意思就是“君子固然免不了有穷的时候，但与小人不同。君子穷了，只有饿肚皮，不去为非作恶；若小人到了这穷的时候，就无事不做了”。“固穷”者，一说固守其穷。“滥”者，溢出做人的范围，而无恶不作也。

按《注疏》及皇本，以上第一节为一章，第二、三节为一章；今从朱注合之。

子曰：“赐也，女以予为多学而识之者与？”对曰：“然！非与？”曰：“非也！予一以贯之。”

赐，是子贡的名。当时一般人，以孔子如此贤圣多能。必定是学多而记(识记也)在心里。孔子要纠正这个观念,所以呼子贡之名而告之曰:“女(即“汝”)以予为多学而识之者与?”就是说:“你以为我是求很多的学问,而记在心里的吗?”“对曰‘然!非与’”者,子贡对孔子说也。“然”者,子贡也以为孔子的贤圣多能,是“多学而识之”也。又曰“非与”者,今听了孔子这样的话,看来像不是多学而识之者。故又问道:“莫非不是吗?”“曰‘非也,予一以贯之’”者,孔子又告子贡也。“非也”者,言我确然不是多学而识之也。“予一以贯之”者,言我明白了一贯的道理,各种事情,都用这个道理来应付,各种物理,都从这个道理去推求,并不是一种一种学而识之也。

子曰:“由,知德者鲜矣!”

由,是子路之名。孔子呼子路之名而告之也。“德”者,道德。“知德者鲜矣!”言一般人明白道德的意义者极少也。王肃注曰:“子路愠见,故谓之少于知德者也。”但《史记·仲尼弟子列传》,有子张从在陈蔡间问行的事。而未记此事,王说恐不确。

子曰:“无为而治者,其舜也与?夫何为哉?恭己正南面而已矣!”

前《为政》篇曾记孔子“为政以德，譬如北辰，居其所而众星共之”的话，此章言舜，正与“为政以德”章同义。“无为而治者，其舜也与”者，言“一些不用自己去做事体，而天下已能治安者，就是舜吗?”，舜何以能无为而治呢? 因为他手下的百官，任用得好，所以自己不必做事体，只要恭恭敬敬，朝着南面坐坐，看百官各自去做。故曰:“夫何为哉? 恭己正南面而已矣!”

子张问行。子曰:“言忠信，行笃敬，虽蛮貊之邦行矣! 言不忠信，行不笃敬，虽州里行乎哉?”

“子张问行”者，子张问孔子“做人要如何可以行得通”也。此章的问行，和《颜渊》篇的问达，意相仿佛。“忠”者，言语发自中心也，即不说违心之言。“信”者，不说诳话，不失约。一个人能够不说违心之言，不说诳话，不失约，就叫作“言忠信”。“笃”者，厚厚实实。“敬”者，恭恭敬敬。这样做人，叫作“行笃敬”。“蛮貊之邦”，是野蛮人的国度。一个人，能照上面所说的“言忠信，行笃敬”，虽然在野蛮人的国里，也可以行得通。故曰“虽蛮貊之邦行矣”。“州里”者，本省本乡地方也。一个人，若“官不忠信，行不笃敬”，虽在自己的家乡，也是行不来的,故曰“虽州里行乎哉?”(“行乎哉”译成白话文,是“行得来吗?”)

“立,则见其参于前也。在舆,则见其倚于衡也。夫然后行。”子张书诸绅。

“立,则见其参于前也”者,孔子又接下去,告子张也。言一个人,对于忠信笃敬,要时刻不忘,譬如立着在地上时,要这个忠信笃敬的态度,好像在眼前来参见一般。“舆”,车子也。“在舆”,是坐在车子里。“衡”,大小车輗軏间的横木也。“在舆,则见其倚于衡也”者,言坐在车子里头,思念忠信笃敬,要像这忠信笃敬的态度,就见于靠住在横木的地方一般。“夫然后行”者,言要这样,然后行得通也。“子张书诸绅”者,“绅”,是衣裳的大带。子张听了孔子的话,以为时刻不可忘记,故去写在衣带上面。俾随时看到也。

子曰:“直哉!史鱼。邦有道如矢,邦无道如矢。君子哉!蘧伯玉。邦有道则仕,邦无道则可卷而怀之。”

史鱼,《集解》引孔曰:“卫大夫,史鳝也”。朱注曰:“史官，名史鱼。”“如矢”者，孔子形容史鱼之直也。言其人始终皆直，如箭射出去，不会弯曲着进行一般。“蘧伯玉”，已见前。蘧伯玉于国家有道的时候，则出去做官任事；无道的时候，就退隐不仕，好像一张纸，卷拢来，藏在怀里，使人不看见一般；所以孔子称他为君子。

子曰：“可与言而不与之言，失人。不可与言而与之言，失言。知者不失人，亦不失言。”

可以同他说话的人，而不同他说话，是把这个人失掉了。故曰“可与言而不与之言，失人”也。不可同他说话的人，去同他说话，是自己把言语空说了。故曰“不可与言而与之言，失言”也。只有聪明的人，看好说话的人，同他说话，不好同他说话的人，便不同他说话。故曰“知者不失人，亦不失言”也。

子曰：“志士仁人，无求生以害仁，有杀身以成仁。”

“仁”的意义，纲领中已说明白。换一句话，就是“人道”。有志的人，怀抱人道的人，遇到与人道相悖的事情，没有因求自己生存，而把人道丢掉的；只有情愿牺牲自己的身子，来维持人道的。故孔子如上说。

子贡问为仁。子曰:“工欲善其事,必先利其器。居是邦也,事其大夫之贤者,友其士之仁者。”

圣门问“仁”的人很多,子贡独问“为仁”,所以孔子就仁之所以为者告之。“工欲善其事,必先利其器”者,言做工的人,必须器械锐利,然后所造的器物,易于精巧。此以比喻“为仁”的人,必须所事与所友者,先贤而有仁德,才能行其仁也。“居是邦也,事其大夫之贤者,友其士之仁者”,即说在一个国内,要择其大夫中之贤者而师事他;择其士之中有仁德者而和他做朋友。孔子告子贡“为仁”之道要这样的,朱子以为由于“子贡悦不若己者”也。

颜渊问为邦。子曰:“行夏之时,乘殷之辂,服周之冕,乐则《韶》舞,放郑声,远佞人。郑声淫,佞人殆。”

“颜渊问为邦”者,颜渊问“倘若要建设一个新的国家,应该采用怎样的制度”也。(按其他所问,都是称“为政”,只有此章称“为邦”。窃以为“问为政”者，系治理一个旧有的国家，要怎样施行政事也。“问为邦”者，系建设一个新国家，应采用怎样制度也。此义前人未尝解过，特假设如此。）

“子曰：‘行夏之时’”云云者，孔子告以建设新国，应采用的制度也。“夏”，是夏禹王一代的国名。查三代岁首的正月，都各不同。周以阴历十一月为正月；殷以阴历十二月为正月；只有夏以阴历一月为正月，春季适在岁首。孔子的时候是周朝，是以十一月为正月的，孔子以为不好，应该改用夏朝以一月为正月的制度。故曰“行夏之时”也。此事在孔子时，无人过问。后来到了汉武帝，竟遵用孔子之说，以一月为正月，一直行到中华民国临时政府成立，始改用世界通用的阳历。

“乘殷之辂”者，天子所坐的车子叫辂。周朝天子所坐的辂，饰以金玉，太觉奢华，殷朝（即商朝）的辂，尚朴实坚固，故孔子取之。

“服周之冕”者，冕是祭祀时所戴的冠。此项冠冕，至周朝始华而不靡，文而得中，故孔子取之。

“乐则《韶》舞”者，《韶》是虞舜的乐名；《韶》乐兼舞，故曰“《韶》舞”。孔子曾称舜的《韶》乐，尽善尽美，故采之。

“放郑声”者，孔子以为郑国的乐声不好，“放”者，禁绝之也。

“远佞人”者，佞人是当面奉承、背后不办正经事务的人。这一种人，应该和他疏远，不可和他亲近也。

“郑声淫，佞人殆”者，是说明上面两句也。郑国的乐声，所以要放绝之者，因为它是一种淫乱的声音，使人听了这种淫乱的声音，也去做淫乱的事，故须禁绝。“佞人”不可亲近，应该疏远者，因为一与亲近，必至听他的话，如此，则国家必弄得危殆，故重为申说之也。

子曰：“人无远虑，必有近忧。”

此说一个人于将来的事体，要有预备，所谓“远虑”也。若毫无预备，忽然发生一事，便仓皇无措，所谓“近忧”也。

子曰：“已矣乎！吾未见好德如好色者也。”

“德”，是做人应有的条件。“色”，是人的嗜欲。一个人应该具备做人的条件，而减少嗜欲，乃有益处。但一般人，于德则不知好，于色则无不好，所以孔子叹之。按此章与《子罕》篇所记同，而多“已矣乎”三字。“已矣乎”者，意思是“罢了”也。朱注曰：“‘已矣乎’，叹其终不得而见之也。”《论语稽》曰：“此章……疑因季桓子受女乐，而郊不至膰，孔子时将去鲁而发也。曰‘已矣乎’，有惜功业不就、吾道不行之意。”

子曰：“臧文仲，其窃位者与？知柳下惠之

贤,而不与立也。”

臧文仲,是鲁国的大夫,已见前《公冶篇》。柳下惠,是鲁国的贤人,曾为士师而三次被黜(详见后《微子篇》);至其邑里字名,诸说名异,《论语稽》曰“以居柳下,姓展名获,字禽,私谥惠为近”。臧文仲知道柳下惠是个贤人,任他屈为士师,不肯举他出来做较大的官;并且有一次被黜,即由臧文仲主动。故臧文仲有久窃国柄、唯恐贤人位高、己之禄位将不能保的心,此孔子所以有如本章的诛心之论也。曰:“臧文仲,其窃位者与?”就是说:“臧文仲这个人,是偷取禄位的吧?”意思是只想久据禄位,而不为国家用贤人,推行仁政,其禄位有似偷来也。“知柳下惠之贤,而不与立也”者,就是“明知柳下惠的贤,而不举他出来,与自己并立于朝”的意思。

子曰:“躬自厚,而薄责于人,则远怨矣!”

躬,就是自己的身子。“躬自厚”者,责自己要厚也。“薄责于人”者,责他人要薄也。如此,则人家少有怨恨他的了。故曰:“则远怨矣!”

子曰:“不曰‘如之何如之何’者,吾末如之何也已矣!”

“如之何”者,在俗语就是:“怎么样呢?”此章意思,是教人遇事,要“这事怎么样呢?这事怎么样呢”的多加思索也。“不曰……者”,谓遇事不知思索的人也。这一种人,孔子以为胆大妄为,没有什么法子使他改善了。故曰:“吾末如之何也已矣!”

子曰:“群居终日,言不及义,好行小慧,难矣哉!”

群居,许多人同住在一处也。“义”者,应该做的事也。“小慧”者,小聪明也。“子曰:‘……难矣哉’”者,孔子说:“许多人同住在一处地方,自朝至夜,不谈及应该做的事体,只弄些小聪明,自以为能,这一种人,难得好也。”

子曰:“君子义以为质,礼以行之,孙以出之,信以成之,君子哉!”

“义”者,就是做人应该做的事。“质”即原质,犹本原也。“君子义以为质”者,言做君子者,要有义做骨干也。“礼以行之”者，言做应该做的事，也要照礼而行也。“孙以出之”者，“孙”，即谦逊之“逊”；言礼以让为主，既然照礼而行，自当出以谦逊也。“信以成之”者，“信”即诚实；言谦逊又必须诚实，庶几礼不至成为虚文，义亦不至变为假义也。一个人能够如此，就成为一个君子。故曰：“君子哉！”

子曰：“君子病无能焉，不病人之不己知也。”

“病”就是“患”的意思。本章与《里仁》篇中“不患莫己知，求为可知也”，《宪问》篇“不患人之不己知，患其不能也”，意均相同。

子曰：“君子疾没世而名不称焉。”

朱注引范氏曰：“君子学以为己，不求人知。然没世而名不称焉，则无为善之时可知矣。”按到了死的日子(没世)，还没有为善之实，君子故以为苦以为恨(疾)也。君子之所苦所恨，并不在有善之实，而无善之名。此层意思，学者不可不明辨之！

子曰：“君子求诸己，小人求诸人。”

按本章与前两章，义相连贯。“君子病无能焉，不病人之不己知也”，即君子求诸己也。“君子疾没世而名不称焉”，虽似求名，实在也求自己有为善之实而已。故曰“君子求诸己”，小人则反是：小人只是求人之知己，不问己之能不能也；小人只是求人之善己，不问自己有没有为善之实也。故曰：“小人求诸人。”推而至于求禄位，也是这样。君子只是进德修业，小人则钻谋运动，去求别人也。

子曰：“君子矜而不争，群而不党。”

“矜”者，自己守着威严的态度也。君子守着威严的态度，却不与人家去争闹，故曰“矜而不争”。“群而不党”者，君子在社会里做人，和一群的人，都和和气气的要好，却不去结了党，争夺权利也。

子曰：“君子不以言举人，不以人废言。”

“不以言举人”者，是说君子不因听了这个人话说得好，就举他出来任职办事也。“不以人废言”者，是说这个人虽然不好，但他说的话有理，君子仍遵着他的话做事，不把他的话废掉也。

子贡问曰:“有一言而可以终身行之者乎?”子曰:“其恕乎!己所不欲,勿施于人。”

子贡问孔子:“有一句话,可以终身行得的吗?”“子曰:‘其恕乎’”者,孔子告子贡“终身可行的,只有一个恕字”也。孔子又告子贡恕的意义道:“己所不欲,勿施于人。”意思是“我所不愿忍受的事,则他人也必定不愿忍受的;所以我不可以把这种事,加到他人的身上去。”

按“仁”,是人之德;“恕”,是行仁之方。恕的消极方面,为“己所不欲,勿施于人”;其积极方面,即是“己欲立而立人,己欲达而达人”也。又子贡曾说:“我不欲人之加诸我也,吾亦欲无加诸人。”他的话,正和这里孔子所说“己所不欲,勿施于人”的意义相同。

子曰:“吾之于人也,谁毁谁誉?如有所誉者,其有所试矣!斯民也,三代之所以直道而行也。”

“毁”者,说人的坏话。“誉”者,称赞人的好处。“子曰:‘吾之于人也,谁毁谁誉’”者,言“我对于人,有哪个是我说他坏话的?有哪个是我称赞他好处的?”,意思是我对人,没有私意，或毁或誉也。“如有所誉者，其有所试矣”者，是说“我如有称赞过的人，我是试验过他，确实是个好人，所以我才称赞他”也。“斯民也，三代之所以直道而行也”者，“三代”，是夏商周，言“这样对待人民，就是夏商周三代圣王，以直道行于天下”也。

子曰：“吾犹及史之阙文也。有马者，借人乘之。今亡已夫？”

“史”者，管史书的官。“阙文”者，史书上有疑而不明白的文字，把它阙着，不以自己的意思，硬去补上也。“子曰：‘吾犹及史之阙文也’”者，孔子言：“管史书的官，肯把古史上疑而不明的文字阙着的，这种人，我还见过的也。”“有马者，借人乘之”者，孔子又言“肯把自己的马，借给人乘坐者，我也见过”也。“今亡矣夫”者，“亡”，即无字。言“现在这两种人没有了吧？”，意思是人心不古也。

子曰：“巧言乱德。小不忍，则乱大谋。”

“巧言”，就是花言巧语，话说得好听。花言巧语，会使听的人，失其操守，败坏道德。故曰“巧言乱德”也。“小不忍，则乱大谋”者，一个人在世界上做人，总有一个大计划，然后照着这计划去做，就是“大谋”。“小不忍”者，遇着一件小小事故，不能忍耐，例如和人家争论一件小事，或为一些小利益，不肯忍耐，甚至两人相打伤身，重者丧命；或争着一些小利益，情愿争气不争财，弄到个家破产；或因争论无关紧要的事，而与人家感情破裂，以致人家不肯帮助自己成大事业，甚或百计破坏自己的事业：这些，都是“小不忍则乱大谋”也。

子曰：“众恶之，必察焉；众好之，必察焉。”

如一个人，众人都恶他，说他是个坏人，这种话，不可轻信，须自己观察他究竟是不是坏人，此即“众恶之，必察焉”的意义也。“众好之，必察焉”者，是众人都爱这人，说他是好人，也不可轻信，须自己观察他，然后定他是不是个真好人也。

按此章意义，与前《子路》篇“乡人皆好”“乡人皆恶”章大致相同。

子曰：“人能弘道，非道弘人。”

“弘”，大也。“道”，即是天下的道理。“人能弘道”者，言这种道理，要人的力量心思，去把它讲明，把它宣传，把它实行，使这个道，光大起来。故曰“人能弘道”也。这种道理，虽然不错，但它是不能强人去讲明、去宣传、去实行的。人行了这个道理，虽然人格高大了；但这是他行了道，才人格高大；他不行道，人格也就不会高大。这高大，是由于行，是由于自力。故曰“非道弘人”也。

子曰：“过而不改，是谓过矣！”

“过”，是错误。一个人做事对人，总不免有做错的地方，这种做错，就是“过”。人能够知道自己这事做错，即去改过，就不算错误了！但有一种人，不肯自己认错；既不肯认错，那么，他就不肯改过，这样，真是过错了！

子曰：“吾尝终日不食，终夜不寝，以思。无益，不如学也！”

“思”，凭空想也。“学”，看人做，听人讲，自己拿书来看，自己用手去做也。现在西洋人，时时有新发明的学理、新发明的事物，都是从不绝的研究，才有这样的效果。所谓研究，有“学”有“思”。但这个“思”，是就所学而想，不是凭空想的。孔子说：“我常终日不吃，终夜不睡，只管想来想去地想；但结果毫无益处，还不如实实在在地学，倒有益处。”他所谓想，是指凭空想的。凭空想，所以没有益处。前《为政》篇，不是已有孔子“思而不学则殆”的话吗？可知凭空想，不但没有益处，而且还有使精神疲殆的害处也。至于就所学而想，那是必要的。《为政》篇也有孔子的话——“学而不思则罔”。读者想还记得吧？

子曰：“君子谋道不谋食。耕也，馁在其中矣！学也，禄在其中矣！君子忧道不忧贫。”

“君子谋道不谋食”者，言为君子者，只想明白做人的道理，不想怎样求饭吃也。“馁”者，饿也；是言耕田的人耕田，本为谋饭吃，但有时遇到荒年，也要受饿，故曰：“耕也，馁在其中矣！”求学的人，只求学成，自然能得禄位，故曰：“学也，禄在其中矣！”因为只要求学成，就可以得禄，故学道的君子，只怕道不明，不忧贫乏，故曰“君子忧道不忧贫”也。

此章的意思，不过勉人求学，说耕田的有时还要受饿，明道的君子是不会受饿的，但世界上竟有受饿的君子，这是又当别论的了！

子曰：“知及之。仁不能守之，虽得之，必失之。”

“知”，有才智也。此章所言，是论得天下国家的君主。

"知及之"者,言他的才智,能得了天下国家也。"仁不能守之,虽得之,必失之"者,言得了天下国家,而不行仁政,则民心不归,虽得了天下国家,一定仍旧要失掉也。如此秦始皇以才智并吞六国,不上十数年,即失了国位就是。

"知及之,仁能守之,不庄以莅之,则民不敬。"

既有才智,得了天下国家,又能施行仁政以收民心,然对待人民不能庄重,则人民一定不敬重他。故曰"不庄以莅之,则民不敬"也。"莅",即对待也。

"知及之,仁能守之,庄以莅之,动之不以礼,未善也。"

孔子是主张以礼教治国,化民成俗的,故说得了天下国家的君主,已能备具了智、仁、庄三项条件,然一切动作,不遵照礼仪,使人民受了感动,也遵照礼仪,这种政治,还不能算尽善也。故曰:"动之不以礼,未善也。"

子曰:"君子不可小知,而可大受也。小人不可大受,而可小知也。”

“小知”,即小聪明。“大受”,是担当大事业。言做君子的,不必以小聪明为能,而大事业却能担当的;小人则不能担当大事业,只能弄些小聪明罢了。

子曰:“民之于仁也,甚于水火。水火,吾见蹈而死者矣!未见蹈仁而死者也。”

“民”,是说一般人民。“仁”,是“己立立人,己达达人”。“水火”,是人生日用不可一日少的东西。孔子的意思,以为一般人民之对于仁的关系,比水火还要重要。何则?仁是人类互助的代名,人既生于社会,没有互助——仁——的作用,社会立即解体,人即无从生活。譬如一个人,在荒山大海中,没有他人的互助,岂不立即要死。所以人民之于仁,比水火还要重要也。故曰“民之于仁也,甚于水火”。水火虽是于人生有益的两件东西;但水会溺死人,火会烧死人,有时也有害于人生。故曰:“水火,吾见蹈而死者矣!”“蹈”,就是脚踏在这东西的上面也。至于仁,则彼此互助,断没有我助你,你助我,会弄出害处来,会弄到死的地步的。故曰“未见蹈仁而死者也”。

“仁”为孔子学说教旨的中心,故此章在《论语》中,极为重要,与本书纲领中所述参看自知。

子曰:“当仁,不让于师。”

此言为弟子者,于各种事体,对师都须谦让;只有当着仁的事体,要起先去做,虽师还没有去做,我也不妨先做也。故曰“当仁,不让于师”。

子曰:“君子贞而不谅。”

《集解》采孔曰:“贞,正;谅,信也。君子之人,正其道耳,言不必小信。”按本章与前《子路》篇所谓“言必信,行必果,硁硁然小人哉!”及《宪问》篇所谓“岂若匹夫匹妇之为谅也?”同一意义。孟子亦言:“言不必信,行不必果,唯义所在。”意思就是“君子只看正义之所在去做,不拘于小信。因从正义,而失小信,是常有的”。

子曰:“事君,敬其事而后其食。”

此章邢疏说得很明白,今采之。邢疏云:“此章言其为臣事君之法也。言当先尽力,敬其职事,必有勋绩而后食禄也。”

子曰:"有教无类。"

此章所记,可见圣人的器量,与天一样的大。封建时代,阶级极严,在上一阶级的人,不肯和下一阶级的人同行同食。就是现在,主人对于仆役,尚存这种观念。且阶级之不平等,世界各国,都是一样的。西洋各国的贵贱阶级,直至美国独立,法国大革命时,人民大倡"自由""平等""博爱"三种口号,始得把阶级制度打破。中国在政治上之打破阶级,是始于辛亥革命,民国成立以后的。阶级以外,还有种族观念,也是一般人所不能免的。如同种族的人,则亲近;异种族的人,则疏远,或至仇视。现在各国,尚是这样。只有孔子,他虽生在二千年前,却早把阶级观念、种族观念,已经打破。此所谓"有教无类"者,就是不分阶级,不分种族,凡是一个人,无不教以做人的道理也。《礼记》《礼运》篇载孔子"天下为公"的"大同"主张,我们看他"有教无类",可以知他能实行其主张了。

子曰:"道不同,不相为谋。"

"道"者,如孔子时,已有道家老子之道。稍后孔子,又有墨子、杨子等各家之道。大概东周的各种道术,成立盛行于战国之世,而萌芽发生,皆在孔子时代也。孔子已见到此,所以说"不相为谋"者,明知各家倡道的人,总以自己所倡的道为是，以他人所倡的道为非，故只有各行其道，不相合而共谋，亦不谋你从我、我从你也。故曰“道不同，不相为谋”。《史记》载太史公谈论六家要指，引《易经》云：“天下同归而殊途，一致而百虑。”本章孔子之意，亦以各行其道，不相为谋，结果则能相成也。后世举者，往往攻击他家他人，而孔子则不然。此孔子之所以为大也。

子曰：“辞，达而已矣。”

“辞”者，言辞、文辞也。在口里的言语，称为“言辞”。在纸上用笔写的，称为“文辞”。孔子以为言辞、文辞以能表达出意思，使听的人（言辞）、看的人（文辞）都能明白为主；言辞求巧，文辞求工，都是可以不必的。故曰：“辞，达而已矣！”

师冕见，及阶，子曰：“阶也。”及席，子曰：“席也。”皆坐，子告之曰：“某在斯，某在斯。”师冕出。子张问曰：“与师言之道与？”子曰：“然！固相师之道也。”

瞎子虽不能看，但耳则能听，所以自古以来，瞎子多以音乐等为职业也。此章是记孔子对瞎子的态度。

“师”者，乐师也。这乐师，名叫“冕”，故称“师冕”，“见”者，来见也。“师冕见”，是师冕来见孔子也。这师冕是瞎子，所以他走到阶前，孔子告知他道：“阶也。”他上了阶，又走进来，走到坐席前，孔子又告知他道：“席也。”“皆坐”者，大家都坐下也。“子告之曰：‘某在斯，某在斯’”者，此时陪师冕者，不止孔子一人，故孔子又告师冕道“某人坐在这里，某人坐在这里”。使师冕知道同坐的有几个人，并同坐者的姓名也。“师冕出，子张问曰”云云者，师冕出去后，子张问孔子道：“刚才招呼师冕的种种言语，也有道理吗？”故曰：“与师言之，道与？”“子曰：‘然！固相师之道也’”者，是孔子说：“是的！刚才这样的招呼，是扶助瞎子乐师应尽的道理。”“相”即扶助的意思。

季氏第十六

季氏将伐颛臾，冉有、季路见于孔子曰："季氏将有事于颛臾。"

"颛臾"，是鲁国境内的一个小国。它的朝贡，不达于天子，而附于诸侯，所谓"附庸"也。冉有、子路，这时正做季氏的家臣，故将季氏的事来告孔子也。"有事"者，即有事体发生，伐颛臾也。

孔子曰："求！无乃尔是过与？夫颛臾，昔者先王以为东蒙主，且在邦域之中矣，是社稷之臣也！何以伐为？"

孔子的意思，对于季氏之伐颛臾，是大不以为然的，故听了冉有、子路的告诉后，便呼冉有之名而斥之曰："求！无乃尔是过与？"犹言"这事情无乃是你的过处吗？"。按冉有常为季氏聚敛，故孔子独责之。孔子又曰："夫颛臾，昔者先王以为东蒙主，且在邦域之中矣，是社稷之臣也！何以伐为？""东蒙"是山名。古时对于山川之神，非常敬重；颛臾封在东蒙山的地方,是先王叫他主祭祀山川的事务的,故曰“昔者先王以为东蒙主”也。又他的地方,是在鲁国的境内,故曰“且在邦域之中矣”。而且他对于鲁国是很忠心服从的,故曰“是社稷之臣也”。有这种种原因,怎么还要伐他呢?故曰:“何以伐为?”

冉有曰:“夫子欲之,吾二臣者,皆不欲也。”

冉有听了孔子的话,知孔子不以为然,因说此事是季氏的意思,不是我们二人的意思。因为在季氏手下做官,故称季氏为“夫子”。

孔子曰:“求!周任有言曰:‘陈力就列,不能者止。’危而不持,颠而不扶,则将焉用彼相矣?且尔言过矣,虎兕出于柙,龟玉毁于椟中,是谁之过与?”

周任,商之太史。“陈力就列,不能者止”,这两句是周任的话,孔子引之,以答冉有,故呼“求”以告之。“陈力”,是度自己的力量;“就列”,是排列在官的位子中也。是告以“你做季氏的官,季氏有做错的事,你应该度着自己的力量,去谏止他。他若不能听你的话,你就该辞了官不做”。故曰“陈力就列，不能者止”也。“危而不持，颠而不扶，则将焉用彼相矣”者，是“他有危急，他要倒翻的时候，你不去扶持他，那么，要这种宰相，有什么用处呢？”。

“虎”，是吃人的。“兕”，是野牛，也是要伤人的。“柙”，是关虎、兕的木栅。虎与兕，应该关在柙里的。“龟”，古人视为宝贝。“玉”，石之美者，也是宝贝。“椟”，是藏龟、玉的匣子。如今季氏之伐颛臾，有如把虎、兕从柙中放出；又如匣中的宝贝毁坏。这是谁人的过处呢？故曰：“虎、兕出于柙，龟、玉毁于椟中，是谁之过与？”意思是季氏之伐颛臾，一动兵，必要杀人，好像柙中的虎、兕，跑出来伤人也。颛臾之在鲁国境内，好像藏在匣子中的龟、玉；季氏伐而灭之，又像把龟、玉毁坏也。（从黄式三说）虎、兕出柙，是管兽禁者之过；龟、玉毁坏，是守龟、掌玉者之过；则季氏之伐颛臾，是为家臣者不谏止之过也。

冉有曰：“今夫颛臾，固而近于费，今不取，后世必为子孙忧。”

冉有的意思，实在以季氏之伐颛臾是不错的，所以又为季氏辩曰。“固”，是城郭坚固，说颛臾国的城郭，很坚固，意思是很利害也。“费”是季氏的食邑，与颛臾相近。故曰“今夫颛臾，固而近于费”也。又言“今不取，后世必为子孙忧”者，是说“现在不把他的地方取来，后来他反要来侵夺我们的地方”也。

孔子曰：“求！君子疾夫：舍曰欲之，而必为之辞。

孔子听了冉有的话更动气了，故又呼其名而斥之也。“舍曰欲之”者，心里实在贪图这个利益，而舍掉这句话，不肯说也。“而必为之辞”者，另外想出一种话来掩饰也。这种事情，是君子所恶的，故曰“君子疾夫：舍曰欲之，而必为之辞”。

丘也，闻有国有家者，不患寡而患不均，不患贫而患不安；盖均无贫，和无寡，安无倾。

“丘”是孔子称自己的名。“丘也，闻……不安”者，孔子又把听来关于治国安家的大道理，讲出来给冉有听也。“有国有家者”，即有国的诸侯，有食邑的卿大夫也。“不患寡而患不均”者，一个诸侯的国，或一个卿大夫的食邑、土地、人民，不怕寡少，只怕财富的分配不能均平也。“不患贫而患不安”者，一国或一食邑，不怕贫乏，只怕不能使人民安居也。孔子听来的话如此，但是什么意思呢？孔子恐冉有不明白，故又声明之曰:“均无贫,和无寡,安无倾。”就是说“财富的分配均平,大家一样,自然没有什么人是贫穷的了。大家一样,自然彼此和协,不相争夺;此时民不流亡,人民自然不会寡少了。人民大家都能安居,国或家(指卿大夫之家)自然也没有倾覆的危险了”。

夫如是,故远人不服,则修文德以来之!既来之,则安之!

“夫如是”,是能够这个样子也。“故远人不服,则修文德以来之”者,能够这个样子,而远地方的人,还有不服者,我唯有把文化道德去感动人;人的良心是一样的,我把文化道德去感人,人自然会到我这里来,做我的百姓也。至于用兵去征服远人,是不应该的。等到远人既到我这里来做百姓,则再用德泽安抚他们。故曰“既来之,则安之”也。

今由与求也,相夫子,远人不服而不能来也,邦分崩离析而不能守也,而谋动干戈于邦内,吾恐季孙之忧,不在颛臾,而在萧墙之内也。”

“今由与求也,相夫子”,是孔子对子路、冉有二人说:“现在你们两人做季氏之相”也。“远人不服而不能来”者，言不能为鲁国修文德，使不服的远人慕德化而来也。“邦分崩离析而不能守”者，言国内原有的人民，亦不能用德泽安抚他们，以致人民都有异心，而想离去分散，不能固守这个国也。“而谋动干戈于邦内”者，言到这个地步，是要在国内打起仗来也。此打仗，即指伐颛臾之事。“吾恐季孙之忧，不在颛臾，而在萧墙之内也”者，言颛臾倒不会来侵犯季氏之食邑的，季氏的祸祟，恐怕将出在自己的家内也，按后来季氏家臣阳虎，果然囚季桓子，孔子的话应验了。

孔子曰：“天下有道，则礼乐征伐，自天子出。天下无道，则礼乐征伐，自诸侯出。自诸侯出，盖十世希不失矣！自大夫出，五世希不失矣！陪臣执国命，三世希不失矣！天下有道，则政不在大夫。天下有道，则庶人不议。”

制礼作乐，征伐逆叛，种种事情，照道理，应该是天子做的。故曰“天下有道，礼乐征伐，自天子出”。周初王室强灭的时候，礼乐征伐，就都出于王室。到春秋时，王室衰微，诸侯强大起来，所以成了无道的天下，故曰“天下无道，礼乐征伐，自诸侯出”也。“希”，少也。“希不失”者，言少有不失他的位子也。“自诸侯出，盖十世希不失矣”者，言诸侯有了礼乐征伐的权力，少有到十世不失位子的。至于诸侯的权力，又移在大夫身上，则大夫的位子，少有到五世而不失的。“陪”，重也；“陪臣”，是臣之臣，即大夫的家臣也。陪臣执了国家的政令，则三世少有不失位子的。朱注曰：“逆理愈甚，则其失之愈速。”此说明孔子“十世”“五世”“三世”之意也。“天下有道，则政不在大夫”者，孔子又言天下有道的时候，礼乐征伐，出自天子，其他政权，亦操于诸侯，而不操于大夫也。“天下有道，则庶人不议”者，言有道的天下，人民安居乐业，自然没有坏事可议论也。

孔子曰：“禄之去公室，五世矣！政逮于大夫，四世矣！故夫三桓之子孙微矣！”

“禄之去公室，五世矣”，言鲁国自襄仲杀文公之子而立宣公，于是爵禄不从君主的公室而出；至此时，已五世了。“五世”者，宣公、成公、襄公、昭公、定公也。“政逮于大夫，四世矣”，言鲁大夫季氏执国政，至此已四世了。四世者，文子、武子、平子、桓子也。（郑玄注无桓子，朱注无文子，二者皆有悼子。此从《论语稽》，以其较确也。）“三桓”者，其一即季氏；其二则孟氏（亦称仲氏）、叔氏也。三氏都出于桓公，故称“三桓”。上章不是说“自大夫出，五世希不失”吗？今季氏执政已历四世,所以到衰微不振的时候了。其曰“三桓之子孙微”者,盖当时季氏固有阳虎为乱,孟氏亦有公敛处父,叔氏亦有侯犯也。

孔子曰:“益者三友,损者三友。友直,友谅,友多闻,益矣!友便辟,友善柔,友便佞,损矣!”

孔子说:“结交朋友,有三种是于自己有益处的;有三种是于自己有损害的。”他说明三种有益处的交友:一种是“友直”,就是结交正直的朋友。这种朋友,能规劝我的过处,故有益。一种是“友谅”,就是结交诚实的朋友。这种朋友,不会欺骗我,故有益。一种是“友多闻”,就是结交多见闻的朋友。这种朋友,能指导我不明白的事情,故有益。

孔子又说明三种有损害的交友:一种是“友便辟”,就是结交有威仪的人;一种是“友善柔”,就是结交态度柔媚,工于趋奉,而不诚实的人;一种是“友便佞”,就是结交会说话而无闻见之实的人。这三种朋友,都和前三种相反,故有损。

孔子曰:“益者三乐,损者三乐,乐节礼乐。乐道人之善,乐多贤友,益矣!乐骄乐,乐佚游,乐宴乐,损矣!”

上章言取诸人的损益,此章言在已的损益也。

“三乐”与“乐……”的“乐”,犹“仁者乐山,知者乐水”的“乐”,是爱好的意思。一个人不能无所爱好。孔子说:“爱好的事,也有三件是有益处的,三件是有损害的。”

“乐节礼乐”者,爱好行动都在礼乐的节度以内也。“乐道人之善”者,爱好说人的好话,不说人的坏话也,“乐多贤友”者,爱好朋友多是贤人也。这三种爱好,是于自己有益处的。

“乐骄乐”者,爱好骄傲放肆,看人不起也。“乐佚游”者,爱好不做事而游戏过日子也。“乐宴乐”者,爱好无限制的与人吃酒也。这三种爱好,于自己是都有损害的。

孔子曰:“侍于君子有三愆:言未及之而言,谓之躁。言及之而不言,谓之隐。未见颜色而言,谓之瞽。”

“侍于君子”,是伺候在君子旁边也。“愆”,过处也。言伺候君子,有三桩过处也。“躁”者,性急而不安静也。“言未及之而言,谓之躁”者,是不到说话的时候就说话,有急躁的过处也。鲁论读“躁”为“傲”,意思是言未及之而言,是以己所知者,傲人之不知也。“隐”者,有所隐匿,不肯老实说也。“言及之而不言,谓之隐”者,是到了说话的时候不说话,有隐匿的过处也。"瞽"者,眼睛瞎也。"未见颜色而言"者,是不看见人的颜色,瞎说乱话,好像瞎了眼睛一样,故曰"瞽"也。

孔子曰:"君子有三戒:少之时,血气未定,戒之在色。及其壮也,血气方刚,戒之在斗。及其老也,血气既衰,戒之在得。"

"少之时",是年纪小的时候。"血气未定"者,身体还不结实也。贪色则有伤身体,而这时又最易为色所惑,故宜戒色。"壮",是三四十岁,是强壮的时候也。"血气方刚"者,血气充足也。这时候的人,最好争胜,往往至于斗殴,故宜戒斗。年纪老则血气衰,往往遇事退缩,只想自己得些好处,故这时"戒之在得"也。

孔子曰:"君子有三畏:畏天命,畏大人,畏圣人之言。小人不知天命而不畏也,狎大人,侮圣人之言。"

"畏"者,心里常有戒惧也。"君子"常常戒惧三件事体。"天命"者,就是人应该照着做的事体,"畏天命"者,常戒惧应该做的事体不做也。"大人"者,在上位的人。在上位的人,也要常常戒惧;戒惧其所发布的政令,没有道行也。“圣人之言”,都是教人的道理,要时时戒惧,不可违反它,做人才无过处。小人则与君子恰好相反。他不知什么事是应该做的;对于做事,也是随便乱做,并不知怎样的戒惧,故曰“小人不知天命而不畏也”。“狎大人”者,“狎”,慢而不敬也。小人往往犯上,所以对于在上位的人,不能尊敬而慢。“侮圣人之言”者,小人必自以为是,虽圣人所说的话,也要寻他的漏洞,说他许多不是,故曰“侮圣人之言”也。

孔子曰:“生而知之者,上也。学而知之者,次也。困而学之,又其次也。困而不学,民斯为下矣!”

凡一事一物,都有一种道理。“生而知之者”,对于种种事物,一看见,就明白它的道理也。这是最聪明的上等人,好像他生出来就知道的。故曰“生而知之者,上也”。一个人对于种种事物,未能一见就知它的道理,但能自己用学问的功夫,去求知;结果对于道理,也明白了。这虽然不及生而知之者,但也可算是次一等的。故曰“学而知之者,次也”。“困而学之”者,对事物的道理,一见固然不能就知,不遇到困难,也还不肯去学,一定要到因不明白道理,而发生困难,才肯用学问的功夫去求知。例如感到不识字的痛苦,才去识字是也。这种人,又次一等。故曰“困而学之,又其次也”。一个人遇到困难,还是不肯去学,例如感到不识字的痛苦,还不肯去识字,这种人将终身做一愚蠢的人,是最下一等的。故曰“困而不学,民斯为下矣”。

孔子曰:“君子有九思:视思明,听思聪,色思温,貌思恭,言思忠,事思敬,疑思问,忿思难,见得思义。”

孔子说君子遇到九件事体,是心里常常有所想的。故曰“君子有九思”也。“视思明”者,言看一种事物,要想看得煞煞亮,把细微曲折都看出来也。“听思聪”者,听一种声音,要想听得仔仔细细,没有错误也。对着别人时,脸上的颜色,常常要想温和,不要凶巴巴的,故曰“色思温”。遇到行礼时,容貌常常要想恭恭敬敬,故曰“貌思恭”。对人说话,常常要想忠实诚恳,故曰“言思忠”。做事常常想到慎重,不肯轻忽,故曰“事思敬”。有疑惑的时候,常常想问个明白,故曰“疑思问”。当气忿的时候,常常想到患难,不肯忘共身以及其亲,故曰“忿思难”。遇见可得的利益,常常想一想,这利益是应该得的,还是不应该得的,故曰“见得思义”。

孔子曰:“见善如不及,见不善如探汤。吾见其人矣,吾闻其语矣。隐居以求其志,行义以达其道。吾闻其语矣,未见其人也!”

“见善如不及”者,见了善人,常常像自己不及他一般,因而努力为善,想及他也。“见不善如探汤”者,汤是沸水,手探下去,是要烫坏的。所以汤,是探它不得,要避它才好。见了不善的人,也如不敢探汤一样,总是避开他,唯恐自己染到他的恶习,故曰“见不善如探汤”也。“吾见其人矣,吾闻其语矣。”就是孔子说:“见善如不及,见不善如探汤的人,我亲眼看见过有这种人了。我也听见人说过,古时有这种人了。”

“隐居以求其志”者,避居于山野地方,以求达其志愿也。如耻与贪官污吏为伍,则隐居即求达其廉洁的志愿也。又如伯夷、叔齐互让君位(参看下节),则隐居即求达其让国的志愿也。“义”是人所应做的事。“道”是人所当行的路。“行义以达其道”者,即做人所应做的事,以行人所当行的路也。孔子曾听见人说,古时有隐居以求其志,行义以达其道的人,而他自己没有看见过,故曰:“吾闻其语矣,未见其人也!”

“齐景公有马千驷,死之日,民无德而称焉。伯夷、叔齐饿于首阳之下,民到于今称之。其斯之谓与？”

四匹马叫“驷”；“千驷”，即四千匹马也。齐景公虽然有四千匹马，但平生没有好的德行，所以到他死了，百姓没有一个称颂齐景公这个人的。伯夷、叔齐，是商朝时候孤竹国君的两个儿子。他们兄弟俩，互相推让，不肯做君主，后来就隐居于首阳山下。武王伐纣时，他们俩叩着武王的马，谏止伐纣。等到武王灭了商朝，他们俩就不吃饭，只吃些草木，后来连草木也不吃，就饿死了。这二人活的时候，不及齐景公有财有势，但从死之后，直到孔子时，百姓都还称赞他。孔子说了人民称颂夷、齐，而不称颂齐景公后，又说“其斯之谓与”者，“斯”即指上节所说“隐居以求其志，行义以达其道”，谓夷、齐就是这种人也。夷、齐隐居首阳山下，就是求达其让国之志；夷、齐叩马而谏，就是行义以达其道也。

其本节与上节，向都分为二章。但苏子由《柳下惠论》引上节已合此节为一义了。皇疏解上节第二“吾闻其语”曰：“唯闻昔有夷齐能然。”此二节可并为一章之证也。本节头上无“孔子曰”三字，又二节本为一章之证也。程子以为《颜渊》篇“子张问崇德辨惑”章的“诚不以富，亦只以异”二句，当在此节之首。朱子以为当在“其斯之谓与”之上。但《颜渊》篇有此二句，照前所解，并非不可通；又本节与上节合为一章，无此二句，亦非不可通；则似不必一定说书有错简，二句当移也。

陈亢问于伯鱼曰:"子亦有异闻乎?"

陈亢,皇疏曰"即子禽也"。伯鱼,名鲤,是孔子的儿子。陈亢的意思,以为孔子教儿子,当与学生不同,必有学生所不得闻的学说,孔子暗地教他。故问于伯鱼曰:"子亦有异闻乎?"

对曰:"未也。尝独立,鲤趋而过庭,曰:'学《诗》乎?'对曰:'未也。''不学诗,无以言!'鲤退而学诗。"

"对曰"者,伯鱼对陈亢也。"未也",犹言未有异闻也。"尝独立"者,是孔子有一日,一个人立着也。"鲤趋而过庭"者,伯鱼自言走过家中的庭前也。"曰:'学《诗》乎?'""曰",是孔子问伯鱼也,问伯鱼学不学《诗》也。"对曰:'未也。'"是伯鱼对孔子说,未曾学《诗》也。"'不学《诗》,无以言'"者,孔子对伯鱼说也。《诗》的里面,知识丰富,于说话时候,极有用处,不学《诗》就少说话材料,故曰"不学《诗》,无以言"也。"鲤退而学《诗》"者,伯鱼听了孔子的话,退下去,就去学《诗》也。

“他日又独立。鲤趋而过庭，曰：‘学礼乎？’对曰：‘未也。’‘不学礼，无以立！’鲤退而学礼。闻斯二者。”

“他日”者，又一日也。孔子又独立，伯鱼又走过，孔子问他：“学不学礼？”伯鱼对道：“未曾学礼。”孔子说“不学礼，无以立”者，学礼，就是学做人；不学礼，就无以立于人类社会也。“鲤退而学礼”者，伯鱼自言听了父亲的话，退下去，即去学礼也。“闻斯二者”，是伯鱼对陈亢说，只听了这二事也。

陈亢退而喜曰：“问一得三：闻诗，闻礼，又闻君子之远其子也。”

陈亢退下去，很欢喜地说道：“我去问伯鱼一件事，现在却得了三种知识：一种是学《诗》则可以言。一种是学礼，则可以立。又一种是君子之对儿子，是不十分接近的。”原文“远其子”者，司马光《家范》引此文说云，“远者，非疏远之谓也。谓其进见有时、接遇有礼、不朝夕嘻嘻相亵狎也”。

“邦君之妻，君称之曰‘夫人’；夫人自称曰‘小童’；邦人称之曰‘君夫人’，称诸异邦曰‘寡小君’；异邦人称之，亦曰‘君夫人’。”

“邦君”，就是一国的君主。《集解》引孔曰：“小君，君夫人之称也。对异邦谦，故曰寡小君。当此之时，诸侯谪妾不正，称号不审，故孔子正言其礼也。”按照孔说，本章既为孔子之言，则上阙“子曰”二字，或“孔子曰”三字。又《曲礼》：“夫人自称于诸侯曰寡小君。”此误也。胡培翚《研六室杂著》云：“此节唯小童句，系夫人自称；余皆他人称谓之辞。称诸异邦，亦是邦人称之。”刘氏《正义》曰：“小君者，比于君为小也。……于本国称小君，于异邦称为小君，犹称其君：于本国曰君，于异邦曰寡君也。”又“夫人自称”，谓夫人自称于其君。《曲礼》注云：“小童，若云未成人也。”

阳货第十七

阳货欲见孔子，孔子不见。归孔子豚，孔子时其亡也，而往拜之。

阳货，名虎，大家都称他为“阳货”，故本书记者，也照称之。此时鲁国的政权，全在季氏手里，阳货是季氏最信用的人，因为他人品极坏，所以要来见孔子，孔子不肯见他。“归孔子豚，孔子时其亡也，而往拜之”者，“归”，古论作“馈”。言阳货派人把一只猪（豚）来送孔子，孔子因他有礼送来，不得不去拜谢，而心中又不愿和阳货见面，所以打听阳货不在家中的时候去拜谢他也。按孔子本来可以向使者拜谢，因阳货也是打听他不在家中时送来，所以孔子不得不到阳货家拜谢也。此可参看《孟子》。

遇诸途，谓孔子曰：“来！予与尔言。”曰：“怀其宝而迷其邦，可谓仁乎？”曰：“不可。”

孔子打听得阳货不在家里，去拜谢他，本来是不愿意和阳货见面的；不料偏在街路上遇着，故曰“遇诸途”也。阳货既在路上遇见孔子,便对孔子道:“来!予与尔言。”就是说“来!我和你说话”。“曰:‘怀其宝……’”者,阳货既在路上邀孔子到了自己家中,和孔子说也。“宝”,是譬喻道德。“怀其宝而迷其邦”者,是说“你既然有道德,应该出来做官,治好这个国家。现在你有道德,而不肯做官,有类于怀了宝而迷惑国人”也。“可谓仁乎”者,是说“你用道德,治好国家,才可算仁;现在有道德而不肯治理国家,好像怀宝而迷惑国人,可算仁吗?”“曰:‘不可’”者,孔子答阳货说不可算仁也。

“好从事而亟失时,可谓知乎?”曰:“不可。”

此又阳货与孔子相问答也。“好从事而亟失时,可谓知乎?”者,阳货问孔子道:“你是喜欢做事的;但有好多次,都失了可做事的时机。这样,可算得是个智者吗?”“亟”,数也。就是好多次的意思。孔子又对他道:“不可。”意思是不可算是智者也。

“日月逝矣!岁不我与。”孔子曰:“诺!吾将仕矣!”

阳货又对孔子说:“日月逝矣!岁不我与。”这是说“日子是一日一日的过去,月份也是一月一月的过去。这种日月,都像水的流去,不会再回转来的。人的年纪,也一年一年的老去,岁数是不会给我增添的”。意思是孔子不肯出来做官,年纪愈老,愈没有做官的时候也。“孔子曰:‘诺!吾将仕矣’”者,是孔子以为阳货这种小人,不能和他说真话,他既在面子上说得如此恳切,不好反对,只得对他说道:“是的!我将要做官了”也。

季氏是鲁国执政的坏人,阳货更是个坏人。他们知道自己名望不好,人心不服,所以想把孔子拉出来,收服人心。孔子知这种人,是不可与之共同做事的,所以不肯出来做官。此时说“吾将仕矣”,既是敷衍阳货,故后来终究没有出来做官。

子曰:“性,相近也。习,相远也。”

“性”,就是一个人的性质。“子曰:‘性,相近也’”者,就是孔子说:“一个人的性质,都是相近似的,没有什么善恶可分别的”。“习,相远也”者,孔子又说:“一个人处在某个环境里,到后来就有某种习惯,如在善良的环境里长大,就有善的习惯,在恶浊的环境里长大,就有恶的习惯。因为各人的环境不同,所以各人的习惯也就差得很远,而不能一样。”

孔子说性,只说相近,不言善恶,自是圣人唯一的识见,不能移易的。后来孟子硬说人性是善的;荀子又硬说人性是恶的;扬雄、王充、韩愈等也纷纷说性;至宋儒,则以言性为专家学问。其实都不如孔子只轻轻八个字,说得包括无遗。此孔子之所以非他人所能及也。

子曰:"唯上知与下愚不移。"

"知",即智慧的智。一个人的性,是相近的,差不多的。至一个人的天资则各有不同:有极顶聪明的人,有极顶呆笨的人,也有不聪明不呆笨的中等人才。极顶聪明的人,与极顶呆笨的人,从小到老,总不会变易的。但此等人,不过千万人中之一二个。其余的,都是中等人才,就不免随着环境而改变,即习于恶则恶,习于善则善也。

子之武城,闻弦歌之声,夫子莞尔而笑曰:"割鸡焉用牛刀?"子游对曰:"昔者,偃也闻诸夫子曰:'君子学道则爱人,小人学道则易使也。'"子曰:"二三子!偃之言是也;前言戏之耳。"

"子之武城,闻弦歌之声"者,这时子游做鲁国武城县的县官,孔子到武城地方,听得有弦歌的声音也。前一"之"字,是到的意思。"弦",是乐器,如琴瑟之类。"歌",是歌诗。是子游教武城的百姓,都学礼乐也。"莞尔"者,微微一笑。"夫子莞尔而笑曰:‘割鸡焉用牛刀’”者,是孔子听了弦歌的声音,微微一笑道:“杀一只鸡,何必用杀牛的刀呢?”意思犹言治天下移风易俗,要用礼乐;如今治一个小小的县城,何必用这样的大气力呢?“子游对曰:‘昔者,偃也闻诸夫子……’”云云者,“偃”,是子游的名。他对答孔子“从前我言偃听得夫子说过:‘在上位的君子,能够学礼乐等等事体,则能爱护人民;在下面的人民,能够学礼乐等等事体,则容易使他们做事’”也。孔子听了子游的话,又对一同到武城的几个学生说:“二三子,偃之言是也;前言戏之耳。”犹言“你们几个人啊!言偃所说的话是不错的。我起先不过是说着玩玩罢了”。意思是治一个县城,也当用礼乐也。但牛刀割鸡之喻,孔子虽自言戏之;其实既不是治县城无须用礼乐之意,也并不是说着玩,而是可惜子游不得行其化于天下国家,只能小试于县城也。

公山弗扰以费畔,召,子欲往。

公山,是姓;弗扰,是名。《春秋传》作“不狃”;字子洩。“费”是季氏的食邑。公山弗扰本是季桓子手下的官,但此时他反叛(畔,通叛)季氏,占据费的地方,又捉住季桓子。“以费畔”者,即据了费的地方对季桓子反叛也。“召,子欲往”者,公山弗扰来叫孔子,孔子要投公山氏去也。

子路不说曰："末之也已！何必公山氏之之也？"

子路见孔子要去投公山氏，不以为然，故不喜欢起来，说道："末之也已！何必公山氏之之也？"意思是："没有地方可去行道，就不要去好了！何必到公山氏这种叛乱的地方去呢？""末"，无也。"末之"的"之"字，和"之之"的后一"之"字，都是去的意思。

子曰："夫召我者，而岂徒哉？如有用我者，吾其为东周乎！"

原来孔子的意思，并不是要帮公山氏造反，也不是贪些利禄，实在是想趁此机会，把周公之道，重兴于东方的（费在周都的东面）。"夫召我者，而岂徒哉？如有用我者，吾其为东周乎！"就是说："他既来叫我，难道会叫我空走一回吗？（意思是必用我也）他如果用了我，我想重兴周道于东方吧！"

子张问仁于孔子，孔子曰："能行五者于天下，为仁矣！"请问之。曰："恭、宽、信、敏、惠。恭则不侮，宽则得众，信则人任焉，敏则有功，惠则足以使人。”

此章门人之问亦称“问于孔子”，在本书文体上，是很不合的。子张问仁，孔子告以“能行五者于天下，称仁矣”者，子张才高意广，如问达、问行，都是意在务外；故现在问仁，孔子这样告他，以迎其机而启其问也。意思就是“能够实行五种德行于天下，就可称仁了”。“请问之”者，子张又问哪五种德行也。“曰：‘恭、宽、信、敏、惠’”者，孔子告以“是恭、宽、信、敏、惠五种德行”也。孔子又继续解释五种德行道：“恭则不侮”，就是在上者能够恭恭敬敬，则人民不会侮慢他。“宽则得众”，就是能够宽宏大量待人，则众人的心，必归服他。“信则人任焉”，就是自己能够不失信于人民，则人民都倚仗他。“敏则有功”，就是为政能够敏捷而不迟钝，自然会有功绩。“惠则足以使人”，就是有恩惠及于人民，则使人民服役时，人民都愿尽力。

佛肸召，子欲往。子路曰：“昔者，由也闻诸夫子曰：‘亲于其身为不善者，君子不入也。’佛肸以中牟畔，子之往也，如之何？”

佛肸，人名，是晋国大夫赵简子手下的官。“中牟”，是地名，即赵简子的食邑。此时佛肸做中牟县官，据了中牟地方，反叛赵氏，此与鲁国的公山弗扰据了费县，反叛季氏，情形相同也。佛肸既对赵氏反叛，特来叫孔子，孔子也要去，故曰“佛肸召，子欲往”也。子路的意思，以为公山弗扰叫夫子去，夫子要去；现在佛肸叫夫子去，夫子又要去。夫子是向来恶不守臣节的人的，所以如鲁之季氏、晋之赵氏，都以为不是好人。如今这种人的手下人造反，自然也不是好人，夫子何以要去呢？故对孔子说道：“昔者，由也闻诸夫子曰：‘亲于其身为不善者，君子不入也。’佛肸以中牟畔，子之往也，如之何？”意思是：“从前，我仲由听得夫子说过：‘本身自己做不善的，君子不到他那里去。’现在佛肸据了中牟的地方，造起反来，你夫子又要到那里去，是怎样的意思呢？”

子曰：“然！有是言也。不曰坚乎，磨而不磷？不曰白乎，涅而不缁？吾岂匏瓜也哉？焉能系而不食？”

“子曰‘然，有是言也’”者，是孔子答子路，说道“是的！我从前曾经有过这句话的”。“不曰坚乎，磨而不磷”者，“坚”，是指天下最坚硬的东西。“磷”，薄也。是说：“我从前不也曾说过，天下最坚硬的东西，你去磨它，也磨不薄吗？”“不曰白乎，涅而不缁”者，“白”，是指天下最白的东西。“涅”，是一种黑土，犹如现在人用的藕泥。“缁”是黑色。是说：“我从前不也曾说过,天下最白的东西,你去用黑土染它,染不黑吗?”这两句就是上知不移的意思。言我虽往佛肸辈不善的人那里,也不会被染黑也。孔子前言不往不善之人那里者,是就贤人说,圣人则不能以此拘之也。孔子又言“吾岂匏瓜也哉?焉能系而不食”者,“匏瓜”,是一种吃不来的瓜,如现在的葫芦,只能挂在壁上看看。意思是:“我这个人,岂和匏瓜一样,只能挂在壁上,可看而不可吃的?”

或者说,公山弗扰、佛肸辈的地方可以去,那么季氏、赵氏辈的地方,也可以去了。孔子何以不愿去呢?不知这是有意思的。季氏、赵氏辈是已得了权势禄位的;要他做好人,做正经的事体,必须先把他们的权势禄位去掉,然后可办种种。但这是和与虎谋皮一样,万万做不到的事情,所以孔子对于这班人,以为是没有希望的。至若公山弗扰、佛肸一种人,是叛了上官,正在慄慄危惧的时候,所以都想请个有名望有才能的人来帮助。这种人,若用手段和功夫,和他们去笼络,倒是有希望的。所以孔子对公山弗扰的畔季氏、佛肸的畔赵氏,他们来招,都欣然愿往。然这两件事体,孔子初时,都愿前去相助,后来也终于不往。或者再仔细一想,知这种人,未必有诚心用他,所以终竟不往也。

子曰:“由也,女闻六言六蔽矣乎?”对曰:“未也。”“居!吾语女。好仁不好学,其蔽也愚。好知不好学，其蔽也荡。好信不好学，其蔽也贼。好直不好学，其蔽也绞。好勇不好学，其蔽也乱。好刚不好学，其蔽也狂。”

孔子对子路说：“由也，女闻六言六蔽矣乎？”由，是子路的名。“蔽”，是被一件东西遮蔽，反使这件东西的好处看不见也，所以意思和毛病相同。孔子的话就是：“由啊！你听见过六句话里面，有六种毛病吗？”“对曰：‘未也’”者，是子路对道“没有听见过”也。“居，吾语女”者，是子路对答时站起来，对答毕，孔子叫他坐下去，又说“我来把话讲给你听”也。所谓六言六蔽者，一个人好仁，是最好的道德；但不加以学问，一味以仁爱对待他人，则所施或不当，类于愚人。故曰“好仁不好学，其蔽也愚”。一个人好做有才智的人，而不好切切实实的学，势必东拉西扯，一无所成，好像水的荡来荡去，没有安稳的地方。故曰“好知不好学，其蔽也荡”。一个人好信而不加以学问，必至违义而守小信，如父子不相隐等。违义即害义也。故曰“好信不好学，其蔽也贼”。（贼即害的意思）一个人好直而不加以学问，必定讽刺他人过于急切。故曰“好直不好学，其蔽也绞”。（绞即急切的意思）一个人只好勇力，而不好学问，必至和人乱打乱争。故曰“好勇不好学，其蔽也乱”。一个人好刚而不好学问，虽然能够无欲，不至曲求，但必妄抵触人。故曰“好刚不好学，其蔽也狂”。（狂即妄的意思）孔子对子路说此六项，因为子路有好仁、好知、好信、好直、好勇、好刚的六项美德；但都有过头的地方，所以告他加以学问，使六项美德，成为真的美德，而不至有缺识的地方也。

子曰："小子！何莫学夫《诗》？《诗》可以兴，可以观，可以群，可以怨。迩之事父，远之事君，多识于鸟兽草木之名。"

"小子"，是年纪小的人，此孔子对门人说也。"何莫学夫《诗》"者，就是说"何不去学学《诗》"也。《诗》谓三百篇的《诗经》。学，即读而兼研究也。"《诗》可以兴"者，言读了《诗》能够兴动人的志趣也。"可以观"者，可以观察诗人时代的风俗盛衰也。"可以群"者，能够大家情感相通，合在一处，得切磋之益也。"可以怨"者，"怨"，《集解》采孔曰："怨刺上政"。谓在上者的政治不好，可以做了诗去讽刺他也。"迩之事父，远之事君"者，《诗经》里的诗，多有劝人要做孝子忠臣的，读了这种诗，近则知道在家里事父的道理，远则知道在国里事君的道理也。"多识于鸟兽草木之名"者，《诗经》里的诗，多以鸟兽草木为喻，读过了《诗经》，这种鸟兽草木的名称，都识得也。孔子最喜欢教人学《诗》，就因为学了诗有上述种种好处。

子谓伯鱼曰:“女为《周南》《召南》矣乎?人而不为《周南》《召南》,其犹正墙面而立也与?”

前章及此章,都是孔子教人学《诗》的话。前章是教弟子们学《诗》,此章是教自己儿子伯鱼须学《诗》也。《注疏》本与前章合为一章,今依皇本及《集注》本分之。《周南》《召南》,是《诗经》里最前、最要紧几首诗的总名。“正墙面而立”,是一个人笔正对着墙壁立着。意思是不能同人家说话,只能对墙壁去呆立也。“子谓伯鱼曰”者,孔子对儿子伯鱼说也。“女为《周南》《召南》矣乎?人而不为《周南》《召南》其犹正墙面而立也与”者,意思是说:“你学《诗经》里的《周南》《召南》两种诗了吗?一个人若不去学《诗经》里的《周南》《召南》两种诗,我看好像是对着墙壁立着,不能说话的呆子吧?”

子曰:“礼云礼云,玉帛云乎哉?乐云乐云,钟鼓云乎哉?”

礼、乐二事,为王化之本,孔子及以后儒家,最重视这二事。不过平常一般人,不明白礼、乐的精意大义,只晓得表面上的事情。如送礼,大家都知用金玉或绸缎,以为这就是行礼。不知礼的本意,是要大家崇让,大家和亲。倘若不知崇让,不知和亲,只以金玉绸缎送人,以为我已经知礼行礼了,这就是把礼的本意弄错了。“礼云礼云,玉帛云乎哉”者,孔子叹世俗一般人,不知礼的本意,只知以玉帛送人,口中却说:“这是礼!这是礼!”(礼云礼云)其实都是不知礼意,所以孔子批评一般人说:“难道只送送玉帛,就算礼吗(玉帛云乎哉)?”“乐云乐云,钟鼓云乎哉”者,乐是涵养性情,移风易俗的。世俗不知此义,只撞撞钟,擂擂鼓,就以为“这是乐”(乐云乐云),其实都是不知乐的本意,所以孔子也批评道:“难道只把钟撞撞、鼓擂擂,就算乐吗(钟鼓云乎哉)?”

子曰:“色厉而内荏,譬诸小人,其犹穿窬之盗也与?”

“色厉”者,言人的面色,严厉而庄重也。“内荏”者,“荏”是柔而不刚;言人的心里,其实是没有气节,只知趋炎附势也。“穿窬”者,“穿”,是挖壁洞。“窬”是扒墙头。挖壁扒墙,是偷东西的窃贼,故曰“穿窬之盗”。孔子说:“面色装得很严厉庄重,心里是趋炎附势,奉承人家。这种人,譬如在一班下流人中的穷贼吧?”此处所说的“小人”,是指一班下流人。

子曰:“乡原,德之贼也!”

“乡”，即乡村。“原”同“愿”，是善的意思。“乡原”，就是一乡的人都以为是好人，其实是个同流合污、以趋于世的坏人，所以为“德之贼也”。“德之贼”者，犹言道德被他抢了去，冒充有道德的人。孔子说这话，是深恶痛恨于这种人也。

说“乡原”是猜测（原）人家的趣向（乡），去奉承人家，故“乡”同“向”。又一说“乡”，不作“向”字用，是到一个乡村，总是猜测人家的心思，去奉承人家。此二说，均与上面“原”训善不同。

子曰：“道听而途说，德之弃也。”

“道听”者，在街道上听来的胡言乱语也。“途说”者，听了这种胡言乱语，不问真假，不管是非，自以为有趣，也到路途上去说给人听也。但“道听途说”，也不是一定要照字面，这样去解释的，总之“人云亦云”而已。人云亦云的人，是有德者所弃，亦是自弃其德，故曰“德之弃也”。

子曰：“鄙夫，可与事君也与哉？其未得之也，患得之。既得之，患失之。苟患失之，无所不至矣！”

“鄙夫”者，没有学问的人。这种人，鄙陋不堪，故曰“鄙夫”。有学问的人，去做官事君，看君主能行我的道术的，我帮他做事。君主不听我的话，我就弃了官不做。鄙夫则不然，他的心思，无非是谋富贵禄位，他未得禄位的时候，只恨不能得手。既得到禄位了，又恐怕失去。这种人，是专顾自己的禄位，不顾君主、国家的好歹的，故孔子曰：“鄙夫可与事君也与哉？”犹言“鄙陋的人，可使他事君办事的吗？”。他于未得禄位之时，只患不能到手。既得了禄位，又只恐禄位失去，于国家是一些没有好处。故曰“其未得之也，患得之。既得之，患失之”。“患得之”者，犹言患不得也。说患不得为患得，何晏以为是楚之俗言也。这一种人做官，他恐怕禄位失去，于是卑鄙下作的事，无有不做。故曰：“苟患失之，无所不至矣！”

子曰：“古者民有三疾，今也或是之亡也。古之狂也肆，今之狂也荡。古之矜也廉，今之矜也忿戾。古之愚也直，今之愚也诈而已矣！”

“古者民有三疾”者，孔子言古时候的人民，有三种毛病。“今也或是之亡也”者，言现在的人，这三种毛病或者没有了，但另有三种毛病也。孔子继续说明古今人第一种不同的毛病道：“古之狂也肆，今之狂也荡。”“狂”者，心志太高大也。“肆”者，不拘小节也。“荡”者，无所持守也。言古时候狂的人，有不拘小节的毛病；现在的狂人，连大节都不管了，好像大水的荡来荡去。是今人没有了古时的小毛病，却成了一种大毛病也。又说第二种不同的毛病道："古之矜也廉，今之矜也忿戾。""矜"者，持守太严也，"廉"者，头角太露也。"忿戾"者，一些事不对，一句话不合，就恶狠狠地与人相争也。古时候持守严的人，不过头角太露，现在持守严的人，则常常与人相争。是古之矜者，毛病还小；今之矜者，毛病更大也。又说第三种不同的毛病道："古之愚也直，今之愚也诈而已矣！"就是说："古时候呆的人，是直直爽爽，做的呆事，说的呆话；现在的呆者，都是装出来的假呆罢了！"假呆的毛病，已不是呆而是假；假的毛病，又比呆为甚也。

子曰："巧言令色，鲜矣仁！"

子曰："恶紫之夺朱也，恶郑声之乱雅乐也，恶利口之覆邦家者。"

此章是说两种事物，一眼看来，是相同的。若不加辨别，往往把坏的当作好的。这是最大的祸害。譬如染色，紫色与红色相近。你若去染红的，别人把紫的染了。你若不知颜色，是红色被紫色夺去，这是可恶的事情。故曰"恶紫之夺朱也"。"郑声"，是郑国的乐歌，这种声音，是非常淫乱而下作的（犹今人所唱鹦哥戏等类。）。"雅乐"，是正正经经的乐歌。不知者听了下作的声音，误认为雅乐，是正正经经的乐歌，被下作声音乱掉了！故曰“恶郑声之乱雅乐也”。“利口”者，口才伶俐，说出来的话，非常动听，其实听了他的话行起来，连国家都会覆灭的。故曰“恶利口之覆邦家者”。

子曰：“予欲无言。”子贡曰：“子如不言，则小子何述焉？”

子曰：“天何言哉？四时行焉，百物生焉。天何言哉？”

“子曰：‘予欲无言’”者，孔子说“我想不说话”也。子贡听了孔子这话，对孔子道：“子如不言，则小子何述焉？”“子”，即夫子。“小子”，是学生自称。意思是：“夫子若不说话，叫我们这班学生，怎么照行呢？”“子曰：‘天何言哉？’”云云者，就是孔子对子贡道：“天何尝说话呢？四时顺着次序行过去，百物随着时序生出来。我们看四时运行，百物生长，就明白天理。天何尝用言语把天理告诉我们呢？”孔子的意思是：“我不说话，你们只要看我怎样做人，也照样做人好了！何必要我天天说‘你们要怎样做，你们要怎样做’呢？”孔子的意思，又以为“只听我说‘要怎样做，要怎样做’，而不去切实的做，实在无益”也。

孺悲欲见孔子，孔子辞以疾。将命者出户，取瑟而歌，使之闻之。

孺悲是鲁人，曾学士丧礼于孔子，所以亦孔子的弟子也。一日，他来见孔子，孔子推托有病不见他。“将命者”，传达言语的人也。这传达言语的人，走出户外，把孔子有病不见的话，去对孺悲说时，孔子故意取了瑟，一面取瑟，一面唱起歌来，使孺悲听见。孺悲知道夫子并不生病，不过是不要见他这种人，因而可以想想自己有何不好的地方，努力去改过也。

宰我问：“三年之丧，期已久矣！君子三年不为礼，礼必坏；三年不为乐，乐必崩。旧谷既没，新谷既升。钻燧改火。期可已矣！”

“三年之丧”，是父母死后，哭泣三年，种种事体，都不过问，所以称“丧”。不是如后世穿素，就算居丧也。“期”者，一年也。宰我的意思，以为父母死后，居丧三年，时候太长久。其曰“期已久矣”者，是说“一年已经可算长久了”也。古人居丧，种种事体都不管，所以宰我又说：“君子三年不为礼，礼必坏；三年不为乐，乐必崩。”他不明白礼、乐非玉帛、钟鼓之谓，三年之丧，不为礼、乐，而礼、乐的真意仍存；故以为这三年里头，礼、乐都不行，时候太久，势必把礼、乐荒废了，故曰“坏”曰“崩”也。“旧谷既没，新谷既升”者，是到了一年，旧谷吃完，新谷又种成好吃。“没”，没有也。“升”，登场发卖也。“钻燧改火”者，古时候取火，是钻木头，取出火来。这种木头，四时不同，春天用榆、柳，夏天用枣、杏，季夏用桑、柘，秋天用柞、楢，冬天用槐、檀：过了一年，四时取火的木头，改钻已遍了。宰我说谷与取火，意思是人情本依天道，天道一年则周而复始，人情亦宜法此，故曰：“期可已矣！”就是说：“居丧满一年，可以止了！”

子曰：“食夫稻，衣夫锦，于女安乎？”曰：“安。”

孔子对宰我说：“父母死后，未满三年，你吃稻煮的饭，穿丝织的锦，于你的心里安吗？”宰我答道：“安的。”

“女安则为之！夫君子之居丧，食旨不甘，闻乐不乐，居处不安，故不为也。今女安，则为之。”

此又孔子告宰我的话也。宰我说吃稻饭，穿锦衣，心里安的。故孔子又说道：“你既然心里安的，你就自己去行吧！至于君子的居丧，是不像你这样的。他因为过于悲苦，所以即使吃好的东西，也不觉得甘美；即使听音乐，也不欢乐；即使住在华美的地方，也不安适。因此好的东西也就不吃，如稻煮的饭，即其一也（此时只吃黍稷）。音乐也不听，华美的地方也就不住，连华美的锦衣，也不穿了。现在你既然食稻、衣锦，是心里安的，那么你就去食稻衣锦吧！”

宰我出，子曰：“予之不仁也！子生三年，然后免于父母之怀。夫三年之丧，天下之通丧也。予也，有三年之爱于其父母乎？”

孔子等宰我走出去后，对别个弟子说：“予之不仁也！”予，是宰我的名。一个人行仁，必从切近的地方行起，故对于父母的孝心，就是行仁的第一步功夫。居丧，是不忘记父母，所以要三年之久。现在宰我以父母死后，居丧只要一年，就是不孝。不孝，就是不仁也。“子生三年”云云者，是说“一个孩子生出来以后，三年里头，总免不了父母的怀抱，三岁以后，才可以不必抱了。所以等到父母死后，居丧，也要三年，这是天下通常的丧礼，自天子以至于庶人，都是这样的”。“予也，有三年之爱于其父母乎”者，是说：“宰我这个人，不肯居三年之丧。他幼时，他的父母一定也怀抱他三年之久，但他对于父母有三年的恩爱吗？”

子曰:“饱食终日,无所用心,难矣哉!不有博弈者乎?为之犹贤乎已!”

“饱食终日”者,一天到晚,吃饱了饭也。“无所用心”者,一点不用心思也。“难”者,难以成德也。“博”者,即现在的戏赌。“弈”者,即现在的着棋。“已”者,止也。孔子说:“一天到晚,吃饱了饭,一点不用心思的人,要想成德,是难得很了!社会上不是有常常戏赌、着棋的人吗?戏赌、着棋,虽然不是好事情,但总常用些心思,做这二件事,比只吃饭,把心思停止着不用的人,还要好些。”朱注引李氏曰:“圣人非教人博弈也。所以甚言无所用心之不可尔。”

子路曰:“君子尚勇乎?”子曰:“君子义以为上。君子有勇而无义为乱,小人有勇而无义为盗。”

“尚”者,崇尚也。有尊重而又喜欢的意思。子路是爱“勇”的人,故问:“君子是崇尚勇力的吗?”孔子答以“君子义以为上”者,“义”,是事之宜。言有德的君子,以义为尚,而不尚勇也。“上”与“尚”义同。君子为什么尚义呢?孔子又说明道:“君子有勇而无义为乱,小人有勇而无义为盗。”这君子、小人,是指在上位的官和在下位的平民,意思是“做官的,一味凭着勇力去做,不顾事的是非,就要作乱了。平民只凭着勇力去做,而不顾是非,就要做盗贼了”。

按此章有人疑为子路初见孔子时的问答(见《集注》)。

子贡曰:“君子亦有恶乎?”子曰:“有恶。恶称人之恶者,恶居下流而讪上者,恶勇而无礼者,恶果敢而窒者。”

子贡说:“君子也有憎恶人家的心思吗?”孔子答道:“有恶的。专说人家坏话的人,是君子所憎恶的。在下位的人谤毁(讪)在上者,是君子所憎恶的。一个人徒凭勇力而不讲礼,势必至于为乱为盗,是君子所憎恶的。一个人果敢而窒塞于事,不通恕道(依戴望注)必多妄为,也是君子所憎恶的。”

曰:“赐也亦有恶乎?”“恶徼以为知者,恶不孙以为勇者,恶讦以为直者。”

此节皇疏、邢疏都以为是子贡所说。朱注则以“赐也亦有恶乎”一句,是孔子问子贡的话;“恶徼以为知者”以下,是子贡对孔子说的话。今按句末用“乎”字,是问辞,应以朱子之说为是。意思是孔子说了君子所恶的以后,接着问子贡道:“赐啊!你也有所憎恶的吗?”子贡答道:“把人家的话抄来(徼),当作自己的聪明(知),这种人是赐所恶的。自己不知谦逊(孙),还自己以为勇,这种人是赐所恶的。专揭别人暗底的私事(讦),自己以为直言,这种人也是赐所恶的。”

子曰:“唯女子与小人,为难养也。近之则不孙,远之则怨。”

“小人”,仆役也。“养”,犹待也,见刘氏《正义》。孔子说:“对待别人不难,只有对待女人和仆役,是很难的。你和他们接近些吧,结果必至不谦逊而弄出非礼的事情来。你和他们离得远些吧,他们必至怨恨男人或主人。”邢疏曰:“此言女子,举其大率耳;若其禀性贤明,若文母之类,则非所论也。”按女子小人,或是专指宫廷的阉宦、嫔妾和士大夫的婢仆而言。

子曰:“年四十而见恶焉,其终也已!”

孔子说:“一个人到了四十岁,还做恶事,而见恶于他人,这个人,是终身完了!”意思是终无善行也。

微子第十八

微子去之，箕子为之奴，比干谏而死。孔子曰："殷有三仁焉。"

微子、箕子、比干，都是殷朝纣王的亲属。微子是纣王的庶兄，箕子、比干是纣王的叔父。《集解》引马曰："微、箕，二国名；子，爵也。"但《论语稽》则曰："微箕非国，皆殷圻内之地，……盖以其食邑之地称之者也。子，非爵，乃男子之美称。"微子因为纣王无道，屡谏不听，所以跑到别处去了。故曰"去之"。箕子谏了不听，不忍跑去，就被发佯狂，而做奴隶。故曰"为之奴"。比干谏之不已，纣问："何以自持？"比干说："修善行仁，以义自持。"纣怒道："吾闻圣人心有七窍。"就剖视他的心。故曰"谏而死"。孔子以为三人的行径虽不同；而其不忍国家陷于危亡，人民困于水火，则一。故皆称为仁人，而说"殷有三仁焉"。

柳下惠为士师，三黜。人曰："子未可以去乎？"曰："直道而事人，焉往而不三黜？枉道而事人，何必去父母之邦？"

柳下惠,已见前《卫灵公》篇。“士师”者,管狱员也。“三黜”者,革职过三次也。一次是为岑鼎之事,而为鲁君所黜。一次是为与臧文仲意见不合,而为臧所黜。又一次是为与夏父弗忌意见不合,而为弗忌所黜。“人曰:‘子未可以去乎’”者,是人对柳下惠说也。这人的意思,以为好好地做管狱员,一些没有错处,被人革职至三次之多,这个国家,是黑暗极了!不如去了的好,故问柳下惠:“你还不可去吗?”柳下惠答以“直道”云云者,意思是说:“政治黑暗,到处一样。若是直直落落做官,不能奉承上司,到哪里去(焉往),能不被三次革黜呢?若是随着人做事,不问责任职务,不怕理曲(枉道),只是奉承上司,这样做官,自然不会被黜的。我何必离去生长的国家呢?”按柳下惠三黜不去,降志辱身,而辞气犹雍容若此,所以后来孟子称为“圣之和”者也。唯能和乃能介,所以他又能不为枉道,孟子称他“不以三公易其介”也。

齐景公待孔子曰:“若季氏,则吾不能;以季、孟之间待之。”曰:“吾老矣!不能用也。”孔子行。

“齐景公待孔子曰”者,齐景公对他人说,自己将如何待孔子也。“若季氏,则吾不能;以季孟之间待之”者,季氏,鲁国之上卿,掌全国政权者。孟氏,鲁国之下卿,此时不掌政权。齐景公说:“要我像鲁国待季氏的那样待孔子,付以全权,我不能够。像鲁国待孟氏，一点无权，我也不以为然。所以我想以鲁国待季孟之间的一种职位待他。”“曰：‘吾老矣，不能用也’”者，亦齐景公说也。刘氏《正义》曰：“言非在一时，故《论语》用两曰字别之。”此时齐景公年将六十，所以说“我老了！不能用孔子了”。他说老，固是实情；但其不能用，实并非由于老，他托于老以反悔前言而已。孔子得知景公有此言语，便不再在齐国，故曰“孔子行”也。

齐人归女乐，季桓子受之，三日不朝，孔子行。

上章是记孔子去齐，此章是记孔子去鲁，以见孔子之去留，都有原因。“齐人归女乐”者，时孔子在鲁国做司寇的官，参与政权，齐国恐鲁用孔子，国强起来，于齐国有害，所以选了许多会歌舞的美女，来送给鲁国。“季桓子受之，三日不朝”者，季桓子是鲁国最有权力的人，这时接受了女乐，人入迷了，接连三日不上朝也。孔子见了这种情形，知道政事办不成，所以离去鲁国，故曰“孔子行”。

楚狂接舆歌而过孔子曰：“凤兮凤兮，何德之衰？往者不可谏，来者犹可追。已而！已而！今之从政者殆而!”

“楚狂接舆”者,楚国的狂人,姓接名舆也。皇疏、邢疏均据《高士传》以为姓陆名通,字接舆,后人又有谓“接舆”非姓名,亦非字,而为与孔子之舆相接者,刘氏《正义》已引《庄子》《秦策》《楚辞》《史记》等书,证明其非是矣。“歌而过孔子”者,唱着歌而走过孔子的门前也。旧解有谓过孔子的车前者,以《庄子》“孔子适楚,楚狂接舆游其门”证之,亦非是。“凤兮”云云,就是狂人所唱的歌。意思是比孔子为凤凰;凤凰是禽类中的圣鸟,天下有道则见,无道则隐。今孔子栖栖皇皇,无道不隐,故谓其“何德之衰”也。“往者不可谏,来者犹可追”者,言谓过去栖栖皇皇,不必说了;今后隐居,还来得及也。“已而已而”者,犹言“可以息了! 可以息了!”。“今之从政者殆而”,是说现在从事于政治,是危险的。戴望注据《庄子》解此文,与上不同。戴注曰:“往,往世。谏,正也。言祸乱相寻,已往不可以礼义正之。来,来世也。言待来世之治,犹可追耶?(按照此解,“追”旁符号当为“?”)明不可追。殆,疑也。昭王欲以书社地封孔子,令尹子西沮之,故言今之从政者见疑也。”

孔子下,欲与之言,趋而辟之,不得与之言。

孔子听了接舆的歌，当即下堂出门（依郑玄《注》《集解》引包曰："下，下车。"与《庄子》"游其门"之说不合。），要同他说话。"趋"者，走得快也。"辟"，即今避字。接舆见孔子走出门，就很快地走着避开了。孔子想和他说话，而说不着，故曰"不得与之言"也。

长沮、桀溺耦而耕。孔子过之，使子路问津焉。

"长沮桀溺"，是两个人名。"耦"者，两人拿着耜，同在一地方也。"耕"，即耕田。"孔子过之，使子路问津焉"者，就是孔子经过这地方，使子路去问渡河之路也。

长沮曰："夫执舆者，为谁？"子路曰："为孔丘。"曰："是鲁孔丘与？"曰："是也。"曰："是知津矣！"

子路去问路，长沮先问子路："夫执舆者为谁？"就是说"在车上执辔的是谁？"此时子路前去问路，孔子自己执辔，故子路说："为孔丘。"就是说"执辔的是孔丘"。长沮又问："是鲁孔丘与？"就是说："是鲁国的孔丘吗？"子路答道："是也。"

就是说“是的”。长沮又说:“是知津矣!”意思是:“他自己晓得道,何必还要问人呢?”盖孔子欲行者是道,道即道路之道。长沮已知是孔子,故特借道路之道,当孔子欲行之道,暗讥孔子不识时务也。

问于桀溺。桀溺曰:“子为谁?”曰:“为仲由。”曰:“是鲁孔丘之徒与?”对曰:“然。”

长沮既不肯说,反讥笑孔子,故子路又去问于桀溺。桀溺还问子路:“子为谁?”就是说:“你是谁?”子路答道:“为仲由。”就是说:“我是仲由!”桀溺又问:“是鲁孔丘之徒与?”就是说“是鲁国孔丘的门人吗?”子路答道:“然。”就是说“是的”。

曰:“滔滔者天下皆是也,而谁以易之?且而与其从辟人之士也,岂若从辟世之士哉?”耰而不辍。

此又桀溺说也。“滔滔”者,大水横流之貌。意思是说现在时局的不好,好像大水之横流。“天下皆是”者,借言到处一样也。“而谁以易之”者,言这个天下,有谁人能够把它改变一个样子也。“辟”,即今避字,“辟人之士”,是指孔子;即知这一国的人不好，而避了开去的。“辟世之士”，是指自己；即只管种田，不闻见世界上的事体的。桀溺对子路又说：“且而（你也）与其从辟人之士也，岂若从辟世之士哉？”意思是且你跟从避人的人，不如跟从避世的人也。“耰而不辍”者，仍旧只顾自己种田，不把器具放下，来引子路的路径也。

子路行以告。夫子怃然曰：“鸟兽不可与同群！吾非斯人之徒与而谁与？天下有道，丘不与易也。”

“子路行以告”者，是子路，回到孔子面前，把长沮、桀溺二人的话，告诉孔子也。“夫子怃然曰”者，孔子听了话，寂然不动，如有所失，过了好久，才有所说也。刘氏《正义》曰：“沮溺不达己意，而妄非己，故夫子有此容。”“鸟兽不可与同群”云云者，即孔子所说的话。意思是“现在天下的人，都和鸟兽一样；这种人，不可和他同伙做事。我何尝不晓得呢？长沮桀溺是两个有道德的隐士。我不是这种人的队伙，是谁人的队伙呢？然而我不肯隐居种田者，正因为天下无道，所以奔波劳碌，辛辛苦苦地做去，想把我的道，去改易天下的无道也。若是天下有道，我孔丘也不去改易它了”。按《集解》引孔曰：“隐居于山林，是与鸟兽同群也。”又曰：“吾自当与此天下人同群，安能去人从鸟兽居乎？”此与上说不同。皇疏、邢疏及朱注解“鸟兽不可与同群”二句，亦均依孔说，与上不同。

子路从而后，遇丈人，以杖荷蓧。子路问曰：“子见夫子乎？”丈人曰：“四体不勤，五谷不分，孰为夫子？”植其杖而芸。

这是又一日，孔子已经过去，子路从在后面，相离远，而不见孔子也。“丈人”，老人也。“蓧”，《集解》引包曰：“竹器。”说文作“莜”。段氏注：“子路见丈人用手杖，莜加于肩，行来；至田，则置杖于地，用莜芸田。”其实，是蓧当是盛草器也。“荷”，背也。这日子路遇见一个用拐杖背着盛草器的老人，子路问他：“你看见我的夫子吗？”“丈人曰”云云者，意思是讥诮子路也。“四体”，即两手两脚的四肢。“五谷”，稻、粱、麦、黍、稷五种谷类也。言“像你这种人，手脚不动，五谷尚不能分辨，哪个人认得你的夫子呢？”。说完了话，把拐杖插在田边，拿着蓧，去芸他的田。

子路拱而立，止子路宿，杀鸡为黍而食之，见其二子焉。

子路知道丈人，也是个有道德的隐士，所以恭恭敬敬立着，看他芸田。“止子路宿，杀鸡为黍而食之”者，过了一会，天色已晚，丈人留子路到他家里，去宿夜，又杀鸡煮饭（为黍）请子路吃也。吃饭时，丈人又令他两个儿子来见子路，故曰“见其二子焉”。

明日，子路行以告。子曰：“隐者也。”使子路反见之。至，则行矣。

“明日”，第二日也。第二日子路赶着孔子，把遇见丈人及宿夜的事体，告知孔子。孔子说：“隐者也。”就是说“这是隐士”。又使子路回到原处，去见丈人，和丈人说话。子路回到原处，那丈人已出去不在家，故曰“使子路反见之。至，则行矣”。

子路曰：“不仕无义。长幼之节，不可废也；君臣之义，如之何其废之？欲洁其身而乱大伦！君子之仕也，行其义也。道之不行，已知之矣！”

子路因丈人不在家，就把话和丈人的两个儿子说，使他们转达丈人。“不仕无义”者，言“不做官，则废君臣之义”也，“长幼之节，不可废也；君臣之义，如之何其废之”者，言“你昨晚令两个儿子见我，是知道长辈和幼辈的仪节，不可废弃也。

但君臣、长幼同属五伦之一，既知长幼之节不可废，那么君臣之义怎么可以废掉”也。“欲洁其身而乱大伦”者，言“你隐居不仕，不过看得官场恶浊，要自己身子清洁些；不知因此把君臣一项的大伦乱掉了”也。“君子之仕也，行其义也。道之不行，已知之矣”者，言“君子的出仕做官，并不是为得爵禄起见，是为着要行己之道，尽君臣之义，而做官的。现在的时局，不能行道，是早已知道了！不过不肯放弃君臣之义，所以明知不能行道，而还是栖栖皇皇，要想行道”也。

逸民：伯夷、叔齐、虞仲、夷逸、朱张、柳下惠、少连。子曰：“不降其志，不辱其身，伯夷、叔齐与？”谓柳下惠、少连：“降志辱身矣！言中伦，行中虑，其斯而已矣！”谓虞仲、夷逸：“隐居放言，身中清，废中权。我则异于是！无可无不可。”

“逸民”是胸怀旷达，不拘当途的一流人。伯夷、叔齐、柳下惠，均已见前。虞仲，朱注以为即仲雍，但六人皆周时人，于商独举一仲雍，似乎不类；仲雍在夷齐前百余年，而列于夷齐下，亦不合；夷齐并称，而泰伯不与仲雍并称，又可疑；且仲雍终为吴君，非民也。故有学者以为是仲雍的曾孙周章之弟，见《论语稽》。夷逸是夷诡诸之裔。见《尸子》及《说苑》。朱张，王弼以为即《荀子》所谓子弓者,但不知何所据。少连是东夷人,见《礼·杂记》及《家语》孔子批评这几个逸民道:"不肯把自己的志向屈服于人,不肯使自己的身子受辱,这就是伯夷、叔齐两个人吧?"又说:"柳下惠和少连两个人,志向是屈服了,身子也受辱了;不过他们所说的话,都于人伦不错(言中伦);他们行出来的事,都经过思虑(行中虑)。他们的贤,就是这样罢了!"又说:"虞仲和夷逸两个人,隐居而不仕于乱朝,放置世事而不谈(一说"放言",是放肆莫言,以论世事),他们的身子是清洁的;自废弃以免祸患,又是合于权智的。""我则异于是,无可无不可"者,是孔子说自己也。像上面所举的人,都有可有不可:有的以进为可,以退为不可;有的以退为可,以进为不可。至于圣人,不一定主张进,亦不一定主张退;可进则进,可退则退;义苟可进,学乱亦进;义苟宜退,虽治亦退。所以说"我和这些人不同;我是没有什么可以,没有什么不可以的"。孟子说"孔子可以仕则仕,可以止则止,可以久则久,可以速则速",亦即说他"无可无不可"也。又曰:"孔子,圣之时者也。"亦即因其"无可无不可"也。

此章上面所举共有七人,而孔子所评只有六人。少一个朱张,没有说及,这是记者的疏失。或朱张行事,当孔子时已失传,故孔子论列诸贤,不及其人也。

大师挚适齐,亚饭干适楚,三饭缭适蔡,四饭

缺适秦，鼓方叔入于河，播鼗武入于汉，少师阳、击磬襄入于海。

此章记鲁哀公时，礼坏乐崩，所有乐师，多离开鲁国，到别处去也。“大”，今作太。“大师挚适齐”者，“大师”，乐官之长也。“挚”，大师之名也。“适齐”者，去鲁往齐也。“亚饭”“三饭”“四饭”者，“亚饭”即“次饭”，皆古时吃饭时奏的乐章也（天子十五饭，诸侯十三，大夫十一，士九。）。分管这些乐章的乐官，亦叫亚饭、三饭、四饭等。“亚饭干适楚”者，任亚饭的乐官名叫干者，去鲁往楚国也。“三饭缭适蔡”者，任三饭的乐官名叫缭者，往蔡国去也。“四饭缺适秦”者，任四饭的乐官名叫缺者，往秦国去也。“鼓方叔入于河”者，敲鼓的人，名方叔，往河内地方去也。“播”者，摇也。“鼗”，小鼓也，有两耳，摇之则响，故曰“播鼗”。“播鼗武入于汉”者，播鼗的人名叫武者，往汉中去也。“少师”，亦乐官；其人名“阳”，故曰“少师阳”。“击磬”，为专司击磬的乐官，其人名“襄”，故曰“击磬襄”。这二人都往海中的岛上去了，故曰“少师阳，击磬襄，入于海”也。一说“河、汉、海当以水滨言之。不必河内、汉中之地与海之岛也”。（见《论语稽》）

周公谓鲁公曰：“君子不施其亲；不使大臣怨

乎不以；故旧无大故，则不弃也；无求备于一人。”

周公封于鲁，自己留相成王，故使儿子伯禽，到鲁国去做君主，称为鲁公，此周公训鲁公之言语也。“君子不施其亲”者，“施”，用也。言君子为国君，不专用自己亲戚也。（旧解，谓不遗弃其亲；或谓不以他人之亲，易己之亲，即前者以施为弛的假借，后者以施为易之义。）“不使大臣怨乎不以”者，言使用大臣，当专心委以政事，不要使大臣心里怀怨；又不要因为大臣有怨，而不用他也。“故旧无大故，则不弃也”者，“故旧”者，所有以前的旧臣也。“无大故则不弃”者，没有做错大事体，不弃掉他也。“无求借于一人”者，一个人，只要有一技之长，就委以一技之职，则事无不举；不必求一个人，件件都能，而后用之也。

周有八士：伯达、伯适、仲突、仲忽、叔夜、叔夏、季随、季騧。

此章记周初的异事，亦记那时人才之盛也。一妇人生了四胎，每胎都是双生，所以所取的名，伯、仲、叔、季都有两个。那时一门之中，一母所生，即有俊杰八人，则人才之盛可知了。

又按八士所生的时代，郑玄以为在成王时，刘向、马融以为在宣王时，但据清儒考证，则谓以在文王武王时为可信。

子张第十九

子张曰:"士,见危致命,见得思义,祭思敬,丧思哀,其可已矣。"

"士",即《子张》篇子贡、子路所问的士也。"见危致命"者,遇着应该做的事情,虽有危险,不顾性命去做,把性命放在这事上面,即孔子所说的"杀身成仁"、孟子所说的"舍生取义"是也。"见得思义"者,见有利益可得的地方,要想一想这个利益,应该不应该得的。应该得的,则受;不应该得的,则不受也。"祭思敬,丧思哀"者,逢着祭祀,要有恭恭敬敬的态度,想着祖先如生在的一般;有了丧事,则只想着哀戚,没有别的想头也。子张以为如此做士,也算好了!故曰"其可已矣"。

子张曰:"执德不弘,信道不笃,焉能为有?焉能为亡?"

"弘"者,大也。"执德"者,执着道德也。"笃"者,厚也,切实也。"信道"者,相信道义也。"亡",即无字。言一个人执德在身,而苟且小就,不能光大;虽信道义,而游移不定,不能切实:这种人,虽存在世间,何足重?虽没有了,何足轻?故曰:“焉能为有?焉能为亡?”犹言有无都无关系于世也。

按“执德不弘”,如知无谄无骄,而不进求乐与好礼是也。“信道不笃”,如冉有“非不说子之道”云云是也。

子夏之门人,问交于子张。子张曰:“子夏云何?”对曰:“子夏曰:‘可者与之,其不可者拒之!’”

“子夏之门人,问交于子张”者,子夏的学生,去问子张交结朋友之道也。“子张曰:‘子夏云何’”者,是子张问子夏的学生“子夏如何说”也。“对曰”者,子夏的学生对答子张也。“子夏曰‘可者与之,其不可者拒之’”者,即其对答的话。意思是子夏说“可与他结交的人,与他结交;不可与他结交的人,拒绝他不与往来”也。

子张曰:“异乎吾所闻!君子尊贤而容众,嘉善而矜不能。我之大贤与于人何所不容?我之不贤与,人将拒我,如之何其拒人也?”

此节,是子张听了子夏门人述子夏的话,大以为不然也。

“异乎吾所闻”者，是子张说：“我所听见结交的道理，与这话是不同的。”“君子尊贤而容众”者：言做君子的，遇着贤人，则尊敬他；对于一般人，也容纳他，与他结交也。“嘉善而矜不能”者：言遇有善良的人，则嘉奖他；遇着无才能的人，则矜怜他也。“我之大贤与”云云者，言我若是器量阔大的贤人，随便怎样的人，我都能够容纳他。“我之不贤与”云云者，言我自己若是不贤，人家将拒绝我，不和我结交；我怎么还要拒绝人家呢？

按《集解》引包曰：“友交当如子夏，泛交当如子张。”此言是也。孔子所谓“泛爱众，而亲仁”。泛爱众，即泛交；亲仁，即友交也。

子夏曰：“虽小道，必有可观者焉；致远恐泥，是以君子不为也”。

“小道”者，意思是指农圃医卜等。农圃医卜等，不过是一技一艺之长，故曰“小道”。“虽小道，必有可观者焉”者，是说虽然是农圃医卜等小道，也必有可取可看的地方也。“致远恐泥”者，言这种小道，想久远行去，恐怕要行不通，像泥土裹着脚，不能走路也。为了这个，所以君子不去学这种小道。故曰“是以君子不为也”。

按樊迟请学稼学圃，孔子不许，亦有此意。小道之对为大道，大道即做人之道，无人不当学、无时不可行者也。

子夏曰："日知其所亡，月无忘其所能，可谓好学也已矣！"

"日知其所亡"者，言"我所不晓得的道理，要日日求晓得它"也。"月无忘其所能"者，言"我所已经晓得的道理，不要过了个把月，把它忘记了"也。"可谓好学也已矣！"就是说："能够这样，可算是好学的人了！"

按此章子夏的话，即孔子温故知新之意。

子夏曰："博学而笃志，切问而近思，仁在其中矣！"

"博学"，是对于各种学问，都要去学它。"笃志"，《集解》及皇疏、邢疏皆训"志"为"识"，即牢牢地记起来也。"切问"，皇疏谓"切，犹急也"。所学有不明白的，应急去问人也。"近思"者，问明白以后，再实心体认一番之意。一个人博学而又能笃志，切问而又能近思，虽不能说就是仁；但必如此，方能行仁，故曰："仁在其中矣！"

子夏曰:“百工居肆以成其事;君子学以致其道。”

“肆”者,即工场。做各种工作的人,必须日日在工场里,然后才能够成就各种器物。故曰“百工居肆以成其事”。“君子学以致其道”者,言百工之目的,在造成器物,然必在工场里,然后器物方能造成;君子虽心在乎道,然亦必须力学,乃能成就一种道术也。或曰:“此‘学’以地言,乃学校之学,对‘居肆’,省一‘居’字。”(见赵佑温《故录》)

子夏曰:“小人之过也必文。”

“过”,是做错了一桩事体。“文”,是想出种种说话,掩饰过处。小人做错了事,一定自己要掩饰,不肯认错,故曰“必文”。若是君子,则做错了事情,就老老实实认错,只不过下回小心,不再做错罢了。这是君子与小人,心性不同的地方。

子夏曰:“君子有三变:望之俨然,即之也温,听其言也厉。”

“三变”者,在一个时间内有三种态度,不是说他忽然变了前面的言语行为也。“望之俨然”者，你一时望见他，觉得他的容貌，十分壮重，是俨然的道貌也。“即之也温”者，你去和他说话，或和他交际，他是温柔和气，并没有凶巴巴的神情也。“听其言也厉”者，他虽然待人和气，但说出来的话，倒是很严正的也。

子夏曰：“君子信而后劳其民；未信，则以为厉己也。信而后谏；未信，则以为谤己也。”

此章前两句，是说为君之道；后两句，是说为臣之道也。“君子信而后劳其民”者，言在上位的人君，必须自己先有信用于人民，然后再使人民做劳苦的工役也。若没有信用于人民，就使人民做劳苦的工役，则人民必以为是虐政。“厉”者，犹厉鬼祟人。故曰“未信，则以为厉己也”。此二句，是人君使民之道。至为人臣的对于君主，必使君主信用自己，然后始可去谏。故曰“信而后谏”也。若君主不相信我，而去谏，则君主必定以我为谤毁他，于事无济，而我反受其祸，是不必谏、不可谏也。故曰“未信，则以为谤己也”。此“己”字是指君主自己。

子夏曰：“大德不逾闲；小德出入可也。”

“闲”者，犹现在一般人说的范围也。子夏说“大德不逾闲；小德出入可也”。意思是“做人，只要大德大道理，不逾越范围；至于小事体，日常的琐碎言动，就是在范围内外，偶然出入些，也可以的”。按此为拘小节而坏大防者发也。又书曰：“不矜细行，终累大德。”故“出入”二字，只是出入于范围的内外，不能大远于范围。

子游曰：“子夏之门人小子，当洒扫应对进退则可矣！抑末也！本之则无，如之何？”

此章是子游批评子夏之教学生也。“子夏之门人小子，当洒扫应对进退则可矣”者，言“子夏的学生，对于洒水扫地，对付人家说话，以及关于进退等种种仪节，是都学得不错了”也。“抑末矣！本之则无，如之何”者，言“这些都是微末的好处；至于做人的本原大道理，他的学生是没有学到的。只学会了这些小事体，将来怎么做人”也。

子夏闻之曰：“噫！言游过矣！君子之道，孰先传焉？孰后倦焉？譬诸草木，区以别矣！君子之道，焉可诬也？有始有卒者，其唯圣人乎？”

此节子夏驳子游的批评也。子夏听得子游说他教学生教得不好,便“噫”的叹了一声,说道:“言游过矣!”就是说:“子游说错了!”又道:“君子之道,孰先传焉?孰后倦焉?”就是说:“君子的道理,哪个是以微末的小道为先,而亟亟传授呢?哪个是以本原大道理为后,而倦教呢?”意思是我不是以末为重,而以本为轻也。“譬诸草木,区以别矣”者,就是说“譬如草木,初萌芽和已长成时,培植灌溉的方法是有区别的,教人之道也是这样”。意思是学养浅的门人,不得不先以洒扫应对进退等教之也。“君子之道,焉可诬也?”就是说:“君子的道理,哪里可以妄说的呢?”意思是关于君子高远的大道理,你说可概以传之门人,是把君子之道看得太容易,亦即近于妄说君子之道也。“有始有卒者,其唯圣人乎?”“始卒”,即本末也。是说:“本末之道,具于一身,是只有圣人能够吧?”意思是本末兼赅,非门人小子所能也。

子夏曰:“仕而优则学。学而优则仕。”

“优”者,即馀力,言有闲暇时候也。“仕而优则学”者,言“做官的人,有馀力,仍旧须求学”也。“学而优则仕”者,言“一个人学业已经成就,于是有馀力,始可以做官”也。

子游曰:“丧致乎哀而止。”

“丧”者，谓居父母之丧。“致”者，至也。“丧致乎哀而止”，向来有两种解释：一种是说居丧至能尽哀而止，哀不足，固不可，哀有余，而至灭性（伤生），亦不可也（见《集解》引孔注）。一种是说居丧至能尽哀而止，不尚文饰也。（见朱注）

子游曰：“吾友张也，为难能也！然而未仁。”

“张”者，谓子张也。“吾友张也，为难能也”者，是子游说：“我的朋友子张，做到像他的人，已经是不容易了！”“然而未仁”者，又说“子张这样的人，虽然难得，但是还没有做到仁人的地位”也。

曾子曰：“堂堂乎张也！难与并为仁矣。”

此曾子说张也。“堂堂乎张也”者，是曾子说：“子张这个人，容仪真是堂堂皇皇的！”子张仪容堂皇，过于务外自高，故人不能辅他为仁，他亦不能辅人为仁。曾子称他容仪之盛，随即说他“难与并为仁”，就是这个意思。

曾子曰：“吾闻诸夫子：‘人未有自致者也，必也亲丧乎？’”

“吾闻诸夫子”者，是曾子说“我从夫子处听来一句话”也。“人未有自致者也，必也亲丧乎”者，就是说：“一个人于他事，有不能够自己尽心的。一定能够尽心的，只有对于父母的丧事吧？”《论语稽》曰：“‘自’之云者，出于性情之真挚，不待勉强，自然而然也。”

曾子曰：“吾闻诸夫子：‘孟庄子之孝也，其他可能也；其不改父之臣，与父之政，是难能也。’”

此又是曾子说从夫子处听来的话也。孟庄子，是鲁国的大夫，姓仲孙，名速。夫子说他的孝行，别的事情，是人人做得到的；只有他在父亲死后，于父亲所用的人，及父亲所行的各种政事，他都一点不改换，这是别人家难以做到的。按孔子此言，与其“三年无改于父之道，可谓孝矣”的话，同一意思。但亦因庄子的父亲献子，是有贤德的，所以才这样说。否则正当于父之蛊，孔子不会称其不改的。

孟氏使阳肤为士师，问于曾子。曾子曰：“上失其道，民散久矣！如得其情，则哀矜而勿喜。”

阳肤,是曾子的弟子。“士师”,犹现在的管狱员。“问于曾子”者,是阳肤要去做管狱员,来问曾子如何做法也。“曾子曰:‘上失其道,民散久矣’”者,曾子告阳肤道“在上位的人,久已失了教养人民之道,因之人民分散,而为种种犯法的事体”也。按当时世卿如季氏等,类皆剥民以肥私,民之陷于罪,其情确有不可言、不忍言者也。“如得其情,则哀矜而勿喜”者,言“你做士师,固然为力甚微,无能挽回;但对于人民,如果查得其犯罪的行为,要哀怜他,不要以为他作了恶,犯了罪,被我查出,我自以为能而欢喜”也。按上得其道,民陷于罪,尚无可喜之理;上失其道,民陷于罪,自更无可喜之理也。但哀矜以心术言,非谓于法可以出入。

子贡曰:“纣之不善,不如是之甚也。是以君子恶居下流,天下之恶皆归焉。”

纣,即殷朝亡国的君主,他做人的不好,实在没有如一般人所传说的那样厉害,故曰“纣之不善,不如是之甚也”。“下流”谓江河将入海之处。上流的水,都流到这里入海,故所有的浊水,下流里都有。一个人做了恶事,后人把种种罪恶,都归在他身上,如纣一般,这好像江河居在下流,浊水都流到这里也。“是以君子恶居下流,天下之恶皆归焉”者,就是说“所以君子不肯做一些恶事,如江河的居在下流,以致天下的罪恶,都归在他身上,如浊水都流到下流”也。

按此章之意,是警告人不可为恶,不是为纣雪冤也。但一般人喜欢“加焰头”,一个人有些好,必定说得他格外好,一个人有些不好,必定说得他格外不好,这确实也不是一件应该的行为。现今西洋有学识的人,都重“客观的态度”。客观的态度,是我对于一个人、一件事,我好像是旁边的看客,是好是坏,我只是照实在情形说他,没有一毫私意,或过分的话,评论他们也。

近人顾颉刚,曾作《纣七十罪恶》一篇文章,他从各种古书上,搜集说纣王罪恶的言语,共有七十件大罪。但他所述最古的书,说纣王的,不过几句平常罪恶的事体。这很可为本章“纣之不善,不如是之甚”及“天下之恶皆归焉”诸语的实证。

子贡曰:“君子之过也,如日月之食焉。过也,人皆见之;更也,人皆仰之。”

前面子夏说“小人之过也必文”;此章子贡说君子之过不文,而且能改过也。“食”,即蚀字。“子贡曰:‘君子之过也,如日月之食焉’”者,就是子贡说“君子做错了事,好像日蚀月蚀”也。“过也,人皆见之”者,就是君子对于错处,并不遮瞒,所以大家都看见他,好像日蚀月蚀时,大家都看见日月的失明也。“更也,人皆仰之”者,“更”,就是改。君子做错了事,一定能够改;等到改了以后,人家仍旧信仰他是个君子,这又好像日蚀月蚀之后,人们仰望日月,见其朗然如故也。

卫公孙朝问于子贡曰:“仲尼焉学?”子贡曰:“文武之道,未坠于地,在人。贤者识其大者,不贤者识其小者,莫不有文武之道焉。夫子焉不学?而亦何常师之有?”

公孙朝,是卫国的大夫。当时鲁有公孙朝,楚有公孙朝,子产弟亦叫公孙朝,故此标“卫”以别之。公孙朝向子贡问道:“仲尼焉学?”犹言“孔子是学于什么人”也。“文武”,是周文王周武王。周朝的一切礼乐文章,都是文王武王的遗传物,也就是“文武之道”。“未坠于地,在人”者,言“文武之道,能不衰落失去,因有人保守着”也。“贤者识其大者,不贤者识其小者,莫不有文武之道焉”者:“大者”,指礼的意义等;“小者”,指礼的仪式条文等。言贤智的人,记得文武之道之重大的;不贤智的人,记得文武之道之细小的。总之,贤者不贤者,都有文武之道保守着也。“夫子焉不学?”者,就是说:“夫子有哪一项不学呢?”意思是无所不学也。“而亦何常师之有”者,就是说:“夫子也哪里有一定的师呢?”意思是夫子所学既广,所以无一定的师也。按孔子学琴于师襄,问礼于老聃,就乐于苌

弘，问官于郯子，此即其无常师之证。

叔孙武叔语大夫于朝曰："子贡贤于仲尼。"子服景伯以告子贡。子贡曰："譬之宫墙，赐之墙也及肩，窥见室家之好。夫子之墙数仞；不得其门而入，不见宗庙之美、百官之富。得其门者或寡矣！夫子之云，不亦宜乎？"

叔孙武叔，是鲁国的大夫叔孙州仇，"武"，是他的谥。叔孙武叔在上朝的时候，对别国大夫说："子贡的贤智，胜于孔子。"子服景伯，也是鲁国的大夫（已见前）。他听了叔孙武叔的话，去告诉子贡"子贡曰'譬之宫墙'"云云者，是子贡对子服景伯说也。"宫墙"，是宫室的围墙；古时候自天子以至士，所居都可谓"宫"。"仞"，是长度的名称，或言七尺，或言八尺，《论语稽》谓以《周礼》沟、洫，浍深广之文考之，当以八尺为断。两"夫子"，前指孔子，后指叔孙武叔。现在把子贡的话，译成白话文如下：

"我和夫子的贤智，可以比喻房屋的围墙。我的贤智，譬如一堵墙，高不过和人的肩部相齐罢了，所以在墙外，可以看房屋里人家夫妇要好的情形（室家之好）。至夫子的贤智，譬如一堵墙，高到几仞了。如果你找不到它的门，不能走进这所

房屋里去，那里面或者是宗庙的华美，或者是朝堂，有许多(富)大大小小的官吏(百官)，你是在墙外看不见的。夫子高深的道，一般人是不会明白的；这好像这所房屋的门，能够找到的少，里面情形能够看见的也少了。叔孙武叔自然也不是能够明白夫子之道的人，他说我贤于夫子，这不是应该的吗？”(按换句话说，就是“叔孙武叔学识浅，宜其说这种话”也)。

叔孙武叔毁仲尼。子贡曰：“无以为也！仲尼不可毁也。他人之贤者，丘陵也，犹可逾也；仲尼日月也，无得而逾焉。人虽欲自绝，其何伤于日月乎？多见其不知量也！”

“毁”者，讲人家的坏话。叔孙武叔讲孔子的坏话，子贡道：“无以为也！仲尼不可毁也。”就是说“用不着讲这种坏话！孔子这个人，大家都知道他好；你说他坏话，是不能把他名誉毁坏的”。“他人之贤”云云者，是说“一个人的道德才智，在别个人虽高，不过如一堆泥土的丘，或如山陵那样；至于孔子的高，犹如日月。丘陵虽高，人还能够越过去；而日月的高处，人是越不过去的”。“人虽欲自绝，其何伤于日月乎？多见其不知量也”者，言“一个人专讲别人的坏话，在他的意思，不过以为我就和他恶绝了，不和他来往就罢了！但你虽然要

和他恶绝;可是日月,仍旧是个日月,于它有何伤损?你虽日日讲日月的坏话,日月是无伤损的;结果反使人家多能够看见你讲坏话的人,不知自己的度量罢了”。(按皇疏解“量”为圣人之度量,言“多见汝愚暗,不知圣人之度量。”)

陈子禽谓子贡曰:“子为恭也;仲尼岂贤于子乎?”

陈子禽,皇疏说不是孔子的弟子陈亢(即原亢),当是同姓名的人。他见子贡时时称赞孔子,所以对子贡说:“你对先生是这样恭敬,孔子岂有比你好的地方吗?”

子贡曰:“君子一言以为知,一言以为不知,言不可不慎也!”

此子贡答陈子禽,是说“君子说出一句话,说得不错,则人家以为这说话的,是个有才智的人。说出一句话,说错了,则人家以为这说话的,是个没有才智的人。所以说话,是不可不谨慎的”。

“夫子之不可及也,犹天之不可阶而升也。

夫子之得邦家者，所谓立之斯立，道之斯行，绥之斯来，动之斯和。其生也荣，其死也哀，如之何其可及也？”

此又子贡接下去说也。“夫子之不可及也，犹天之不可阶而升也”者，言“别个人的高处，可从阶梯，一步步走上去，看得见他的。而孔子的高处，好像是天一般，是没有阶梯，可以升上去，看见他的”。“邦”者，是得一国，做诸侯。“家”者，是得一家，做大夫。“夫子之得邦家者”，是说孔子如果得为诸侯，或得为大夫也。“立”者，立出一件政事。“道”者，以教化引导人民。“绥”者，安也。“来”者，归附也；此地方安乐，远地方的人，都来做百姓也。“动”者，皇疏以为役使之。“和”者，和穆也；服劳役而心愿意服也。“夫子之得邦家者，所谓立之斯立，道之斯行，绥之斯来，动之斯和”者，言夫子如果得为诸侯，或为大夫：立一件政事，自然就会成立；以教化引导人民，人民自然就会兴行；他修文德以安抚人民，远方的人民，自然就会来归附；他役使人民，人民自然就会心愿意服、和衷共济地去做。“其生也荣，其死也哀，如之何其可及也”者，就是说：他活着的时候，人家对他，个个敬爱他，是非常荣显的；等他死了，人家对他，是无不悲哀的。像夫子这样的人，怎么能够及得上呢？

尧曰第二十

尧曰："咨尔舜，天之历数在尔躬。允执其中，四海困穷，天禄永终。"

尧为古代圣人而作天子者，因自己的儿子丹朱不肖，乃把天子之位，传于舜。此节系尧对舜所说的话也。"咨"者，嗟叹声也。"尔"者，你也。"历"，即今年历的历。"历数"者，犹排下去的次数也。"咨尔舜，天之历数在尔躬"者，是尧先叹一声，接着说"你这个舜，现在天命的次数，排在你的身上"也。"允"者，信也。"困"者，极也。"永"者，长也。"允执其中，四海困穷，天禄永终"者，言"为政之道，果真能够执其中而不偏，则你的政教，自然行得很远，甚至穷极四海；天命的禄位，也自然永久归你，使你得保有终身"也。按"四海困穷，天禄永终"，亦有解为"四海之人困穷，则君禄亦永绝"者。依此解，则为告诫之辞。

舜亦以命禹！

舜的儿子商均亦不肖，舜把天子位，传授于夏禹王；也把尧的话，告知禹。故曰"舜亦以命禹"也。按《尚书·大禹谟》

即有“允执厥中”及“四海困穷,天禄永终”等句。

曰:“予小子履!敢用玄牡,敢昭告于皇皇后帝:有罪不敢赦;帝臣不蔽,简在帝心。朕躬有罪,无以万方;万方有罪,罪在朕躬。”

“曰:‘予小子履’”云云者,商朝汤王之说也。禹受了天子之位,传到桀为天子,暴虐无道,被商王汤赶下帝位,使桀住在南巢的地方,汤遂自己做了天子,因把言语告于天也。“履”者,汤的名。“小子”,谦词也。“玄牡”者,黑的牺牲也。“昭”者,明也。“皇”,大也。“后”,君也。“曰‘予小子履,敢用玄牡,敢昭告于皇皇后帝’”者,言“我这个小子履,敢用黑牲祭天,敢明明白白,告天上的上帝”也。按夏尚黑,商尚白,此时商初克夏,尚未改所尚,故仍用玄牡。“有罪不敢赦;帝臣不蔽,简在帝心”者,桀为天子,亦为上帝的臣,故“帝臣”者,指桀也。言“我对于有罪的人,不敢违天赦他。像桀的罪过,已经不能给他隐蔽了,他的罪过,已经很简单明白,在上帝的心里”也。以下四句言“朕”者,是天子的自称,此时汤已即天子位也。他说:“我身若有罪过,与万方的人民,是无与的;至若万方人民有罪,那是我天子做得不好,应该将这个罪,责在我身上。”按本节汤之辞,引《尚书·汤诰》,但辞句稍异。

周有大赉，善人是富。“虽有周亲，不如仁人。百姓有过，在予一人。”

汤做天子以后，传到纣王，也是个无道之君，被周武王带兵攻进去，纣兵败，举火自己烧死，故商朝又换了周朝也。“赉”者，赐也。“富”者，多也。“周有大赉，善人是富”者，言天赐周朝许多善人也。一说周家大赐财帛于天下之善人，善人因是富也。“虽有周亲”四句，引《尚书·泰誓》篇。“周亲”者，至亲也。纣王的至亲，有箕子、微子、比干等，虽然很多，但不能用；不如周家有许多仁人，而都能用。故曰“虽有周亲，不如仁人”也。（按此本孔颖达《诗疏》之语，朱注亦采之。《集解》引孔注谓“周亲”是指管叔蔡叔，仁人是指箕子微子；并以诛管蔡，封箕微，为“虽有周亲，不如仁人。”此以后来的事情，解伐纣时的誓辞，是错误的）。“百姓有过，在予一人”者，言“百姓若有罪过，都是我一人不好的缘故”。此，与商汤“万方有罪，罪在朕躬”的话，同一意义也。

谨权量，审法度，修废官，四方之政行焉。

此以下，皆周得天下以后之作为也。“权”，称重轻的秤也。“量”，量多少的斗斛也。“谨”者，整顿也。整顿秤与斗斛等用器，使之一律，以便百姓，故曰“谨权量”。“审”者，察也。“法度”，即“律度”。“律”谓十二律，乐学也；“度”谓尺，量长短者也。关于法者，审察之，使归于善；关于度者，审察之，亦使归于一。故曰“审法度”。官有被纣王所废而实不可少者，仍旧设置起来；官有虽设置而不举其职者，更换其人，使能尽职。故曰“修废官”。周自做了这三件事体——谨权量、审法度、修废官——四方的政事，都很顺遂地施行了。故曰“四方之政行焉”。

兴灭国，继绝世，举逸民，天下之民归心焉。

以前的国家，无故被邻国所灭者，此时重新把这所灭的国兴起来。以前贤人的祭祀，因世系断绝而废者，此时择旁支以为之后，使其祭祀可以继续下去。节行超逸，不拘于世的逸民，此时把他们举出来，使他们做官。周朝自做了这三件事体——兴灭国、继绝世、举逸民，天下的人民，都归心于周朝。故曰“天下之民归心焉”。

所重民：食、丧、祭。宽则得众，信则民任焉，敏则有功，公则说。

“所重民：食、丧、祭”者，即《尚书·武成》所谓“重民五教，唯食、丧、祭”也。食为民命所关，故重之；民有生必有死，故重丧;有死不能无祭,故又重祭。孔注以"所重"冒起,民、食、丧、祭四项并列,亦通。"宽则得众"者,言周以宽厚待人,故众心归之。"信则民任焉"者,言周的政令,不肯失信于民,故人民都信任周朝也。"敏则有功"者,言为政能敏捷,故都有功绩也。"公则说"者,言周朝为政,事事公平,故人民都欢悦也。

以上五节:一记尧禅让,二记舜禅让,三记汤征伐,四记周征伐,五记周初的政治。但皇疏以五为明二帝三王所修相同之政。依《汉书·律历志》则"谨权量"云云,又为孔子之语。

子张问于孔子曰:"何如,斯可以从政矣?"子曰:"尊五美,屏四恶,斯可以从政矣!"

此章门人之问,亦称问于孔子,文体与《阳货》篇子张问仁,同一不合。

子张问孔子:"怎样才可以去从事于政治呢?"孔子告以"能尊五美,除四恶,就可以从政了"。

子张曰:"何谓五美?"子曰:"君子惠而不费,劳而不怨,欲而不贪,泰而不骄,威而不猛。"

子张不懂什么叫五美，就又问孔子。孔子告以“五美就是惠而不费，劳而不怨，欲而不贪，泰而不骄，威而不猛”。

子张曰：“何谓惠而不费？”子曰：“因民之所利而利之，斯不亦惠而不费乎？”

子张又问：“什么叫惠而不费呢？”孔子告他道：“因民之所利而利之，这不是也就惠而不费吗？”“因民之所利而利之”者，邢疏言：“民居五土，所利不同。山者，利其禽兽。渚者，利其鱼盐。中原，利其五谷。人君因其所利，使各居所安，不易其利，则是惠爱利民，在政，且不费于财也。”按邢说是不错的。为政者，只要听民尝取自然之利，就惠爱及民，而又不必耗费财用了。

“择可劳而劳之，又谁怨？”

此以下四节，孔子因子张既不懂“惠而不费”的意思，所以又把其他四美，都一直解释下去也。“择可劳而劳之，又谁怨”者，解释“劳而不怨”也。意思是拣择可以使人民劳作，而又为人民所能够劳作的事，去叫人民劳作，人民自然不生怨恨之心也。

“欲仁而得仁，又焉贪？”

此解释“欲而不贪”也。言一般的欲，总是贪财货；但能以仁爱待民，为己之欲，则只要以仁爱待民，即得到欲，此欲又哪里会有贪财货的毛病也。

“君子无众寡，无大小，无敢慢，斯不亦泰而不骄乎！”

此解释“泰而不骄”也。“君子”，指为政者。常人之情，见人众则怕，遇位高的大人则敬。君子则不然。对于众寡大小，都不怠慢他。如此，则自然能体体泰泰，而又并不骄傲也。

“君子正其衣冠，尊其瞻视，俨然人望而畏之，斯不亦威而不猛乎？”

此解释“威而不猛”也。“君子”仍是指在上位之为政者。言在上位的人，把衣冠穿戴得端端正正，又以规规矩矩的相貌对人。人见了他的威仪俨然，自然会畏敬他，但人又并不会以他为凶猛也。

子张曰:“何谓四恶?”子曰:“不教而杀谓之虐。”

子张明白了五美,又问:“什么叫四恶呢?”孔子告以“虐是四恶之一。怎样叫虐呢?就是不以礼仪教导百姓,见百姓犯了罪,便把他杀了也”。

“不戒视成谓之暴。”

此孔子继续言暴是四恶之二也。“不戒视成谓之暴”者,就是说“叫百姓做事,不预先告诫百姓,此事是要怎样的,不可怎样的;等到事体做成以后,却开着眼睛,批评事体做得怎样不好,怎样不好,这就是暴”也。

“慢令致期谓之贼。”

此孔子接上去说贼是四恶之三也。“慢令致期谓之贼”者,就是说“慢其令于先,而限期于后,等到百姓不能照着期限做成,就加以刑罚,这是害民”也。

“犹之与人也,出纳之吝,谓之有司。”

“犹之与人也”者，言这笔财用，总是要给人的，何必吝惜呢？“出纳之吝，谓之有司”者，言出于我而纳于人，总是舍不得拿出去，这可说像有司也。“有司”，皇疏谓库吏之属。盖库吏于支付财物，总是吝惜的。为政者像库吏的吝于出纳，结果仍是给人，本来只是无意识罢了。但如军旅之费，迟之五日则败微见；灾赈之需，延之十日则饿殍众。故孔子说此也是恶之一种也。

子曰：“不知命，无以为君子也。不知礼，无以立也。不知言，无以知人也。”

这章所指的君子，是指有道德知识的人。“不知命，无以为君子”者，言不知有命而信之，则见害必避，见利必趋，不能成为君子也。“不知礼，无以立”者，“礼”为人伦日用间所不能无，故不知礼的人，不能立于社会也。“不知言，无以知人”者，听人言语的得失，可以知人的邪正，所以不知言，就不能知人也。

《广解论语》后序

《论语》一书，尼山精谊所以，治孔学者，固当研读；凡为义农苗裔，孰不当读耶？

粹芬阁主人沈先生，印行此《广解〈论语〉》读本，解释详而通俗，意至善也。但初版出书，犹多讹误，因属文校勘之。文朝夕读此者，凡一月余。其文字误，标点误，章节误，注音误者，一一皆为校正；义之未安者，更易之；旧解胜义，未能割爱者，补入之。因此，内容视初版不同，分量亦视初版增多焉。

主人以初版问世，继续购求者众，再版亟待付印，故随校随即改排。文谫陋，重以时间忽促，疏虞恐仍未能免也。唯读者教正之，幸甚！

一九三六年儿童节，董文于上海